高等院校小学教育专业通用教材

小学班级管理实用教程

主　编　陈　强
副主编　邵伊雯　邵　茜　王　芳
编写者　陈　强　邵　茜　邵伊雯　王　芳　郑涵悦　张一鸣

海峡出版发行集团 | 福建人民出版社
THE STRAITS PUBLISHING & DISTRIBUTING GROUP | FUJIAN PEOPLE'S PUBLISHING HOUSE

图书在版编目（CIP）数据

小学班级管理实用教程 / 陈强主编. --福州：福建人民出版社，2023.3（2025.2）

高等院校小学教育专业通用教材

ISBN 978-7-211-09059-4

Ⅰ.①小… Ⅱ.①陈… Ⅲ.①小学—班级—学校管理—高等学校—教材 Ⅳ.①G622.421

中国国家版本馆 CIP 数据核字（2023）第 029214 号

小学班级管理实用教程

XIAOXUE BANJI GUANLI SHIYONG JIAOCHENG

主　　编：陈　强

副 主 编：邵伊雯　邵　茜　王　芳

责任编辑：程顺祺

责任校对：陈　璟

出版发行：福建人民出版社　　**电　　话：**0591-87533169（发行部）

网　　址：http://www.fjpph.com　　**电子邮箱：**fjpph7211@126.com

地　　址：福州市东水路 76 号　　**邮政编码：**350001

经　　销：福建新华发行（集团）有限责任公司

印　　刷：福州德安彩色印刷有限公司

地　　址：福州市金山浦上工业区 B 区 42 幢

开　　本：787 毫米×1092 毫米　1/16

印　　张：17

字　　数：274 千字

版　　次：2023 年 3 月第 1 版　　2025 年 2 月第 2 次印刷

书　　号：ISBN 978-7-211-09059-4

定　　价：59.80 元

本书如有印装质量问题，影响阅读，请直接向承印厂调换。

前 言

教师是立教之本、兴教之源。习近平总书记明确提出，成为一名党和人民满意的好老师必须有理想信念、有道德情操、有扎实学识、有仁爱之心。教育是心灵的艺术，班主任作为与学生接触最密切、了解学生最深入、对学生影响最大的教师，在日常教育教学过程中要始终把立德树人放在首位，指导学生学会做人、学会做事。

班主任管理班级，影响的不仅仅是一个组织框架，而是组成此集体的一个个活生生的成员，以及成员间的互动、成员背后的家庭等。因此，班主任的工作是一项复杂且具有挑战性的工作，既要体现管理的科学性，又要体现教育的艺术性。管理的科学性体现在班主任要遵循一定的客观规律，用科学的方法、合理的制度来解决问题，在实践中不断验证与优化，使管理工作可以被复制和学习；教育的艺术性体现在班主任要善于捕捉教育契机，强调实用与创新，多以学生的角度思考问题，发挥家庭—学校—社会的积极性和主动性。两者有机结合，互为前提与补充。

为使广大师范生在职前教育阶段对班级管理的性质及实施有一个基本的认识，给入职后组织开展实践打下坚实的基础，本书从班级管理的概述、全面了解和研究学生、组织和培养班集体、做好个别教育工作、小学班级活动的组织、少先队工作与活动组织、影响学生发展的各类因素协调、班级管理的综合评价、班主任工作计划与总结、小学班级常见突发事件等十个方面对班级管理工作做初步的介绍。为区别于当前以理论为主、未区分教育阶段的相关教材，本书立足小学教育阶段班主任的工作实际，侧重技能训练，围绕“乐教适教”的人才培养目标，将小学教育的特点融入班级管理之中，突出实践性和可接受性。

本书每章都设置了思维导图、学海导航、案例导入、章节任务等栏目，共精选了三四十个案例。根据奥苏贝尔学习理论中“先行组织者”的观点，先行组织者是先于学习任务本身呈现的一种引导性材料，有利于新知识的学习和掌握。为此，本书在章前设置了“思维导图”和“学海导航”，提供该章的主要内容框架和知识结构，以帮助读者进行有意义的学习。此外，本书以提高学生实践能力为编写目标。根据理论配套丰富的实践案例支持，展示理论的实践落地形式，为小学班级管理工作提供理论指引和常用的工作方法、策略，便于教学者和学习者了解新政策、研究新动态，更好地进行教学及学习。为此，本书每章都由案例导入，每小节均提供 1—2 个案例供读者学习参考，在章节最后，精选了本章内容中最常见或最典型的工作进行任务布置。这样的设置使本书显得更加亲切、活泼，从而增强可读性。本书不仅适用于小学教育专业的师范生，而且对在职小学教师、教育管理者、家长等全面了解班主任工作也具有一定的参考价值。

目　录

第一章　班级管理概述

思维导图

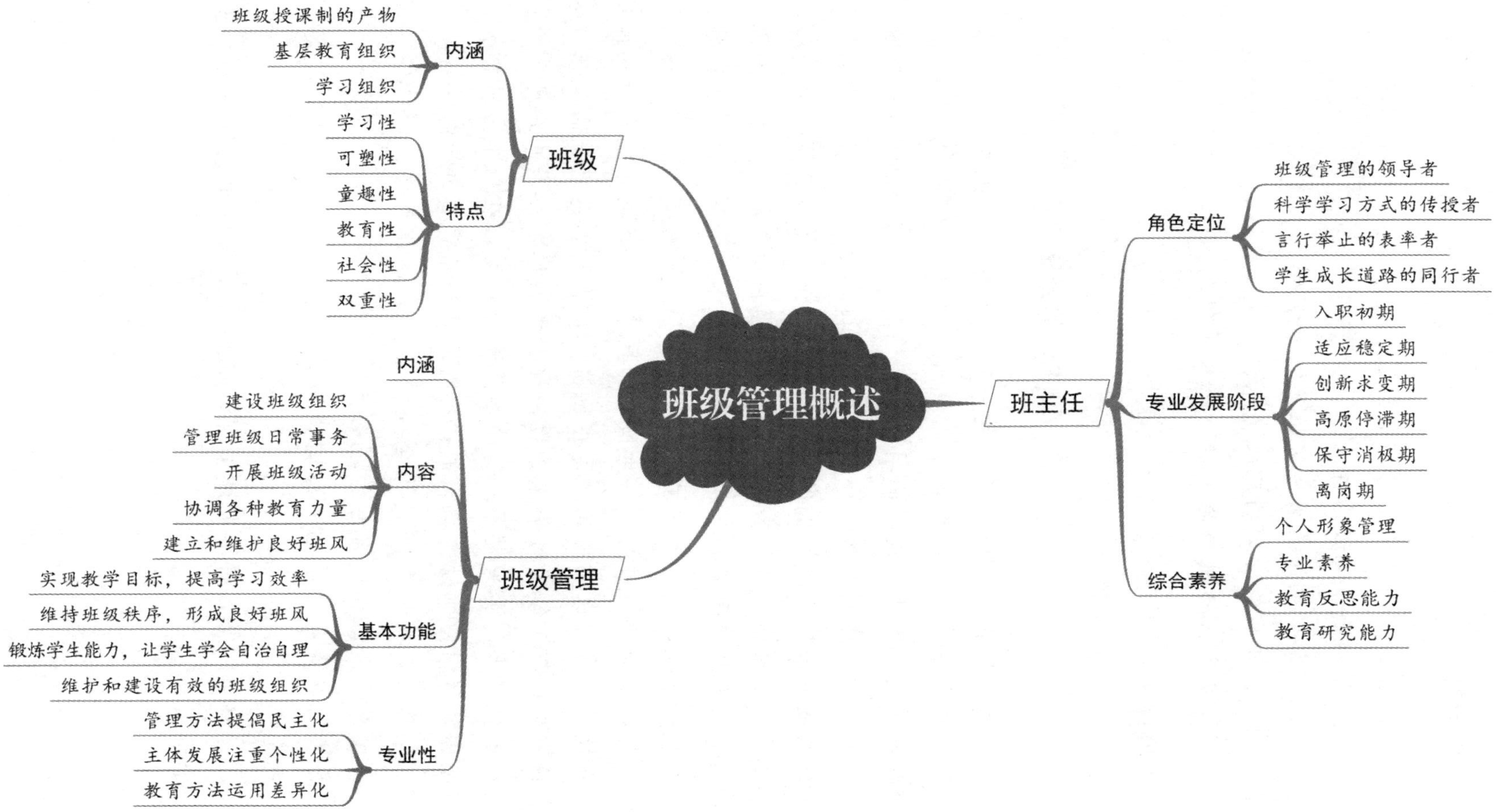

学海导航

1. 知道班级与班级管理的内涵。
2. 了解小学班级的特点。
3. 理解班主任的角色定位及综合素养。
4. 认识班级管理的基本功能。
5. 能运用专业性思维进行班级管理。

案例导人

班主任的困惑

新学期我成了班主任。我一直想努力遵从以学生为主体的现代教育观，让学校的“自主教育”在他们身上得以体现，所以在一开始的时候，我就采用民主的方式，向学生提出了乘车、卫生、学习等方面的要求，给了学生一个比较宽松的环境。但没想到的是，不久之后班级就出现了一系列问题。乘校车时，很多同学上车前拥挤争抢，在车上大声喧哗吵闹，相互之间不懂谦让，更有甚者竟将杂物扔在窗外的行人身上并以此为乐，让同车的老师、司机摇头不已；到校后，学生们一个个昂首向前，无视身边老师的存在，几乎无人主动行礼打招呼；进教室后，交作业本的同学挤在一起，场面乱糟糟的；卫生值日的同学各干各的，经常有人把扫帚胡乱扔在地上；自习课必须有老师在班监督，否则就乱成一团，并时有打架的事情发生；中午领餐时争先恐后，挑食现象严重；课间休息的时候，在走廊里追逐打闹，满头大汗；有的学生学习被动，在校车上抄作业；回家不能巩固复习课堂所授内容，第一次默写英语单词错漏百出……

总之，我这个班成了全校的焦点，批评远多于赞扬。作为班主任，我困惑了。难道是自主管理的要求言之太早？可是，学生的调查问卷不是表明绝大多数学生不喜欢管头管脚的保姆式老师吗？问题究竟出在哪里呢？

请问你怎么看待上述情况，如果你是这位班主任，你会怎么管理这个班级？

第一节　班级的内涵与特点

一、班级的内涵

班级是现代学校制度的产物。同一年龄段、发展水平相当的一群学生根据学校的安排固定地聚集在一起，形成了“班”；又因为“班”处在一定的教育阶段上，这就是“级”。从教育者为实现一定教育目标所开展的活动看，班级是一定年龄阶段、发展水平相当的一群学生组成的基层教育组织；从学习者的学习活动看，班级是一种学习组织。

（一）班级是班级授课制的产物

无论东西方，古代的学校教育可以是教师面对个别或少数学生进行的，也可以是教师面对一群学生进行的，但都不具有现代“班级”的意义。

现代学校的班级是与“班级授课制”联系在一起的。古罗马时期的教育家昆体良大力推行班级授课制，但在西方国家中世纪时期，这种教学组织形式并未发展起来。直到宗教改革时期，这种教学形式才被重新加以采用。班级授课制产生的直接动因是西方国家社会经济发展对普及教育提出了要求，而传统的学校教育组织方式已经不适应社会发展的要求。17世纪捷克的教育家夸美纽斯是班级授课制公认的奠基人。他在《大教学论》中设计的学校教育方式为：“国语学校的一切儿童规定在校度过六年，应当分为六个班，如有可能，每班一个教室，以免妨碍其他班次。”[①] 在这里每班就是一个年级，所以“班”和“级”是紧密联系在一起的。现代学校由于学生数量增多，规模扩大，每个年级一个班已经不合适了，通常是一个年级有多个班级。在现代学校里，“班”指的是学校里学生群体的单位，“级”指的是这个学生群体的发展水平。

（二）班级是一种正式的基层教育组织

人类社会中有各种各样的组织，包括正式组织和非正式组织。如果人们明确地以某种目标作为一个群体的共同目标，根据这个共同目标建立起

① 夸美纽斯：《大教学论·教学法解析》，任钟印译，北京：人民教育出版社，2006，第246页。

群体内部的关系和行为准则等，那么这个群体就是一个正式组织。换句话说，“组织就是被正式组织起来的群体”①。

不同组织间的差异是由组织的目标和任务决定的。在正式组织中，学校是由许多班级组织构成的一个大的教育组织，其中班级是依据教育目标和特定的教育任务组织起来的，因此班级成为学校的基层教育组织。

班级并不只是多个个体的简单集合，它一旦建立就作为一种教育影响因素而存在，从个别教学到班级教学，并不仅仅意味着原本分散教学的对象被组织在一起，更意味着学校教育活动产生了质的变化。具体来说，很多学生在一个班级中听课，这让教师的影响需要通过班级环境对学生产生作用，班级本身也成了影响学生发展的因素。班级是按照一定教育目标组织起来的，班级内部有确定的交往关系与交往准则，教育活动在具体的班级活动中展开，因此班级是一种正式的基层教育组织。

（三）班级是一种学习组织

班级是一种学习组织，班级的重要特征就是开展学习活动。但是，在特定的班级中怎样开展学习活动，这种学习活动会对班级中的每一个人产生怎样的影响，与班级组织的性质有关。以不同的观念来建设班级组织，开展班级活动，班级就会有不同的生活，班级中的人就会有不同的发展。从教育者的角度看，班级是为实现一定的教育目标而建立起来的，教育目标中包含了学生的学习。在班级组织中，学生是这个群体的主要成分，学生在班级中的主要活动就是学习。从作为班级群体主要成分的学生活动看，班级是一种学习组织。就以对班级这一组织的理解而言，如果班主任更多地把班级看成一种学习组织，他往往就倾向于建设一个学习型班级。

二、小学班级的特点

班级是学校中根据一定的目标和任务，并按照一定的规章制度组织起来的有目标、有计划进行管理和教育的一定人数规模的学生集体。小学班级既具有班级的一般特点，也有其独特性。

小学班级具有如下特点：

（1）学习性。班级中的学生首先是“学习者”，基本任务是学习。班

① 于显洋主编《组织社会学》，北京：中国人民大学出版社，2001，第13页。

级组织为学生提供了在校期间群体生活和学习的基本环境，学生在班级中通过学习完成各学科的各项课程任务，实现课程目标，同时在班级中学习各种规范，协调人际关系、定位及扮演一定的角色。

（2）可塑性。小学班级是非成人组织，学生的身心发展正处在稚嫩阶段，价值观尚未定型，容易受到外界的影响，显现出不成熟性，因此也具有较强的可塑性。班级容易受到学校文化氛围的影响和班级文化的影响，也受到班主任、各任课教师的价值观、行为、人格等影响。班主任的班级管理风格亦会影响学生的个性发展、课堂表现。

（3）童趣性。小学生是未成年人，儿童幼稚纯净、天真无邪等特点使班级文化极具童真和童趣。因为小学班级是为实施小学教育目标而建立的教育组织，因此它要满足小学生成长与发展的需要。

（4）教育性。班级是学校实现育人功能的主要场所，班级的教育性是在任何发展阶段都具有的特点。班级的教育性既表现在学生的社会化方面，也表现在促进学生个性化方面。

（5）社会性。班级对于学生也是一个小社会。班级活动中，学生与教师、同学打交道，构成了学生们的社会关系。

（6）双重性。小学班级是班、队合一的教育组织。我国的小学班级中有平行的少先队组织。小学班级与少先队中队是同一群人的两个组织，两个组织既有联系又有区别。班级是学生学习组织，主要目的是把小学生培养成合格公民；少先队组织的主要目标是把少先队员培养成共产主义事业的接班人。

对点案例

我的班级[①]

南京市晓庄师范附属小学　鲁照斌

每天早晨，当几十个孩子从四面八方走进同一个教室后，一天中近八个小时，他们不仅仅是在进行知识信息的传递和能力素质的养成，更重要的是师生之间、生生之间思想、文化、人格之间相互影响的过程。

学生来自不同的家庭，受着不同的家庭文化的熏陶，再加上社区文化

---

① 李学农主编《班级管理》，北京：高等教育出版社，2010，第81—84页。

和大众传媒的影响，学生品行和价值观的呈现方式是多元的。小学生的班级就是这样构成的。

友 谊

独生、封闭、父母陪伴时间较少的现代儿童，在班集体生活中最开心的事情莫过于寻找朋友，寻求友谊。正如一位学生在作文中写道："友谊，是抽象的也是具体的，它是感情的凝结，是心灵的交流，是经过岁月洗礼的真金，是精神世界最可贵的财富。我们应珍惜友谊，让它永远在心中生根、发芽。"

应该说，学生之间的伙伴关系，是构建班集体文化的重要支柱。学生的许多品行和价值观，都是在与好友交往过程中相互影响而形成的。可以这样说，同学之间良好的伙伴关系是和谐班集体生活的重要基石。我们有理由相信，大部分同学之间的伙伴关系是纯洁的、健康的，同学之间的影响是正向的。但是，由于学生年龄还比较小，交往技能较弱，再加上平时考虑问题不全面，往往以自我为中心，因此，在与学生交往过程中，总会出现这样或那样的问题，需要老师密切关注，予以指导。在学生的作文中，我就见到了这样的两例：

1. 我有一个好朋友，我们之间的关系很奇怪，一会儿形影不离，一会儿又不共戴天。当我们是一对形影不离的好朋友时，我们常常一起讲故事，说笑话，玩游戏。可每次在考完试后老师报分数时，我们俩总是很快就会成为天底下最有仇的人。每当我问她为什么会这样的时候，她却笑了笑说："我也不知道。"

2. 如果你要问，我跟谁关系最好，我一定会告诉你："是爸爸妈妈。"其实要是算算，我们每天大多数时间还是和同学们在一起，"最亲"的人当然是同学。既然同学对我们这么重要，关系当然要搞好。同学的关系是纯洁的，可是总有一些杂事让人可笑。比如，在朋友之间也有一个主动，一个被动；一个会"控制人"，一个"被人控制"。那个控制人总会威胁说："你要是不……我就跟你绝交。"于是，被控制的人只好服从。我就是那个被控制的人……

上述这两则案例向我们揭示了一些学生关于"友谊"的理解，在班集体建设过程中，我们可以多开展一些诸如"我为好友画像"的活动，让学生学会找寻好友身上的闪光点，帮助学生增进相互之间的了解，引导学生尊重、关心、欣赏他人。同时，要充分利用多种教育资源，提高学生的交际能力，在与人交往中培养表达能力、倾听能力。

竞选风波

在班级组织建设中，有一个重要的环节就是班干部的聘用。以前班干部的聘用大都是选用一批学习成绩比较好、工作踏实的同学去担任。可是，在一次同学人缘关系的调查中，我意外地发现在回答“你最喜欢跟什么样的同学交朋友”的问题中，选择班干部的比例只有3.98%。细究下去，发现主要存在几方面问题：1. 班干部权力欲望强，管人时态度不好，缺乏服务的意识；2. 部分班干部不能以身作则，对人严，对己松；3. 由于长期担任班干部，给人高人一等的感觉，且部分班干部在老师和同学面前表现不一，故受到部分学生群体的排斥；4. 大部分班干部只是学习成绩好，工作能力不强。针对这些情况，经过与学生商议，决定改变聘用方式，由学生报名竞选，公开竞聘。一石激起千层浪，班级氛围一下活跃起来，写竞选演说稿的，张贴竞选广告的，组建竞选智囊团的，八仙过海，各显神通。最终，原来的八位班干部中只有一位被选上。新一届的班干部也把班级管理得井井有条。从这件事上可以看出，现在的学生有思想，有个性，只要给他们一个发展的平台，他们将会发展得更好。

这就是我的班级。

第二节　班级与班级管理

班级管理是一种实践活动。小学的教职工都有可能直接或者间接参与班级管理工作中。班级管理是在小学教育实践中的重要组成部分，教育工作者通过实践、反思、再实践的过程不断提升班级管理的经验。但班级管理不仅仅靠经验，还需要全面系统地学习和认识班级管理的相关内容。

一、班级管理的内涵

班级管理是指班主任按照一定的原则和具体要求，采取适当的方法，组织、指导、协调各种因素，为构建良好的班集体及实现共同目标而进行的综合性实践活动，是班主任对全班学生进行思想、学习、劳动、生活等各项工作的管理。班级管理也是为了实现教育目标，有目的、有计划、有步骤地使学生得到充分全面发展的社会活动，是师生之间的双向活动。

（一）班级管理与班主任

我国教育界讨论班主任工作的理论有两种常见名称：“班主任”和“班级管理”。理论上讨论班主任工作时，带“班主任”名的居多，而以“班级管理”为名是从二十世纪八九十年代开始逐渐增多，这主要受到不同理论来源的影响。

二十世纪五十年代，我国的教育理论多受到苏联教育理论的影响。人们在学习苏联的教育理论时，也一并引入了苏联的班主任理论。如苏联凯洛夫所著的《教育学》中就出现了对于班主任的专门论述。[①] 改革开放以来，我国引进较多西方国家的教育理论著作，“班级管理”“班级经营”等概念逐渐出现在我国的教育理论界。由于学术来源不同、研究视角不一，采用了不同的学术语言，但研究的内容是相似的。此外，不少教育理论工作者、一线教育工作者及为教育理论提供阵地的刊物都不约而同表现出对班主任工作极大的兴趣，例如在刊物中开辟班主任专栏，甚至还出现专门研究班主任的理论刊物。值得注意的是，班主任是开展班级管理的主要人员，但不是唯一人员，其他教职工，以及学生、家长等也都在班级管理中发挥着作用。

（二）班级管理与管理学、教育管理学

管理学是研究人类社会组织的一般管理现象、揭示管理一般规律的学科，必然会涉及各种社会具体组织的管理。任何组织的管理，本质上都是管理活动，因而都服从于管理学的一般原理。关于社会不同部门的管理学研究形成了管理学的分支学。

教育部门是社会的重要部门之一，随着社会的发展，教育在社会发展中的作用日益凸显，教育部门质与量的发展也使教育部门的管理显得愈发重要。管理学从经济部门萌发，向社会各部门拓展，教育组织的管理成为管理学研究的重要领域，从而产生了教育管理学。

社会上任何一个教育组织都是一个庞大的组织，包括各类教育行政机构，即使是教育活动实施的基本单位——学校，本身也包含着其内部的各种组织，班级是学校组织中实施教育活动最重要的基层组织。教育管理学

---

① 凯洛夫：《教育学》，沈颖、南致善等译，北京：人民教育出版社，1953，第 459 页。

研究学校管理，在学校管理中班级管理是必不可少的一环。但是，由于班级组织在实践中有着特殊地位，因此对班级管理的认识需要独立展开。对班级管理内容和规律开展研究，具有理论和现实意义。

（三）班级管理与小学班级管理

小学班级管理是以小学班级为对象，揭示小学班级管理的一般规律，研究小学班级管理的方法等，以指导小学班主任的班级管理实践。小学班级管理理论是班级管理的分支，它服从于班级管理的一般原理，所以也从班级管理的一般理论出发进行探讨。值得注意的是，不同类型学校中的班级具有不同特征，因此班级管理的研究也要考虑不同类型学校中出现的班级管理问题。

（四）班级管理与实践

班级管理是实践活动，因此班级管理的理论研究虽然涉及管理的一些基本问题，但它旨在指导实践，回答实践中出现的问题。同时，要明确学习理论是为了能更好地运用，但理论与实践的关系并不一定是简单的对应关系，即并不是学一个方面的理论就能对应地解决一个问题。学习理论是因为班级管理实践有其共性的部分，这也是能够进行理论研究的前提。班级管理理论回答了班级管理中的一般问题，把握住这些一般问题，就能把握住班级管理的大局。班级管理实践是复杂的，班级生活是丰富的，加上班级中的学生每个人都是具有独立个性的人，因此在班级管理的实践中没有固定的模式，需要管理者在理论的指导下不断实践摸索，积累经验。

二、班级管理的内容及基本功能

（一）班级管理的内容

班级管理是一项难度大、要求高的管理活动，涉及面广，而且复杂烦琐。加强班级管理有助于推进整个班级朝着正确的方向发展，为学生创设一个健康成长的平台。具体而言，班级管理的内容主要涉及以下几个方面：一是班级组织管理。要想实现班级的共同愿景，首要的任务就是把班级组织建设好，组织的存在与发展是组织管理的意义所在，因此班级组织建设是班级愿景实现的首要路径。二是班级教学管理。小学班级管理所面向的是广大小学生，是一项以人为本的管理工作。在班级教学管理当中，教师需要让学生在思想层面上正确认知学习的价值，引导学生养成良好的学习与生活习惯，端正学生的学习态度，通过对学生的教学指导与教学管理，让整个班级的良好学风得以构建。三是班级德育管理。德育管理也是班级管理中不可忽视的内容，特别是在当前倡导立德树人，坚持德育为先的背景下，更是要关注学生品德素质的发展，在提高学生品德素质的同时，构建良好的班级班风，促进小学生德智体美劳全面发展。

班级管理的主要内容包括：

（1）建设班级组织。班级是一个社会组织，需要建立班级组织机构。班级组织的构成有班委会及各种类型的小组及成员等，班委会的组成有班长和班委，班级组织建构的首要原则是利于教育、育人为先。

（2）管理班级日常事务。班级日常事务非常繁杂，很多事情看起来细小琐碎，但又需要班级管理者每天都认真对待。日常事务大体可以归为三类，即思想管理、纪律管理、学习常规管理等。

（3）开展班级活动。班级活动类型丰富，按活动时间分，可分为课内活动和课外活动；按活动内容分，可分为思想品德教育活动、文化学习活动、科技活动、文艺活动、劳动活动、游戏娱乐活动、综合活动等；按活动目的分，可分为目标内化活动、建设舆论活动、建立良好人际关系活动、班级常规管理活动、培养学习习惯和兴趣活动等。这些班级活动都需要目标明确、精心设计、有效实施、及时反思与总结，班主任和相关教师需要加强对活动的管理和指导，以使活动顺利实施并达到良好成效。

（4）协调各种教育力量。协调各种教育力量是指班主任须对学校教育及来自家庭和社会的各种影响因素做协调工作，使之形成教育的一致性。

（5）建立和维护良好班风。建立和维护良好班风是指引导班级舆论，规范班级行为，使班级风气健康向上。

（二）班级管理的功能

班级是学生在学校开展群体活动的基础，是学生交往活动的主要场所。学生每天在班级中生活成长，对班级进行科学的管理，发挥班级最大的作用非常重要。班级管理对于班级的发展和学生的成长有着积极的意义，其功能主要包括：

（1）有助于实现教学目标，提高学习效率。班级组织产生的根本原因是为了更有效地组织和实施教学活动。班级管理使得班级保持良好的秩序，为教学提供良好的学习环境，让学生保持正确的学习态度，有利于教学活动顺利实施。

（2）有助于维持班级秩序，形成良好班风。班级是学生交往的主要场所，通过班级管理，调动班级成员共同维护班级秩序，有利于形成健康的班级风气，形成凝聚力和积极向上的精神风貌，这是班级管理的基本功能。

（3）有助于锻炼学生能力，让学生学会自治自理。在班级中，学生不仅要学习文化知识，还要全面发展，提升生活能力和工作能力，促进人格健全成长，以适应未来社会的工作和生活的需要。通过班级管理，学生在班级群体中各个方面都得到锻炼和成长，为未来打好基础。

（4）有助于维护和建设有效的班级组织。组织是管理的载体，班级组织建设是班级管理科学化、规范化的第一步，也是班级管理的基础性工作。班级管理在班级初建至形成成熟的班集体的过程中始终存在。科学有效地开展班级管理，有利于班级组织各方面有序建设和发展。

三、班级管理的专业性

班级管理不能随意而为，或是仅凭经验进行，换句话说，班级管理具有专业性。班主任要系统学习班级管理的理论知识，也要进行积极的实践，不断进行反思和改进，提升班级管理的专业水平。其中，组织和培养班集体是班主任工作的中心环节，在班级管理中发挥着重要作用。小学班主任要做好班级管理模式的选择工作，开展多样化活动，锻造班级的凝聚力和向心力，创设良好的班级文化，构建和谐的班级氛围，做好班干部的选拔和培育，打造班级管理小团队，以此促进班级管理工作顺利开展。①

要实现班级管理的专业性，新手班主任需要注意以下要点：

（1）管理方法提倡民主化。如今的小学班级管理在民主化发展方面到达了一个较高的水平，最为明显的表现就是师生人格地位平等，每一个小学生都能够参与班级管理当中，成为管理的主件；班规制订由师生共同讨论确定，而且在班规面前人人平等；倡导民主管理，赋予学生自主管理的权力，并不断发展学生自我。

（2）主体发展注重个性化。小学生是一个独特且独立的个体，于是在小学班级管理当中必须充分掌握每个学生的个性化特征，尊重学生主体地位，突出学生个性差异，拓展学生个性化发展的空间。

---

① 毛晓莉：《小学班主任班级管理的优化策略》，《教育观察》2020年第47期。

（3）教育方法运用差异化。由于不同的学生具有不同的身心素质、兴趣爱好等，那么在对学生进行教育指导时就要坚持因材施教，在对学生进行管理时就要坚持“因材施管”，选用差异化的方法。①

第三节 班主任的自我管理和综合素养

班主任是学校中的一种管理角色，对学校中的基层教育组织——班级发挥管理的职能。班主任这种管理角色具有自身的独特性：为了教育进行管理，通过教育进行管理，又通过管理促进教育。《中小学班主任工作规定》指出：“班主任是中小学日常思想道德教育和学生管理工作的主要实施者，是中小学生健康成长的引领者，班主任要努力成为中小学生的人生导师。班主任是中小学的重要岗位，从事班主任工作是中小学教师的重要职责。教师担任班主任期间应将班主任工作作为主业。”

一、班主任的角色定位

长期以来，班主任多以管理者角色出现，但实际上班主任不仅是班级的管理者，更是学生精神的引领者和人格的塑造者。“育才先育人”，班主任的任务不仅是传授学生文化知识，更是让学生在小学这个重要阶段树立正确的“三观”，即世界观、人生观、价值观，具备良好的道德素质。因此，与只担任学科教学的专业教师不同，班主任要充分发挥班主任工作职能，在教育中应有着不同的角色定位，正确引领学生成长。②

（一）班主任是班级管理的领导者

班级管理建设及育人工作皆要求班主任有领导者的一面，在领导中管理方能做好班主任工作。作为班级管理的领导者，应掌握一定的管理学知识，在工作中不断学习和反思，不断提升管理的技巧和能力。作为领导者要有高度的权威，较强的号召力、吸引力和影响力。

（二）班主任是科学学习方式的传授者

作为教师，完成相应的教学任务是首要任务；而作为班主任，在完成

① 钱倩倩、董兵侠：《信息化环境下小学班级管理优化策略研究》，《中小学电教（教学）》2020 年第 8 期。

② 谢东福：《新课程下小学班主任角色定位研究》，《读写算》2019 年第 11 期。

教学任务的同时，还要将学生所学的知识进行整合，通过班会、班级日常活动等，引导学生形成科学的学习方式，既保证学习效率，又提升学习质量。

（三）班主任是言行举止的表率者

小学生的学习能力、模仿能力都较强，这种学习、模仿不仅仅局限于理论知识，还包括言行、习惯、道德品质等。作为小学生们在校学习生活中最常接触到的人群，班主任的一言一行都会在无形中影响着他们。因此，班主任在每日的学习生活中要注意规范自我的谈吐仪态、言行举止，给小学生们做出表率，从而起到润物无声、潜移默化的作用。

（四）班主任是学生成长道路的同行者

班主任与学生的关系不能被简单地定义为师生关系，要想深入了解学生的成长情况、内心想法，就得做学生们的知心人、同行者。在日常学习生活中，班主任绝不能摆着架子、居高临下地对待学生，要融进学生群体这个大圈子，了解学生，理解学生。学生失落时，安慰其走出低谷；学生喜悦时，分享他们的快乐。只有这样，学生才会慢慢敞开心扉，师生携手共进。

二、班主任的专业发展

班主任专业发展是班主任岗位实现专业化、切实提高育人水平的坚实基础。班主任专业发展是随着职业生涯不断发展的过程，应贯穿班主任职业生涯的始终。[①] 班主任专业发展大致可以分为如下几个阶段。

（一）入职初期

这个阶段的班主任开始独立管理一个班级，对班主任这项工作有很多憧憬和设想，并积极努力适应班主任工作。该阶段班主任的特征是热情、充满活力。但作为初入职场的班主任，往往是有理论但缺经验，当面对学生德育工作、班规制订、培养选拔班干部、组织班级活动、处理突发事件等班级管理问题时，由于考虑不周全或过于顾及学生对自己的态度和看法等，会表现出焦虑、紧张的一面。

---

① 李漫雪：《中小学班主任专业发展各阶段特征及管理对策》，《中国培训》2015 年第 10 期。

（二）适应稳定期

这一阶段的班主任已经熟悉且适应自己的职业角色，其专业知识与专业能力都在不断提升，并持续积累着班级管理的相关经验，能够积极主动地采取多种途径吸收新的知识来丰富和提升自己。这一阶段班主任的特征是学习积极性高涨，自信愉悦。但相对来说，仍然缺乏班级管理实战经验，理论与实践结合得不够紧密，有时不能有效合理地解决问题。

（三）创新求变期

这一阶段的班主任工作起来得心应手，能够熟练恰当地处理班级问题，人际关系良好，与学生保持良好的互动。此阶段的班主任专业理念较为成熟，致力于专业成长，不仅具有丰富的专业知识，而且拥有较强的专业能力，二者都还在不断提高。同时不拘泥于已有的经验，能够采用新的管理策略和方式在实际的管理情境中进行尝试和创新。在管理风格和方式中大胆求变，形成独特的管理风格和个人魅力。此阶段的班主任以创新、挑战、追求自我实现和高度职业幸福感为主要特征。

（四）高原停滞期

处在这一阶段的班主任往往具有较为丰富的工作经验，也有向上发展的意愿，但难以寻找到突破口，加之工作繁重，导致班主任对职业的热情急剧下降，容易产生职业倦怠，专业发展出现高原现象，工作中表现平平，不再追求卓越，出现退缩、逆反等特征。

（五）保守消极期

不是所有班主任都会进入这一阶段。进入这一阶段的班主任班级管理和教学的经验丰富，但是有部分班主任会因时间、精力的长期投入而失去专业发展的热情，对专业的投入程度和幸福感下降，倦怠疲劳又安于现状。

（六）离岗期

离岗期指的是班主任离开班主任工作岗位的阶段。这些班主任经验丰富，资历深厚，是班主任队伍的坚强后盾，可能会继续留在学校指导年轻班主任的工作，或者从事其他岗位工作，还有可能会因为年纪或身体原因离开岗位。

依据以上每个阶段班主任的成长特点，必须正确处理外部压力和自身需求两个方面的问题，不断成长。

三、班主任的综合素养

（一）班主任个人形象管理

苏联著名教育家苏霍姆林斯基曾说：“儿童对优秀教师的信任的确是无限的。当儿童跨进学校大门，成为你的学生之后，他就会无限地信任你，你的每一句话对他来说就是神圣的真理；你的行为在他看来就是智慧的化身和道德的典范。”[①] 学生都具有不同程度的“向师性”，会不自觉地模仿、接近、趋向于教师。班主任每天与学生相处，行为人师，身为示范，因此需要注重个人的形象管理。

班主任的言行举止、广博学识会使学生觉得他是一个十分有学问的人，值得自己学习和信赖；其在处理班级各种事件中所表现出来的种种才干，可以使学生心悦诚服；其高尚人格会使学生自觉效仿。因此，这就要求班主任们塑造一个良好的形象。班主任的个人形象包括仪容仪表、言谈举止、个人气质等方面。

仪容仪表。班主任的形象应“内秀于心，外毓于行”：既有内在美，又有外在美。“腹有诗书气自华”，班主任有了高尚的品格修养，有了充实的知识内涵，自当流露出儒雅的气质。此外，班主任的仪容还有重要的教育意义，作家张弦在回忆她的启蒙老师蒙圣瑞时写道：“和当时一些不修边幅的老师不同，他注意仪表，衣着整洁，中山服总是洗得干干净净，风纪扣总是紧紧扣着，里面露出一圈洁白的衬衣边，一尘不染。他走起路来，腰杆笔挺。上课时头发梳得很光，胡茬儿刮得铁青，始终保持着充沛的精力。给人的感觉是他时刻在从事一件崇高而严肃的事业，对学生是一种潜移默化的教育，足以赢得同学的尊重和敬爱。我们很多男同学都把蒙老师的形象作为自己的榜样，注意文明整洁，连走路都学他那轩昂的气度。”[②] 由此可见，教师的仪容风貌，对学生有直接的影响，并成为学生的榜样。

言谈举止。如同班主任的仪容仪表一样，班主任的言谈举止也是班主

---

① 苏霍姆林斯基：《培养集体的方法》，安徽大学苏联问题研究所译，合肥：安徽教育出版社，1983，第232—233页。

② 张弦：《我的启蒙老师蒙圣瑞》，《中国教育报》，2005年8月16日。

任形象的外在表现之一。班主任的言谈举止具有形象示范的效应。我国老教育家孙敬修先生曾指出："老师的一言一行对孩子都是很有影响的。孩子的眼睛是'录像机'，耳朵是'录音机'，脑子是'电子计算机'，录下来的信号装在计算机里，储存起来，然后指导他们的行动。"班主任在与学生交流时应使用规范文明的语言，语音语调要亲切而富有情感，不论什么情况下都不能对学生说脏话或进行言语侮辱，也不能对学生进行言语讽刺、挖苦。行为举止上，班主任应举止文明、大方，避免对学生施以暴力或举止轻浮。

个人气质。在培养自己儒雅气质的基础上，班主任要逐渐寻找到自己的"教学风格"，不失自己的个性魅力。新入职的教师往往要经过一段时间的尝试，才会找寻到展现自身教育魅力的风格。通过日常观察，会发现一些老教师的教学风格也许并不适合自己，如果刻意模仿，恐怕会落得个邯郸学步的结果。班主任要对自己的特点和条件等有客观、清醒的认识，在此基础上不断积极探索和尝试适合自己的班主任个人风格。从另一个角度说，班主任需要终身学习，要不断读书、学习、反思、改进，不断提升个人的气质。

班主任不仅是知识的传播者与智慧的化身，而且是文明的传播者与美的化身。因此，班主任的衣着要大方得体，充分地把自己的精神风貌呈现给学生；言行举止谨慎谦和、文明礼貌；为人处世应热情真诚、落落大方，给学生树立一个既值得尊敬、又和蔼可亲的形象。

（二）班主任需具备的专业素养

（1）先进的教育理念。作为一名教育工作者，教师的专业素养不仅应该包含有复合型的知识结构，还需要具备高尚的思想道德素养、良好的生理和心理素质、全面的能力素质，以及与时代相通的教育理念与精神。

（2）扎实的理论素养。班主任不仅要精通自己所授学科的专业基础知识，还要认真学习和掌握教育学、心理学及管理学的相关知识。在掌握理论知识的基础上，班主任应成为反思性实践者，自觉地给自己提出学习任务。在实践中进行自我修养，将"反思"与"理论学习"结合，形成由"实践"到"反思"到"理论学习"再到"实践"的有益循环。从实践中发现问题，在反思中分析问题，通过持续不断地学习去寻找答案，再回归到实践中去验证答案。因此，理论素养的补充十分重要，班主任应当养成终身学习的习惯，更新自己的理论知识。

（3）良好的生理、心理素质。班主任的工作忙碌而烦琐，需要有良好的身体素质作为生理保障。此外，班主任也需要有强大的心理素质，能够承受并缓和来自学校、学生、家长各方面的压力，及时调整心态，创设愉快的工作氛围，将健康的精神面貌展现给学生，做好积极的示范。

（4）高尚的思想道德。班主任工作需要有非常强的责任心和使命感。良好的道德修养有利于全面塑造班主任形象，班主任可以在教育工作中通过自己的高尚思想道德和行为，让奋发向上、乐观进取的精神，勤奋刻苦、严谨求实的治学作风，正直诚实、为人正派的高尚品德影响学生。

（5）全面的能力素养。其中包括敏锐的观察力，组织、协调能力，不断学习的能力等。①要当好班主任，需要有一双“火眼金睛”，时刻观察和捕捉学生的各种表现，能发现学生细微的变化和发生的小状况，及时与学生交流，解决学生中存在的问题。②班主任的组织、协调能力必不可少，这是开展班级管理，教育全体学生、培养班干部，促进班级有序发展的重要保障。③班主任在工作中会遇到各种各样的问题和状况，通过学习、积累不断提升自己解决问题的能力。班主任在工作中应当不断反思——学习——实践——再反思——再学习——再实践，丰富自己的理论知识和实践经验，从容地面对班级管理中的各项工作和不断涌现出的问题。

（6）多样的工作角色。学生在参与教育活动的时候，不仅是被教育的对象，还是承担教育的合作者与促进者。在日常的管理交流中，教师也需要积极参与到平等师生关系的构建过程中。众所周知，平等是对话的前提，教师需要放弃内心深处的权威意识，全身心地投入与学生的平等交流之中，需要积极调整自己的角色与定位，尊重学生的学习自主权。在这个过程中，教师也要允许学生的差异化发展，坚持因材施教，保证每一位学生都能够找到适合自身的发展道路。除此之外，与学生的对话本身也是教师成长的过程。在交流对话的过程中，教师与学生共同进步，这无疑对今后管理工作的升级起到有效的推动作用。

（三）班主任的教育反思能力

“反思”被认为是教育者的重要品质之一，同时也是班级管理者应具备的重要品质。反思是思考过去的事情，从中总结经验教训。在中国的传统文化中，“慎独”“内省”都是具有反思意味的词。“慎独”是我国古代圣贤道德修养中的最高境界，同时也是提高自身修养的重要途径。《礼记·中庸》中说：“道也者，不可须臾离也，可离，非道也。是故君子戒慎乎其所不睹，恐惧乎其所不闻。莫见乎隐，莫显乎微。故君子慎其独也。”在班级管理的实践中，班主任也要“慎独”“自省”，用自我管理的目标、优秀班主任的标准要求自己，在反思中寻求方法的改进，这样才有利于班主任专业成长。

（四）班主任的教育研究能力

班级管理中处处充满着学问，能及时且敏锐地发现其中存在的问题，是每位班主任必备的技能。要想为这些问题找到合适的解决方法，就需要对问题进行持续深入的研究，这是班主任教育研究能力的体现。研究的一般步骤包括：发现问题—确定研究主题—探讨主题—制订行动研究方案—实施方案—评价行动结果。

班主任在班级管理中可以从以下几个方面开展研究：不同类型学生管理策略、班风建设、班干部的培养与管理、家校合作、班级心理辅导等。研究可采用调查法、观察法、实验法、文献研究法、定量分析法、定性分析法、个案研究法、经验总结法等方法。

本章任务

请你查阅“全国中小学优秀班主任”的先进事例及其班级管理案例，并做好读书笔记。

第二章　全面了解和研究学生

思维导图

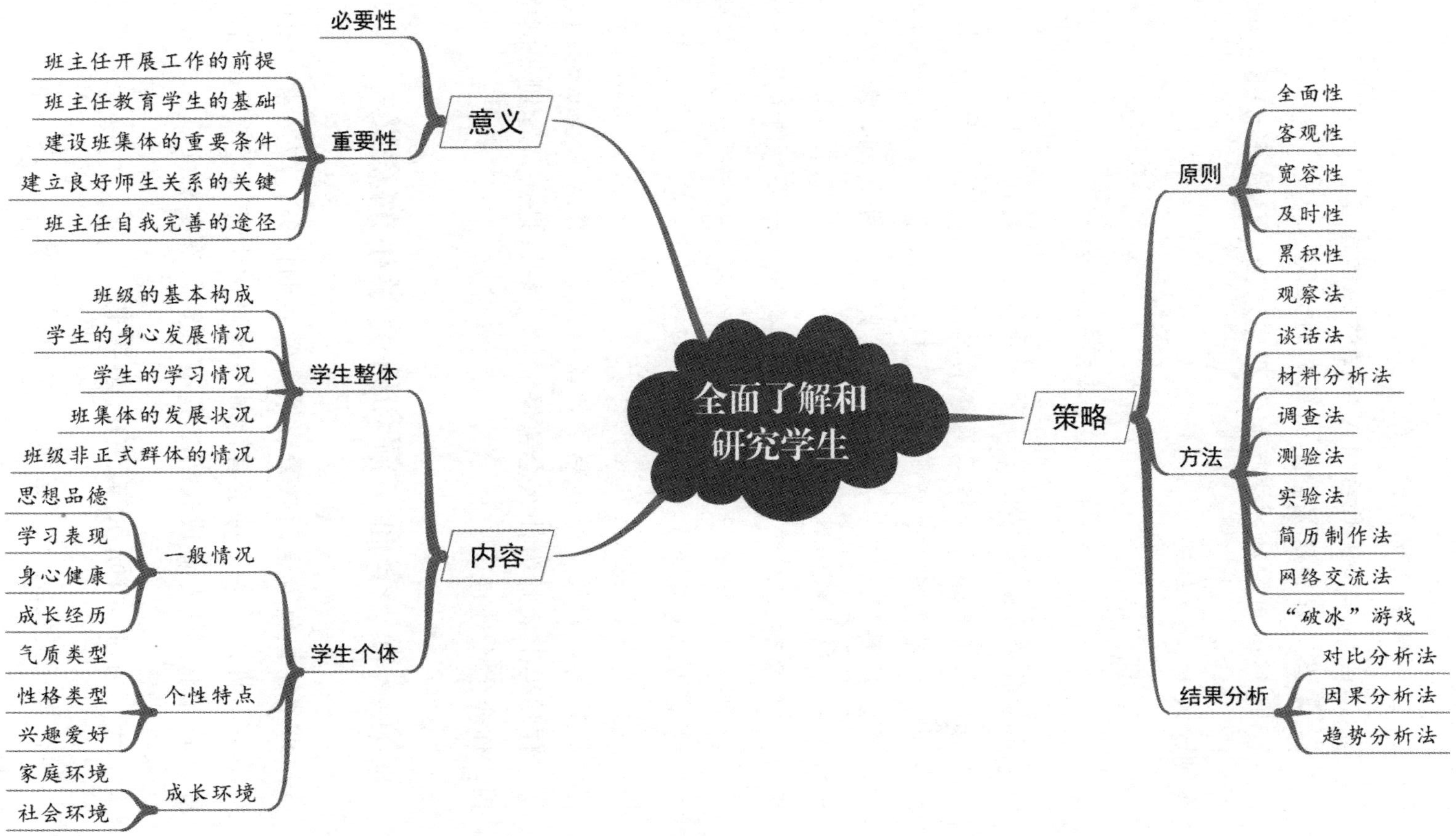

学海导航

1. 了解班主任研究学生的意义。
2. 熟悉班主任了解与研究学生的具体内容。
3. 掌握了解和研究学生的原则与方法。
4. 能够运用多种方法了解与研究学生，促进班主任工作顺利开展。

案例导入

课前的误会

上课铃响了，班主任王老师又开始了例行的“监督”工作，学生们都很快地跑回教室。但等第二遍铃响过后，王老师才看见班上一个颇为顽皮的男同学跑进教室。王老师当时就想：“这小子肯定是课间跑操场上玩去了，才会上课迟到！”一下课，王老师就走进教室，把该生叫到讲台前，严厉地批评他上课迟到。平日里大大咧咧的他这下可急了，眼泪都在眼眶里转：“您冤枉人，我根本没玩！下课后，同学们围着李老师问问题，然后李老师又叫我帮他把作业本抱到办公室去，这才晚的！”听完之后，王老师的脑中“轰”得一下：是呀，怎么忘了呢，为了调动他的学习积极性，自己和李老师商量好让他当数学课代表的呀！王老师知道错怪了他，连忙道歉。他却气呼呼地走了，以后几天都不怎么理王老师。

你觉得王老师为什么会错怪同学？如果是你，看到案例中的男同学迟到，你会怎么处理呢？

第一节　全面了解和研究学生的意义

班主任担负着全面教育、培养学生的任务，应经常、及时、全面地了解学生、研究学生，对于有针对性地对学生进行教育、科学地进行班级管理、促进班主任专业成长等都具有重要的现实意义。

一、了解和研究学生的必要性

有些班主任对于“必须了解和研究学生”这个问题存在一些错误认识。

第一种观点认为，班主任天天上课、看出操看午托，整日与学生在一起，哪有不了解学生的。这种观点把了解与研究学生看成顺理成章、自然而然的事情，忽视了“了解和研究学生”的主动性、计划性，不能自觉使用各种有效的科学方法，从而使班主任对学生的了解和认识失之全面、失之偏颇。

第二种观点认为，自己长年做班主任，经验丰富，对于小学生心理特点也比较了解，可以说是成竹在胸，无须着意研究。这是班主任中比较普遍存在的观点。不可否认，班主任的丰富经验及理论修养在很大程度上帮助他们了解和研究学生，但仍不足够。这是因为不同时期的学生具有不同的时代特征，若不经常有意识地去了解和研究复杂多变的社会现实在学生身上的影响，就难以做到对每一个学生的确切了解。此外，小学生的身心发展也存在着明显的个体差异。学生本身在遗传学上就存在差异，而城乡之间、地区之间、民族之间、不同阶层与类型家庭之间的学生也存在一定差异，而且不同类型学生的不同组合，也会使不同班级间的特点呈现差异化。因此，难以用一般的、典型的、同质的特征来涵盖所有学生。

第三种观点认为，了解与研究学生只是次要的，重要的是对学生严加管教，只要管得严就能做好其他各项工作。比如有的班主任说：“我一到教室，学生就老老实实，埋头作业，鸦雀无声，平安无事。很难发现学生有什么问题。”这种观点把对学生的了解与研究看成可有可无的过程，在偏重智育的班主任身上比较常见。有些班主任工作热情很高且富有自我牺牲精神，整日守在班里，没早没晚、没有课内课外，看着学生读书学习，表面上全班学生都在自己掌握之中，但实际上却吃力不讨好。因为这些学生在班主任的长期高压管理下，自主性得不到发展，创造性得不到发挥，既不利于其综合素质的提高，也影响学习能力的形成。因此班主任对学生的了解和研究绝非自然产生或可有可无的事情，而是十分必要的。

二、了解和研究学生的重要性

了解和研究学生不是为了对付几个“调皮捣蛋”的学生，也不是为了抓学生的“把柄”，或只求班上“平安无事”即可，而是为了做到班级管理工作的科学性、针对性和实效性。因此，班主任要认识到了解和研究学生的重要性。

（一）了解和研究学生是班主任开展工作的前提

班主任作为班级工作的组织者、管理者，担负着教育学生、管理班级、组织活动、协调关系等职能，工作千头万绪。了解和研究学生，是班主任工作的出发点，是班主任开展工作的前提。能否全面地了解和研究学生，直接关系到班主任工作的结果，影响着班级管理的成效。因此，班主任只有深入地了解和研究学生，才能有效地开展班级工作。班主任在制订和实施工作计划的过程中，需要从学生的实际状况出发，分层次、分阶段地确定目标，让每一个学生都找到适合自己的目标并为实现目标而不断努力。班集体的建设与形成、班级各项活动的开展，以及各种教育力量的协调和整合，都离不开对学生的了解和研究。因此，全面了解和研究学生，是班主任做好工作的前提，也是避免工作中出现盲目性、主观性和一般化、简单化的有效途径。

（二）了解和研究学生是班主任教育学生的基础

乌申斯基曾说过："如果教育家希望从一切方面去教育人，那么就必须首先从一切方面去了解人。"要想教育学生，首先必须了解学生。只有做到从总体上、个性上、变化发展上及可能出现的影响上全面了解学生，对学生的教育培养才能做到心中有数。一方面，可以从实际出发，有针对性地采取各种不同的教育方法，真正做到因材施教、个别施教；另一方面，可以既把握住学生"现在"的表现，同时发掘学生潜在的条件和动力，预测"未来"发展方向，使教育具有明确的目标性。这样的教育，才能取得良好的效果，使每个学生都走向成功。

（三）了解和研究学生是建设班集体的重要条件

组织和培养班集体是班主任工作的中心环节，是班主任的重要任务之一。这一任务的顺利实现，需要一个条件保障，即了解和研究学生。组织和培养班集体首先要确立共同的奋斗目标，班主任只有全面了解学生个体和集体，才能确定适合学生个体和集体水平的奋斗目标；组织培养班集体还要善于发现和培养积极分子，培养学生干部，建立班级领导核心，这些也都要建立在全面了解学生情况的基础上，否则，班集体的领导核心便难以形成；组织培养班集体还要帮助学生形成正确的集体舆论和优良的班风，这也离不开对学生个体和集体的细致了解；开展各种有教育意义的活动，是班主任组织培养班集体的一项重要工作，要使各种活动具有针对性和有效性，班主任也必须全面了解和掌握学生的思想动向、兴趣爱好和年龄特征，才能把活动办得生动活泼、丰富多彩，从而收到预期的效果。总之，了解和研究学生是组织和培养班集体不可缺少的重要条件。

（四）了解和研究学生是建立良好师生关系的关键

班主任在工作中需要和学生进行情感的交流和心灵的沟通，只有建立起民主平等、相互尊重、相互信任、相互支持、相互关心的良好的师生关系，才能取得显著的教育效果，而了解和研究学生是良好师生关系建立的关键。只有在不断了解学生的基础上，如学生在刻苦学习中取得成功的喜悦，遇到各种难以解决的问题时的苦恼和挫折，在成长过程中的各种需要或困惑等，才能更加体会到学生需要关怀、帮助和指导，从而为班主任做好工作创造有利条件。

（五）了解和研究学生是班主任自我完善的途径

尺有所短，寸有所长。班主任在全面地了解与研究学生时，可以尽力去寻找学生身上美好的东西、闪光的地方，比如少年儿童特有的朴实、纯真的气质，活跃、创新的思维，积极向上、刻苦努力的精神等，这也是班主任接受教育、吸收营养的好机会。当了解到不同学生身上存在的弱点和不足时，班主任一方面可以以此对照自我，有则改之，无则加勉，促使自己不断完善；另一方面可以通过寻找原因，制订计划，有针对性地开展工作，帮助学生扬长避短，并从中看到教育的力量，感受人才培养的喜悦。班主任倘能做到全班一盘棋，对学生了如指掌，对各项工作的实施心中有数，自然会大大丰富班主任的工作经验，增强班主任的工作热情和教育自信心。

第二节　了解和研究学生的内容

班主任了解和研究学生的内容主要有两个方面：一是了解和研究学生集体，二是了解和研究学生个体。班主任既从班级整体的高度了解和研究班级中学生的情况，以形成整体性的认识；又从每个个体的角度了解和研究班级中学生的情况，以形成深入的认识。一般来说，了解学生个体是了解学生集体的基础，而了解学生集体有利于更深刻地了解学生个体，两者互相联系、缺一不可。

一、了解和研究学生整体

学生作为社会的一员，总是生活在一定的群体之中，受群体的影响。作为班主任，应当从整体的角度了解学生，把握班级整体情况。

（一）了解学生整体的内容

班主任对学生群体的了解也是对整个班级的了解，了解的内容应该多方面、多角度、多层次，且具有广泛性。具体内容一般包括以下几个方面。

1. 班级的基本构成

班主任在接手一个班级之后，首先要通过各种方法了解班级的基本构成情况，包括班级学生规模及性别比例、学生的年龄结构及来源情况、不同层次学生的比例；家长的职业分布情况、文化程度及其大致区位、家庭经济条件整体水平、各类家庭结构比例等。

2. 学生的身心发展情况

全班学生的身心发展情况一方面包括学生的身体素质情况和健康状况，如身体基本健康的、体弱多病的、残疾的学生人数及比例；另一方面包括学生的心理健康状况，如是否存在心理疾病，是否存在紧张、焦虑、忧虑、恐惧、敌对等心理障碍。

3. 学生的学习情况

学习是学生在学校的主要活动。班主任要了解本班学生的学习自觉性、学习的方法和习惯、学习风气、学习成绩；学生的智力和能力发展水平、学业发展水平等情况。摸清学生的学习状况，有利于班主任及时引导、帮助学生树立正确的学习态度，形成良好的学习习惯，从而全面提高教育教学质量。

4. 班集体的发展状况

班集体的发展状况包括：学生对班级目标的认知状况、学生干部队伍的组成和工作开展情况，班级中人际关系状况，班级的规章制度建立和执行情况，班级的凝聚力状况等。了解和研究班集体的这些情况，有利于班主任全面开展班级的教育管理工作。

5. 班级非正式群体的情况

班级中的非正式群体是指在班级中没有经过班主任及学校其他组织任命的，学生根据自己的兴趣、爱好、情感等因素自发形成的群体。它是相对于班委、学习小组等正式群体而言的。非正式群体大多具有两面性：当班级正式群体凝聚力强、有威信、起积极主导作用时，他们就会被吸引过来，帮助班级完成一些有益的工作，甚至能够起到班干部、班主任所难以起到的作用；而其负面作用则表现为削弱正式群体的凝聚力，影响甚至破坏班级正常工作的开展。非正式群体中核心人物的言行，往往能在很大程度上左右班级舆论，甚至造成群体成员心理和行为的距离。尤其在非正式群体与正式群体利益发生冲突时，两者摩擦产生的内耗会给班级工作带来危害。因此，班主任必须对非正式群体加强了解和研究，包括非正式群体的数量、组成情况、核心成员、活动方式及形成的原因等，以便进行正确的教育和引导。

（二）分析学生整体的情况

上述情况了解清楚以后，班主任还要进一步分析研究班级的优势和劣势，并据此思考如何利用积极因素，克服消极因素，从而选择班主任工作的策略。各个班级情况各不相同，分析的要点也会有所侧重。下面列举一些情况：

（1）了解男女生比例，分析男女生性别和个性差异，研究如何发挥男女生的不同优势，实现优势互补。

（2）少数民族学生占一定比例，了解各民族独特的风俗习惯、宗教信仰等，研究如何引导学生尊重少数民族学生的民族特点，和谐相处，促进民族团结。

（3）戴眼镜的学生比重大，研究如何通过班级活动引导学生爱护眼睛，增强身体素质。

（4）大部分学生成绩好、学习积极性高、学习方法得当，研究如何以先进带动后进，实现共同进步。

（5）学生卫生习惯不好，班级环境保持差，研究如何养成学生热爱劳动的良好品质，自觉维护班级卫生。

对点案例

班级学生整体情况分析

以下是某小学一年级某班主任在开学一个月后对班级学生整体情况的分析：

全班共46人，其中20名女生，26名男生。班级大部分学生满6周岁，有2名学生已满7周岁。学生中有31名学生为本地户口，班级中有1名少数民族学生，有1名美国国籍学生，1名日本国籍学生。

全班学生中有1名学生患有先天性心脏病，1名学生有哮喘病史；其他学生身体健康，身高和体重均达标。学生目前均未佩戴近视眼镜。

学生们基本上在学习和常规等各方面习惯的培养上转入正轨。但由于学生来自不同的家庭，家长的文化水平、道德素质等都存在着较大的差异，还有少数学生的学习习惯和行为习惯较差。大部分学生在课堂只停留在专心听的阶段，缺少主动参与的意识和习惯，一部分学生上课纪律松懈，喜欢随意讲话，作业不肯及时完成。

二、了解和研究学生个体

苏霍姆林斯基曾指出："全体教师都要了解涉及每一个学生的一切，即了解他们的思维、情感、天资、能力、兴趣、倾向、爱好，这是我们的职责。"班主任应该了解所带班级学生个体的情况，了解的内容主要包括以下几个方面：

（一）学生的一般情况

班主任的工作对象是儿童，他们不是花名册上的一行字或一个号码，而是一个个鲜活的生命，是一个个具有独特个性的人。为了做好学生工作，班主任应随时掌握每个学生的动态，而掌握的前提是了解学生的基本情况，包括德智体美劳等各个方面。

（1）思想品德情况。包括：对民族、阶级、政党、国家、政权、社会制度和国际关系的情感、立场、态度；对事物的态度和思想观点；对法律法规和学校各项规章制度的态度及遵守情况；对集体的责任感及热心程度；对教师和同学的态度及相处方式情况。

（2）学习表现。包括学生的学习态度、学习习惯、学习方法的应用、学业成就表现等。

（3）身心健康情况。身体方面，包括身体发育情况、有无残疾、有无疾病等；身体素质及体育锻炼习惯；作息习惯；营养状况等。心理方面，包括心理健康状况，心理成长环境情况等。

（4）成长经历。包括奖励处分情况，转学退学情况，经历的重大事件等。

（二）学生的个性特点

了解学生的独特个性，可以对学生的个性发展进行有针对性的指导，促进学生个性的良好发展。班主任对学生个性了解越深，越容易拉近与学生的情感距离，建立良好的师生关系，并把握学生的行为动向，采用合理有效的教育方式，避免不必要的冲突，做到因材施教、知人善教。

（1）气质类型。气质是人的个性心理特征之一，它是指在人的认识、情感、言语、行动中，心理活动发生时力量的强弱、变化的快慢和均衡程度等稳定的动力特征。主要表现在情绪体验的快慢、强弱、表现的隐显以及动作的灵敏或迟钝方面。人的气质可分为4种类型：胆汁质（兴奋型）、多血质（活泼型）、黏液质（安静型）、抑郁质（抑制型）。胆汁质的人直率、热情、精力旺盛、情绪易于冲动、心境变化剧烈，具有外倾性。多血质的人活泼、好动、敏感、反应迅速、喜欢与人交往、注意力容易转移、兴趣容易变换，具有外倾性。黏液质的人安静、稳重、反应缓慢、沉默寡言、情绪不易外露、注意力集中、善于忍耐，具有内倾性。抑郁质的人孤僻、行动迟缓、善于观察细小事物、情感发生较慢但持续很久、体验深刻，具有内倾性。

（2）性格类型。性格是一个人稳定的态度系统和相应习惯了的行为风格的心理特征。根据知、情、意三者在性格中何者占优势，把人的性格划分为：理智型、情绪型和意志型。理智型的人，通常以理智来评价、支配和控制自己的行动。情绪型的人，往往不善于思考，其言行易受情绪左右。意志型的人，一般表现为行动目标明确，主动积极。根据人的心理活动倾向于外部还是内部，把人的性格分为：外向型和内向型。根据个体独立性程度，把人的性格划分为：独立型和顺从型。

（3）兴趣爱好。兴趣爱好大致可以分为以下几类：运动类，如篮球、羽毛球、乒乓球、足球、跑步、跳绳等；娱乐类，如听音乐、看电影、看书等；才艺类，如唱歌、跳舞、弹琴、绘画、写书法等；智力类，如拼图、做手工、机器人编程、下棋等。

（三）学生的成长环境

个体无时无刻不在接受环境的影响。良好的环境会对学生产生积极的影响，促进其健康成长；不良的环境则会对学生产生消极影响，阻碍其健康成长。班主任了解学生的成长环境，就可以对学生的各种行为做出合理的解释，并提出有针对性的意见，对其教育做到有的放矢。

（1）家庭环境。家庭环境包括软环境和硬环境两个层次。软环境即精神氛围，是指家庭成员的文化素养、道德品质、家庭凝聚力、家庭亲密度及组织形式，还包括了父母对子女的教养方式等。硬环境是指家庭的地理位置、经济状况、家庭成员职业和社会地位，还包括结构（如大家庭、核心家庭、单亲家庭、寄养家庭）等。

（2）社会环境。社会环境有狭义和广义之分。狭义指生存和发展的具体环境，如学校环境、社区环境，以及来往密切的亲朋好友交往情况。广义则包括社会政治环境、经济环境、文化环境和心理环境等大的范畴。

第三节　了解和研究学生的策略

由于学生群体及个体的复杂性和变化性，班主任必须知晓和研究学生的原则，掌握科学合理的方法，并会对结果进行分析，才能在班级管理中达到事半功倍的效果。

一、了解和研究学生的原则

了解和研究学生的原则，即了解和研究学生时应遵循的基本要求。只有按照科学的原则对学生展开了解和研究，才能发现学生的真实情况，探明问题发生的根本原因，从而解决问题，达成教育目标。

（一）全面性

小学生虽然年龄小，但每个小学生都是一个复杂的个体，所以班主任要全面地了解和研究学生。

1. 对象的全面性

了解的对象必须是全班所有学生，既要了解学业优秀的学生，又要了解学业困难的学生；既要了解遵守纪律的学生，又要了解调皮捣蛋的学生；既要了解认真负责的学生干部，又要了解默默无闻的普通学生。总之，班主任要掌握各类型学生的情况，做到客观公正、实事求是。

2. 内容的全面性

班主任要了解学生情况的各个方面，不仅要了解学生的学习成绩，还要了解每一位学生的认知潜能、学习风格、健康情况、情感态度、兴趣爱好、人际交往等不同侧面；不仅要了解学生的发展状态，还应从家庭、社区和学校等多角度掌握影响学生成长的各种因素；不仅要了解学生个体，还要了解班级群体。这样，才能真正做到因材施教、全面育人。

3. 学段的全面性

小学生正处于发展变化之中，前一阶段的发展是后一阶段发展的基础，因此每个阶段的情况都应在班主任了解的范围内。班主任不仅要了解学生现在的表现，还要了解学生过去的表现。比如对于一年级新生，班主任既要了解他们现阶段的情况，又要了解他们在幼儿园阶段的表现和经历，以帮助其做好幼小衔接。唯有如此，班主任才能以发展的眼光看待学生，对学生进行教育。

（二）客观性

了解学生的途径和方法很多，每一个描述或评价都带有一定的主观倾向，每一种方法也各有利弊。同时，班主任也是人，难免对聪明、懂事的学生由衷地喜爱，或受刻板印象的影响而不能客观地了解学生。但是，班主任不能忘记自己的教育者身份和工作职责，对学生不仅要“听其言”，还要“观其行”，尽量通过多种途径、运用多种方法，了解学生的真实状态，以避免主观臆断、以偏概全。

（三）宽容性

小学生心智不成熟，正处于快速发展的阶段，不能以成年人的标准来看待和要求他们。同时，他们又非常渴望得到教师的肯定和表扬，借此获得自尊感、成就感。鉴于学生的年龄特点和心理特点，班主任要用宽容的眼光看待学生：多点理解，少点挑剔；多点赞赏，少点指责；多点肯定，少点否定；多看优点，少看缺点。班主任设身处地地站在学生的角度去思考问题，给学生应有的宽容，和学生建立相互信任的情感关系。当然，宽容并不意味着放纵，而是严而有度、宽而有节，营造良好的育人环境。

（四）及时性

班主任要及时对全班学生的基本情况或个别学生的情况进行了解和研究。一般要在新学年、新学期或在某些重大事件发生前后这样做。如，班主任获知某个学生的父母刚刚离异，便应及时了解该生的思想状况，其父母对子女今后的安排情况等。只有做到了解信息、发现苗头、捕捉征兆，才能做到防微杜渐，创造或抓住教育的最佳时机。

（五）累积性

班主任对学生的了解和研究不是一次性完成的，而是一个连贯的长期的过程。班主任要及时将了解的结果记录、保存，以便全面、客观、发展地进行学情分析。班主任可以通过制作“学生个体发展状况卡”“班级发展状况记录表”，或应用“档案袋”等形式积累学生信息。

二、了解和研究学生的方法

班主任可以通过多种方法去了解和研究学生，在实际运用中要注意多种方法相结合，这样才能全面、深入地了解学生的情况。

（一）观察法

观察法是班主任在自然情况下，用自己的感官或借助辅助工具去直接了解学生言行的一种方法。观察法是班主任了解、研究学生的主要方法，这种方法真实、自然、简单、易行，并且不容易打扰到学生。但也因为观察法是在自然状态下对学生情况的感知，这就要求班主任要经常、反复地进行观察以获取真实的信息。

班主任可以通过多种渠道对学生进行观察：

（1）在学科教学中观察。班主任在自己所任教的学科教学过程中观察学生的表现，从中了解班级和学生的学习常规情况，如学习的态度与方法、学习的自觉性、学习的专注度、作业的完成情况等。

（2）在集体活动中观察。班主任在各种集体活动中对学生进行广泛的观察。学生的思想品德和个性心理品质的特点是通过各种活动和人际交往反映出来的。通过对各种集体活动的观察，可以了解到学生个人与班级关系的密切程度、学生间关系状况、学生的各种个性心理品质，以及个人特长和闪光点等。

（3）在日常活动中观察。班主任还可以通过对学生日常自由活动的观察，了解学生的真实信息，从中发现问题的迹象、征兆，及时采取有效措施，加以引导或帮助解决。

观察法虽然简单、易操作，却具有观察对象和条件难以控制，表面现象干扰大，情境性和主观性因素多的缺点。因此，班主任要想进行有效的观察，就必须注意以下几个方面：

（1）观察要有目的、有计划地进行。作为研究班级和学生的方法，班主任在观察前必须制订观察的计划，明确为什么观察和观察什么，包括观察的对象、目的、范围、时间、地点等，把观察和有意注意结合起来。

(2) 观察要保持客观性。班主任在观察班级或学生时，要尽量排除一切主观因素，不带有任何成见或偏见，不把主观推测和客观事实相混淆，并注意对观察结果进行验证和分析。

(3) 观察要反复进行。一时的、偶然观察到的信息可能只是一种假象，要长期、经常地进行观察。班主任既要在较长时间内连续不断地对学生的言行进行观察，又要在一定时间内对某一特殊情况、某种动向或某个学生进行观察，比如在竞选班委时观察候选人的竞争表现。

(4) 观察要做好记录和分析。要如实记录，不遗漏，确保材料的客观真实性。同时，要对材料进行整理和分析，去伪存真，透过现象找到本质。

(5) 与观察对象建立良好的关系。在观察的过程中，当观察对象意识到自己在被观察时，就有可能预先考虑给予观察者以一定的反应。在这种情况下，观察者应设法与被观察者建立良好的关系，消除他们的戒备心理，尽量保持观察对象的常态，排除各种可能的干扰和影响，以获得真实的信息。

(二) 谈话法

谈话法是指班主任通过与学生面对面谈话来了解学生情况的基本方法。这种方法能及时了解学生的思想动向，具有灵活、方便、有利于情感沟通的特点。如果说观察法主要了解学生的外部表现，那么谈话法则是通过学生的心里话，有意识地、主动地了解和掌握他们的思想活动。

为使谈话能实现良好的效果，班主任必须注意：

(1) 做好谈话准备。班主任要根据目的、针对的问题做好谈话准备，使谈话具有指向性。同时要预测自己的观点、认识、感情、方法等因素可能会产生的影响，精心设计方案，确定主题，安排内容，做好应变的充分准备。

(2) 把握谈话时机。第一，在新学期开学之初，学生有新目标、新打算，希望班主任能够给予指导性的帮助。在这时，班主任主动找学生谈话的效果较好。第二，在学习、思想及其他方面取得成绩和进步时，学生希望得到班主任的肯定和鼓励。这时班主任主动找学生谈话，双方的心情都比较愉悦、比较放松，谈话能够更加顺利。第三，在学习、工作、生活中遇到困难、挫折和不顺时，学生希望得到班主任的理解和帮助，这时也是谈话的好时机。

（3）考虑谈话场合。教师办公室是深受班主任青睐的谈话地点，但实际上这并不是一个好的选择，因为教师办公室会给学生一种威慑力、压抑感，且办公室里往往还有其他教师在场，使学生不能轻松自如地、真实地表达自己的想法。因此，班主任要根据谈话的内容和要求，认真考虑和选择谈话的合适地点。如涉及隐私的谈话应该选择在安全的僻静处与学生单独谈；一般性谈话可以利用课余时间，在公共场合与学生漫谈；对于性质严重的问题应找一个安静且严肃的谈话地点；等等。班主任要尽可能地创造条件，使学生能够畅所欲言，从而收到最佳效果。

（4）端正谈话态度。与学生谈话成功与否，关键在于双方是否相互信任。因此，班主任必须尊重学生、态度诚恳，在平等的基础上以亲切温和的语气与学生沟通交流，切忌居高临下、盛气凌人的谈话方式。如果学生察觉到教师对自己的否定态度或认为教师找自己谈话是为了训斥自己，那么可能会对谈话产生抵触心理，影响谈话效果。

（5）选择谈话方式。在谈话前，班主任要对谈话对象进行全面的了解和研究，根据其特点选择谈话的方式。如对性格外向的学生，可以开门见山，直奔主题；对性格内向的学生，则要先消除其紧张的情绪，再一步步地引到谈话主题上来，使学生主动敞开心扉。

班主任在具体谈话时，可根据情况灵活选择以下谈话方式：

（1）谈心式谈话，即班主任以诚恳的态度、亲切的语言，与学生在良好的气氛中交流内心的真实想法。这种方式很常用，课后随时随地都可以进行，但讲求谈话的艺术，须巧妙而自然地加以引导。

（2）商讨式谈话，即班主任以平等的态度、商讨的口吻，与学生进行谈话。这种方式适用于性格倔强、脾气暴躁、容易冲动的学生。采用这种方式谈话，可以消除他们对班主任的成见，排除师生间传递信息的障碍，为进行深入谈话创造条件。

（3）突击式谈话，即班主任因时、因事、因地、因人进行个别谈话的方式。这种方式主要用于自我防卫心理强的学生。这样的学生一般不肯轻易认错，事后矢口否认，或搪塞掩盖，或转嫁他人。班主任利用刚发生或正在发生的事件，突破其心理防线，往往可以取得较好的效果。

（4）点拨式谈话，即班主任用暗示的手段，或借用他人他事旁敲侧击，帮助学生明白某些道理。这种方式适用于自我意识强、心理敏感的学生。

(5) 渐进式谈话，即班主任有目的且逐层深入地与学生进行谈话的一种方式。这种谈话适用于性格内向、孤僻、有自卑心理的学生。班主任在谈话时，使用语言要谨慎，谈话内容和时间要适可而止，分次逐步将话题引向深入，以取得水到渠成之效。[①]

此外，班主任还应注意利用非正式的谈话形式了解学生。非正式谈话是根据学生的特长、爱好有意识地在活动和交往中与他们多接触。由于非正式状态下不受特定形式、地点、时间的限制，学生易于敞开心扉，因此有利于班主任从中了解学生。

资料链接

学生与班主任谈话时的心理[②]

学生在谈话中的心理状态各有所异，这就需要班主任在谈话前有足够的思想准备，才能在谈话中采取正确的对策。

第一，揣测心理。班主任找学生谈话，首先要明确目的何在，是批评还是了解情况。因此，谈话之初，学生一般都很注意班主任的表情和语气，揣测班主任的用意。班主任可在一开始就说明谈话的目的，消除学生的揣测心理。

第二，防御心理。这种心理，后进生常有，犯了错误后，一听班主任找自己谈话，便会立即产生"防御定式"，存有戒心，并往往先想好防御对策，不愿正面回答问题或采取推托、搪塞的方法。班主任可用坦率、真诚的态度打消学生的顾虑，消除其防御心理。

第三，恐惧心理。当学生偶犯错误或所犯错误比较严重时，这种心理比较多见。学生不知道班主任要如何对待自己，怕丢面子，怕受处分等。谈话时，神情紧张、惊恐不安。对于这类学生，班主任谈话时要注意自然、风趣、热情，说话要有分寸，不要过于严肃，因为如果学生过于惶

---

① 李颖主编《小学班主任工作专题》，北京：教育科学出版社，2013，第45页。

② 时伟、高伟、刘红艳主编《中小学班主任工作的理论与实践》，合肥：合肥工业大学出版社，2004，第192页。

恐，会有碍于问题的解决。

第四，对立心理。如果班主任与学生平时关系就紧张，或学生对错误尚无认识，或学生受挫折正在火气上时，都容易产生抵触的对立心理。学生往往会认为班主任冤枉了他，是在整他。当学生对立心理严重时，班主任可采用迂回谈话的方式，暂时避开主题，以缓解学生的对立心理。

第五，轻视心理。学生对谈话抱无所谓的态度，这是因其被谈话次数多得习以为常了，认为“反正还是那一套”，或者因其认为谈话解决不了问题，甚至未将班主任放在眼中。有这种心理的学生，谈话时常昂着头，或东张西望，不看班主任，或不愿回答问题，或敷衍几句。对于这类学生，必要时可采用教育惩戒手段。

第六，沮丧心理。学生平时表现较好，自尊心强，偶犯错误容易产生“这下完了”的沮丧心理，表现为情绪低落，垂头丧气，心情沉重。这类学生需要班主任开导、鼓励，以增强改错的信心。

第七，期望心理。可以说，多数学生与班主任谈话时，还是希望能给班主任留下较好的印象，希望班主任能了解与帮助自己，特别是当一些学生主动找班主任谈话时，这种心理更为强烈。班主任要珍惜学生的这种情感，把它变为促进学生前进的动力。

（三）材料分析法

材料分析法是指班主任对记载学生相关信息的材料进行分析和研究，从而初步认识学生、了解基本情况的最简单、最便捷的一种方法。在接手一个新班时，班主任须首先查阅学生的有关材料，以便尽快初步了解情况。

有关学生的资料很多，大致可分为以下三类：

（1）学生档案资料，包括学籍档案、历年的学业成绩、综合评价、心理档案、体检表、奖惩记录等。

（2）班级记录资料，包括班级日志、班会和队会记录、班队活动的计划和总结等。

（3）学生个人作品，如日记、作文、各科作业、学习笔记、各种答卷、绘画作品、设计图、各类比赛作品、墙报资料等。

班主任在运用材料分析法时，必须注意以下几点：

（1）班主任要用发展的视角看待材料。学生是动态发展的，材料记录的是学生过去的情况，只能说明过去，不能说明现在，更无法说明未来。班主任在利用这些材料时，要本着一分为二的、动态的观点，既要注重对材料的了解、分析，又要用发展的眼光来了解班级或学生，不能把材料作为了解和研究班级或学生的唯一依据，更不能受材料的影响，带着先入为主的观点去看待班级或学生。比如对于犯过错受过处分的学生，班主任不要轻易就认定这就是一个“坏孩子”，要看到他的优点与长处，看到他的进步与发展。

(2) 班主任要用全面的视角分析材料。材料所记录的内容常常有局限性，不能展现班级和学生的全貌，比如班级精神文化、学生内心世界等就很难在材料中体现。此外，有些材料反映的内容还不够充分或不够真实，有待于进一步补充或验证。班主任分析运用资料时，要有全面的观点，切忌以偏概全。要充分重视对这些资料的分析和研究，但是又不能拘泥于这些资料，更要着眼于现实条件，对学生具体表现的真实情况进行全面了解和把握。

(3) 班主任要注意及时更新材料。班主任应随时注意班级或学生中出现的新情况、新问题，并把记录这些新情况、新问题的材料收集起来，进行分析、整理和记录，逐步积累起丰富的、有价值的、较全面的材料。

（四）调查法

调查法是班主任通过书面问卷调查、测验，访问家长、教师、同学等方式了解和研究学生的方法。这是一种间接了解学生的方法，通过广泛了解、掌握大量的材料，在此基础上进行分析综合，得出科学结论。

调查法可以用于个人，也可以用于集体。具体使用情况要根据不同的调查需要，采用不同的形式。

(1) 访问教师。学生在校学习与科任教师接触较多，学生学习的积极性、学习的方法与习惯，对待成功与失败所反映出来的意志品质，与同学共同学习讨论中反映出来的精神境界等，科任教师都会有所了解。此外，有的学生在班主任面前的表现与在科任教师面前的表现有所不同，因此访问科任教师对了解和研究学生是重要且必要的。

(2) 访问同学。同学之间的交往是最真实自然且密切的，在学生群体之间了解学生，能及时地较为准确地反映学生情况。在做这类调查时，要注意以下几点：第一，教育学生反映的情况一定要实事求是，不能有偏见、不能添油加醋、歪曲事实。第二，教育学生对同学一定要用与人为善的态度，多看别人的优点、长处。第三，对学生反映的情况要进行核实、分析，要听取多方面情况，不能听信一面之词或就只言片语下结论。第四，要保护反映情况的同学，要正确巧妙地运用学生反映的情况，不要影响学生间的团结。向班主任反映情况的学生，往往受到不正确、不公平的冷嘲热讽，班主任必须义正词严地向学生说明真相，坚定不移地保护这些学生，以发挥他们的积极性，达到激浊扬清、明辨是非的目的。

（3）访问家庭。这是班主任通过与家长面对面的交谈，有目的地了解情况、收集信息的一种形式。这种方式可以帮助班主任更全面地了解学生，但是，要注意交流的态度和方式，切忌把家访变成“告状会”，甚至“夹枪带棒”地批评学生、责备家长，导致学生害怕、家长尴尬，难以实现家访的目的。关于访问家庭的内容详见第七章第二节“家庭力量的配合”中的“家访与来访”。

（4）开座谈会。这是班主任根据事先准备好的调查提纲，向到会的人员（学生、教师、家长等）提出问题，展开讨论，以获取信息的一种方法。座谈会和前述的访问教师、同学、家庭相似，但采用的是集体访问的方式，调查者与调查对象们可以共同讨论，互相启发，互相核实，获得的信息往往比较切合实际。运用这种调查方法时要注意：一是会前要有充分的准备，明确要调查的问题；二是参会的人数不宜太多，最多不要超过十个人；三是保证参会人员都是熟悉情况的，并有一定的代表性，能够提供比较可靠的信息。当然，这种方法也有不足之处，如受一些因素的影响，参会人员不愿意当众说出真实的情况，或说出的信息与实际出入较大等。

（5）调查问卷。这是班主任用书面形式收集资料、了解情况的一种方法。班主任根据一定的调查目的和任务，以书面的形式提出若干问题，制作成问卷，要求调查对象填写或选择答案，收回问卷，加以整理分析。

问卷一般有三种类型：封闭式、开放式、半开放式。在封闭式问卷中，将问题的答案事先加以限制，被调查者只需要在给定的答案中加以选择即可。开放式问卷是指问卷只列出问题，由被调查者自由陈述想法，给出答案。比如，“你喜欢什么样的老师？”“你最喜欢的运动是什么？”半开放式问卷一般以封闭式问题为主，根据需要增加若干开放式问题。

问卷一般适用于比较简单或具体的事实性问题，可以在最短的时间里收集到范围较广的材料。由于允许受调查者采用无记名方式回答，所以获得的材料可能比较真实。

资料链接

小学生阅读情况问卷调查表①

1. 你喜欢阅读吗？（　　）

A. 非常喜欢　　B. 比较喜欢　　C. 一般　　D. 较不喜欢

E. 不喜欢

2. 你平时在什么情况下读课外书？（　　）

A. 主动阅读　　B. 老师要求　　C. 家长监督

3. 你喜欢用什么样的方式获得知识？（　　）

A. 读书籍　　B. 读报刊

C. 网络阅读　　D. 其他

4. 你读书最主要的目的是什么？（　　）

A. 写读书笔记　　B. 应付老师

C. 提高写作能力　　D. 增长知识，陶冶情操

E. 娱乐休闲　　F. 无明确目的

5. 你所读的书是否很杂？故事、小说、报道、传记、自然科学、历史传记等什么都读？（　　）

A. 是　　B. 否

6. 你是否乐意通过阅读了解更多有趣的人和事，开阔自己的视野？（　　）

A. 是　　B. 否

7. 你能经常和别人谈论甚至争论从书中看到的人和事吗？（　　）

A. 能　　B. 有时能　　C. 不能

8. 你每天都有相对固定的时间读书、读报、读杂志吗？（　　）

A. 有　　B. 没有

9. 你读课外书时还喜欢做什么？（　　）

A. 摘抄好词佳句　　B. 写读后感

C. 圈圈点点，写批注　　D. 只读，不动笔

---

① 姜荣奎：《教师如何与学生沟通》，北京：中国轻工业出版社，2012，第216—218页，有改动。

10. 你能否根据不同的阅读目的，采取不同的阅读方法？（　　）

A. 能　　B. 有时能　　C. 不能

11. 你阅读的书是从哪里来的？（　　）

A. 买的　　B. 送的　　C. 借的　　D. 换的

E. 其他

12. 你的购书情况怎样？（　　）

A. 父母选购　　B. 自己选购　　C. 从来不买

13. 你希望老师在阅读课上怎么做？（　　）

A. 让大家在课上随便读

B. 引导大家读

C. 让大家做作业

14. 你觉得自己是个读书人吗？（　　）

A. 是　　B. 否

15. 你和朋友聊天，关于读书的话题多不多？（　　）

A. 多　　B. 不多　　C. 偶尔有

16. 你最近在看什么书？

____

17. 写出你最喜欢的一本书及你与这本书的一个故事。

____

18. 你记忆中最早的一本书是什么书？

____

（五）测验法

测验法包括心理测验、知识测验、体育技能测验等，通过测验了解学生相应方面的水平。心理测验对于班级管理工作具有特别的意义，它是根据一定的法则和心理学原理，使用一定的操作程序量化人的认知、行为、情感的心理活动。相关的测验有很多，比如智力测验、学习风格测量、人际关系测量等。班主任需要根据工作实际，不断学习，正确掌握一定的测验方法，从而可以根据需要采用一种或多种测量方法，综合分析、研究，对学生个人或班级学生群体的情况做出比较正确的评价。

资料链接

社会测量法[①]

社会测量法是美国的莫里诺等人提出的，一般通过问卷的形式来进行，具体步骤如下。第一，确定问题标准，提出相关问题。班主任可以提出多种多样的问题，如："你最不愿同谁坐同桌?""你最希望与谁一起郊游?""你认为谁当班长最合适?"要求学生回答时只限定在本班同学，每个问题按喜欢和不喜欢的程度写出三个答案。问题的标准一般有以下几个：一是角色标准。如："假如你是班长，请从班长的角度选择你喜欢的同学。"二是行为标准。如："过生日时，谁送的礼物你最乐于接受?"三是职能标准。如"班里要派人参加数学竞赛，你认为谁最可能被选上?"四是认识标准。如："假如班里选三好生，你认为谁最可能选你?"根据这些标准，班主任可以让学生填写征询意见表。第二，制订群体关系矩阵表和人际关系"靶形图"。班主任把学生填写的意见表收上来加以整理，先把班级群体中成员进行编号，根据编号将每个学生所做的选择填入事先印制的答案卡上，然后填入群体关系矩阵表。肯定的用"+"表示，否定的用"—"表示，没有选择的空白。最后统计每人的"+"和"—"，便可确定谁是受人喜爱的领袖人物，谁不被人们欢迎。例如：对于"班里你最讨厌谁？最喜欢的有哪两位（请按顺序排列)?"假如该班有六位同学便可作矩阵表如下。从表中可见A是领袖人物，E是不被人们欢迎的同学。

被选择同学 / 选择同学	A	B	C	D	E	F
A		+		+	—	
B	+			+		—
C	+	+			—	
D	+				—	+

① 欧阳文珍、伍德勤主编《初中班级管理》，合肥：安徽大学出版社，1998，第163—164页。

续表

被选择同学 选择同学	A	B	C	D	E	F
E	+		+	—		
F		—	+		+	
合计	+4	+2—1	+2	+2—1	—3+1	+1—1

班级群体中同学关系的亲疏可以用人际关系图来表示。把同学编号，分别填入很多圆环组成的靶形图中，根据被选的次数确定该同学在靶中的位置，被选次数越多，越靠近中心。双向箭头表明双向彼此选择，单向箭头表示单向选择。

班主任利用社会测量法，可以迅速而准确地了解学生的人际关系状况。如班级有多少小团体存在，谁是领袖人物，谁是孤立者，这些非正式的小团体与正式团体是否对立，整个班级是否具有凝聚力等。

（六）实验法

实验法主要包括实验室实验和自然实验。

(1) 实验室实验。实验室实验是在实验室里，利用一些实验仪器设备，在严格控制的实验条件下对心理现象进行研究。如利用注意稳定性测试仪、注意分配仪等可以测量学生的各种注意能力。实验室实验主动迅速，实验结果精确，具有可重复性，能够进行定量分析，但实验室实验的实验条件由班主任（主试）严格控制，使实验情境带有较大的人为性质，了解的结果往往要打折扣。

(2) 自然实验。自然实验在某种程度上克服了实验室实验的缺点。它是在学生正常的学习和生活情境中进行的，通过教师人为地创设一些条件，引起学生某方面的表现并加以了解。例如，班主任要了解班级学生是否诚实等品德状况，安排了这样的自然实验情境：在教室一角的桌上放了一叠笔记本和一个空纸盒，并在旁边的纸条上写道，“卖本子，每本两元，请把钱放到纸盒里”。这项实验安排在课外活动时进行，班主任通过观察将整个“买本子”的过程中看得一清二楚：谁拿本子主动付足了钱，谁买本子没付钱或少付钱，谁不仅没付钱还偷偷把纸盒里的钱拿走了一些……班主任在准确掌握了这些情况之后还可以进一步了解下去，如让学生自己回答有没有买本子未交钱等。

（七）简历制作法

简历制作实际上是一种自我介绍，具有直接、快速的特点。班主任可以让学生自由地制作简历，进行发挥创造，也可以让学生填写设定好内容的表格。下面是一份学生简历模板。

<table>
<tr><td colspan="7">个人情况简介</td></tr>
<tr><td>姓名</td><td></td><td>性别</td><td></td><td>健康情况</td><td></td><td rowspan="3">照片</td></tr>
<tr><td>出生年月</td><td></td><td>民族</td><td></td><td>兴趣爱好</td><td></td></tr>
<tr><td>电话</td><td></td><td>家庭住址</td><td></td><td>特长</td><td></td></tr>
<tr><td colspan="7">家庭情况简介</td></tr>
<tr><td>称谓</td><td>姓名</td><td>年龄</td><td colspan="2">工作单位</td><td>职务</td><td>联系方式</td></tr>
<tr><td>父亲</td><td></td><td></td><td colspan="2"></td><td></td><td></td></tr>
<tr><td>母亲</td><td></td><td></td><td colspan="2"></td><td></td><td></td></tr>
<tr><td colspan="7">自我描述</td></tr>
<tr><td colspan="7"></td></tr>
</table>

该表格的上半部分是自然情况，有助于班主任未来工作的开展；下半部分是自我描述，给学生一个自我展示、自我表达的机会。通过这样的简历，班主任不仅能够迅速掌握班级学生的概况，而且能够发现每个学生的特长，为班级建设储备资源。

（八）网络交流法

相对于面对面的交流来说，网络交流平台避免了谈论某些话题时的尴尬，也更受学生的青睐，这就为班主任了解学生打开了一扇窗口。随着信息化的发展，网络交流平台也越来越多，比如班级公众号、视频号、微博、贴吧、QQ、微信、钉钉等。班主任可以把自己想了解的内容发在班级公共平台上，供同学们讨论，由此了解学生的行为与思想，并进行恰当的反馈与指导。同学们也可以将自己的建议以实名或匿名的方式向班主任反馈，让班主任了解学生内心的真实想法，从而改进班级管理策略。

（九）“破冰”游戏

“破冰”游戏是在各种培训领域中盛行的一种开场游戏。“破冰”之意为打破人际交往间陌生怀疑、猜忌、疏远的樊篱，就像打破严冬厚厚的冰层。班级管理可以借鉴各种“破冰”游戏，这不仅有助于班主任迅速而深入地了解学生，消除师生之间的陌生感，还有助于促进学生之间的相互了解、相互融洽。游戏形式生动有趣，符合儿童的年龄特点。

游戏活动可以根据班额和游戏内容，选择集体进行或分组进行。班主任应平等地参与游戏之中，在轻松有趣的活动中了解学生。以下是几个“破冰”小游戏：

（1）名字接龙。学生们围坐一圈，班主任详细说明要求；任意提名或用击鼓传花的形式指定第一位学生，该学生报告自己的姓名，并用一两句话介绍有关自己的情况（如兴趣爱好、特长、最近发生在自己身上的一件有趣的事情等）；第二位学生在自我介绍之前先要重复介绍前一位同学的名字并简要复述同学所讲的内容。例如，第一位学生说：“我叫×××，我特别喜欢跳舞，在幼儿园经常参加表演。”第二位学生应说：“她叫×××，她跳舞跳得很好。我叫××，我假期和爸爸妈妈去海边旅游，很开心。”班主任最好是最后一个发言者。一轮结束后，以调换顺序的形式重复进行，但介绍的内容需要更新，或者选自愿发言的学生依次说出同学的名字，抑或让学生说出与自己情况相似的同学的名字。

（2）找朋友。学生围成两层的同心圆，随着音乐内外层逆向转动（也可边唱边转）；音乐停，面对面的两名学生要彼此握手并相互自我介绍；音乐再起时，游戏继续进行。

（3）姓名互通。请同学自我介绍姓名，并说说与自己姓名有关的以下问题：姓名有何来历或含义？学名、小名或其他名字（注意课上应该用学名称呼）是什么？希望老师和同学课后用哪个名字称呼自己？介绍活动可以按座位排列逐个进行，也可以分组进行，然后每组找一个学生代表来介绍小组成员。

（4）点点心声。班主任提前准备好问题，设计问题签。如，你最喜爱的人是谁？你喜欢上哪些课？你希望老师是什么样的？你喜欢哪些动画片？哪件事最令你自豪？你长大后想干什么？你做过的最特别的事情是什么？你最喜欢的动物、颜色、食物等是什么？……问题签编上序号。学生围圈而坐，逐个抽签（或用扑克牌），依据题号抽取问题签并回答问题。

(5) 小记者。班主任设计或者引导学生集体设计出一份调查提纲，每个学生拿着调查提纲寻找想了解的同学逐个采访。采访结束之后，可以归纳学生之间相同的答案，并打印出来，分发给每个学生和任课教师，或者张贴在班级的墙上。[①]

对点案例

用“悄悄话”沟通你我[②]

从一年级第一学期开始，郑丹娜老师就给班级每位学生发了一个本子，叫作“悄悄话”交流本。学生可以任意写出自己的感受，体裁不限，长短不限，也可以用图画表示。郑老师看过后会及时用“悄悄话”回复，有的是鼓励，有的是提醒。如果认为问题比较严重，还会找学生面谈，或采取相应措施。通过“悄悄话”，班主任及时掌握了学生的思想动态，同时，学生的心事也能及时得到倾诉。通过这每天一次的“悄悄话”，架起了师生间的心灵沟通之桥。

三、了解和研究学生的结果分析

班主任在使用各种方法搜集、了解了整个班级学生群体的情况、每个学生个体的情况之后，接下来的工作便是对这些资料进行分析。通过对学生和班级的系统研究，最终达到科学地管理班级和教育学生的目的。

(一) 对比分析法

对比分析法是指通过对学生各方面的情况进行纵向和横向的比较，发现学生思想、心理或生理上存在的问题，找出问题产生的原因，制订相应措施的方法。对比法包括纵向比较和横向比较。

纵向比较一方面是把某班级或某学生与以往的班级或学生相比，找出进步和不足。例如，将这个班的班干部与以往的班干部在学习成绩、各种

---

① 邓艳红主编《小学班级管理》(第2版)，上海：华东师范大学出版社，2016，第41—42页。

② 张小武：《用“悄悄话”沟通你我——记全国优秀班主任、北京市朝阳区垂杨柳中心小学教师郑丹娜》，《教育(周刊)》2008年第19期。

能力、团结协作等方面相比较。另一方面是学生、班级本身当前与过去的比较。例如，某学生六年级语文期末考试不及格，在班级中排名倒数。但班主任不应以此认定该生学习落后，而应翻看其前几年的语文成绩及表现，再确定评价结果及教育手段。

横向比较一方面包括该生与其他同班或同年级学生的比较，掌握其在同质群体中的位次；另一方面还应包括该班或该生本身各方面情况之间的异同。因此，班主任要从各个方面去比较，有全面的比较才有全面公正的鉴别，只有准确地判断，才能制订出切实可行的措施。

（二）因果分析法

因果分析法是指班主任对班集体和学生所表现出来的优点和缺点从原因和结果的联系方面进行分析研究的方法。优点作为结果可以总结经验，作为原因可以推测把握学生发展的将来；缺点作为结果可以发现并消除不良的影响因素，作为原因可以预见学生可能出现的一些不良表现，从而尽早地制订各类预防措施以防患于未然。如，对于落后班集体，班主任分析其形成的原因包括班级学生缺乏集体荣誉感、学生干部缺乏工作经验、个别学生违规乱纪等，从而制订周密的、有针对性的改进计划。

（三）趋势分析法

趋势分析法是根据事物发展的动向，在头脑中经过反复思考，对事物各个方面进行具体分析，再综合起来把握矛盾的整体，深入事物的本质，抓住事物发展规律的一种科学方法。这是一种把握苗头、分析动向、研究因果、及时育人的好方法。为此，班主任首先要注意和发现班级学生中的某些“苗头”，观察其是向好的方向发展还是向坏的方向发展。如果是向好的方向发展，就应加以引导和指导，反之就应及时地进行制止和教育。换言之，班主任工作要有预见性，随时随地分析研究学生的发展趋势，从而拟订教育计划。

对点案例

因果分析法[①]

某校班主任张老师通过各种途径，掌握了本班学习委员王佳的下述情

---

① 欧阳文珍、伍德勤主编《初中班级管理》，合肥：安徽大学出版社，1998，第169—170页。

况：文化课成绩在班里数一数二，特别是英语格外突出，只是体育成绩一般。品德上，该生好学上进、自觉主动，但学习上比较自私。比如他经常借阅别人的参考资料却总不外借自己的，常找借口拒绝其他同学的问题请教。

班主任张老师采用因果分析法，首先分析王佳同学长处的养成主要是由于聪明勤奋、学习兴趣，还是由于家庭教育的得法？英语格外突出是什么原因造成的？在学校教育方面大家是差不多的，那么在家庭教育方面是否有特殊的学习训练途径及方法，他本人是否对学外语有特殊的兴趣及自信，这种兴趣及自信是如何建立起来的？通过这种“寻根问底”式的分析，不仅对班主任自身积累经验、从事相关教学管理研究很有帮助，而且这种分析的结果极具推广价值。

对于王佳的不足，同样可以进行类似的因果分析：体育成绩平平，到底是什么原因造成的？是认识的问题？如果是，这种认识产生的影响因素有哪些？如果不是认识的问题，是身体的问题，还是意志的问题？

对于其品德上的不足，张老师并没有姑息放任，而是同样进行了因果分析：作为果，要分析这种自私主要是什么原因造成的，是家庭教育的不当？是学校德育方面的不足？还是受了社会大环境的消极影响？或者是结交有不正确认识的伙伴？作为因，这种自私心理会影响他在班级同学心目中的形象、地位及威信，从而影响他的健康成长，也可能会对其他部分同学产生不良影响。

张老师由于对王佳同学作了正反两个方面的因果分析，所以不仅对过去的王佳胸有成竹，而且对王佳的未来也心中有数。这样由于发现了问题，制订了解决问题的措施，所以张老师在对王佳同学的教育管理中就完全可能占据主动。

本章任务

1. 请设计一份学生日常活动观察表。
2. 请设计一份学生基本信息表。

第三章　组织和培养班集体

思维导图

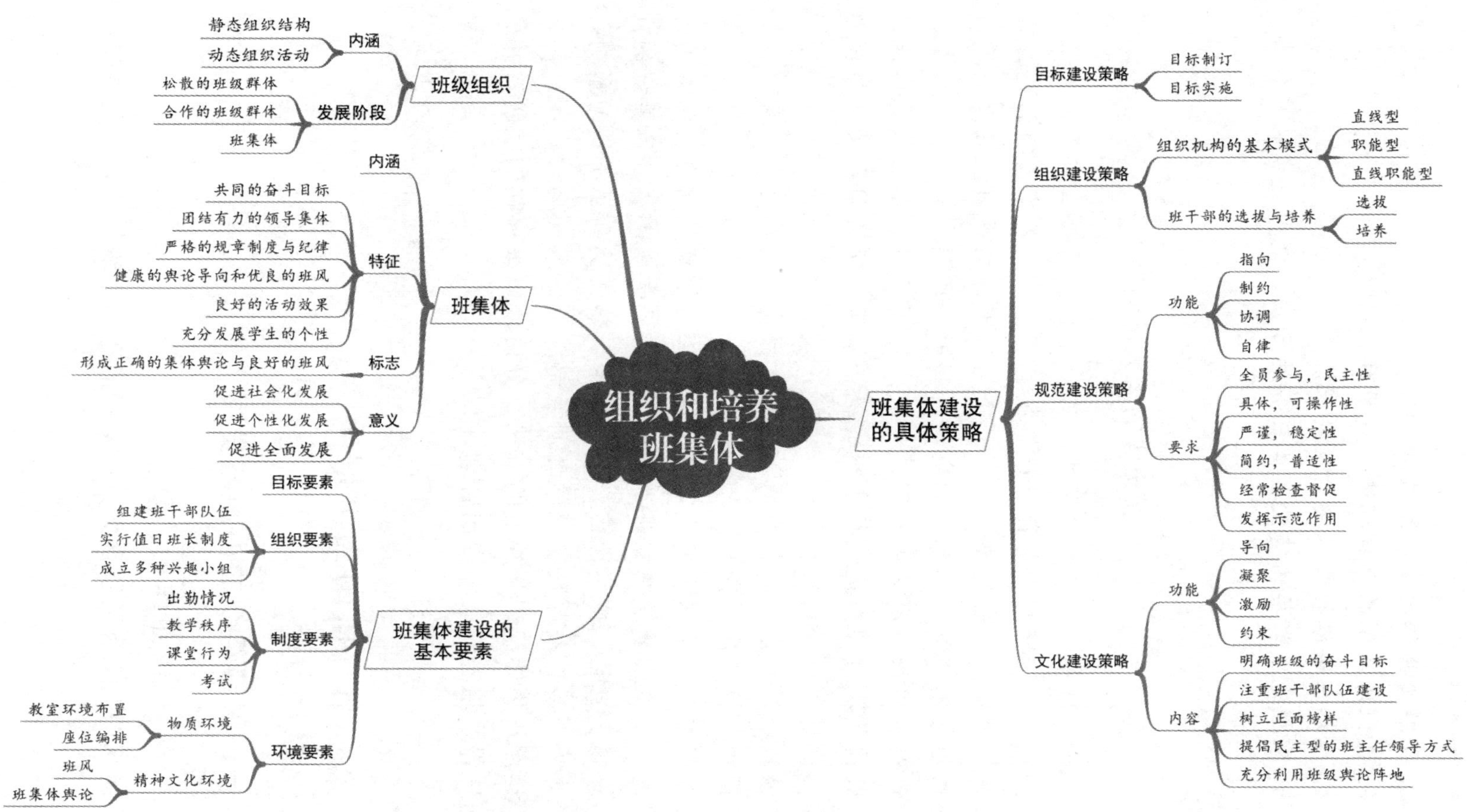

学海导航

1. 知道班级组织的内涵。
2. 了解班集体的发展阶段和特征。
3. 认识班集体的形成标志和建设的意义。
4. 理解班集体的基本要素及要求。
5. 掌握完成班集体建设具体任务的方法，能够完成相应任务。

案例导入

新班级的老大难问题

丁老师准备接任小学二年级某班班主任。开展工作前，他了解到该班的一些情况。该班班干部都是通过抽签产生的，他们没有讨论过班级发展的目标，也不知道自己要做什么。个别班干部向原班主任反映问题时，得到的回答总是“做好你自己的事，别管那么多”。

班级曾组织一次演讲比赛，只有个别同学报名参加，最后活动不了了之。其他几次活动都是执行学校的统一安排，多数同学又觉得没意思，缺乏参与热情。

该班纪律松散，时常有同学迟到，课堂上也总有人交头接耳。在校卫生评比中，该班屡屡落后。

学习委员钟某偶然发现，自家钟点工阿姨竟是副班长林某的母亲。他便将这个“重大发现”在班上公开。林某发觉原来和自己要好的几个同学渐渐疏远了自己，情绪低落，工作和学习热情受到了不小的影响。

此外，科任教师反映同学之间互起绰号的风气盛行。

运用班集体组织和建设的方法，分析该班级存在的问题，并就丁老师如何建设、培养班集体提出合理建议。

第一节　班级与班集体

一、班级组织的内涵与发展

（一）班级组织的内涵

组织的概念有两层含义：一是指静态的组织结构，二是指动态的组织活动。人们组成一个个组织，是因为组织能在更大范围发挥多个个体的作用，甚至展现出个体所不具有的作用。因此，要使组织发挥出它的职能，就要不断进行组织建设。

班级组织既是班级管理的出发点，亦是归宿。班级管理目标的实现有赖于班级组织建设，因而班级组织建设是小学班级管理的中心任务；班级管理目标的实现与否取决于组织建设情况，因此，班级组织建设也成了小学班级管理的重要职能。班级组织建设是一种过程，是指将一个松散群体建设成为要素完整、结构合理的组织，组织内成员积极参与班集体建设的过程。

小学班级组织是一个学生群体。在它建立之初，只是一群儿童的随机组合。这个组织被赋予一个名称：一年×班，组织中的成员在之后小学六年的学习生涯中都将在这一组织中度过。但这个组织到目前为止只具有了某种形式，要想成为一个真正意义上的组织，需要在组织结构、制度规范和组织精神方面进行全面的建设。

（二）班级组织的发展阶段

开学伊始，几十个来自不同家庭、情况各异的学生走在一起，一个新的班级就此形成。这个时候的班级是一个松散的群体，没有组织结构，没有约束机制，也没有共同的行为目标。学生之间相互陌生，尚未建立稳固的情感纽带。如何有效地把一个松散的群体建设成一个具有一定归属感和凝聚力的班集体，就成为班主任的首要任务。班级集体的形成和发展不是自发的过程，而是在教师的指导下，根据一定的教育目的和管理目标而建立起来的。一个班级由最初组建时的班级群体发展成为班集体，其间经历了哪些发展阶段，不同学者提出了不同的看法。苏联学者根据班级群体活动的目的、任务、原则和意义，提出班集体的发展水平大致经历了松散群体、联合群体、合作群体、集体等几个发展阶段。日本心理学家广田君美以“结构化程度”为尺度，将班级组织的发展分为水平递进的五个时期，即孤立探索期、横向分化期、纵向分化期、小群体形成期、群体统合期等。我国的教育工作者经过多年的实验研究，提出班集体建设一般经历以下三个发展阶段：组织和教育集体（初级阶段）——指导集体自我管理（中级阶段）——在集体中发展个性（高级阶段）。还有的学者认为班集体的形成一般经历四个阶段：初建时的松散群体阶段、转化中的散聚群体阶段、形成时的聚集群体阶段、发展成熟的集体阶段。

本书认为，对班集体形成和发展阶段的划分既要遵循集体的性质及其形成和发展的一般规律，又要参照学生集体独特的发展特点和发展的特殊性。一般而言，学生班集体的形成大致经历了以下三个发展阶段：松散的班级群体、合作的班级群体、班集体。

1. 松散的班级群体

这是班级组成的初始阶段。班主任由学校指派，班干部由班主任任命，临时负责班级的有关工作，班级成员按课表上课并进行一些学校安排的活动。此时的班级成员多数互不熟识，处在新奇且互相观察的状态，同学之间都是试探着进行交往，以孤立的个体而存在，彼此之间缺乏联系和沟通；班级对学生的吸引力不大；没有奋斗方向，没有形成共同的目标和行为规范，师生对班级的目标和活动缺乏明确一致的认识和相应的主动行为；学生骨干核心还未出现，大多数活动由班主任直接参与决策和指挥；虽有学校的纪律、规范要求，但学生自身无自律性，基本处在“他律”阶段，班级的组织、活动、计划等工作基本上依靠的是《小学生日常行为规范》与外部管理制度，整个班级是松散的。在这个阶段，由于班级的管理机构没有建立，班级活动和管理时时处处依赖班主任的决策指挥，班主任的一言一行直接影响着班级的发展。此时，班主任要根据学校及有关部门的要求，结合本班实际，提出明确具体可行的班级管理要求和目标，指导学生交往、校正学生的个人行为习惯、建立集体的规范，完善班集体的组织机构，发展班级同周围环境的关系。这一时期不仅是班主任工作最细致最繁忙的时期，也是班主任个人教育能力展现的关键时期。

2. 合作的班级群体

经过一段时间的共同学习和生活，同学之间开始熟悉，并产生了一定的人际关系，同学们在彼此熟悉和了解的基础上形成了一些小团体或交往的小圈子；班级中涌现出一批热心为大家服务、主动承担责任的积极分子；班干部开始发挥核心作用，班级管理由班主任全面主持具体工作转变为在班主任指导建议下的班干部具体管理；班级大多数学生对班级的发展形成了比较一致的认识和意见，班级发展目标、班级的规范和班级的规章制度开始建立；班级凝聚力增强，大多数学生初步形成集体归属感。此时，班集体的雏形已开始形成，但班级的正确舆论还未形成；由于多数学生遵守纪律的自觉性不强，班级的自我教育功能还不充分。因此，在这一阶段，班主任的主要任务是培养班级的组织领导核心，把一批品学兼优、具有一定领导才能、热心班级事业的学生纳入班级的管理机构，根据其个人意愿和实际以及班级需要安排班务工作；指导班干部独立主持一些班级活动，通过班级活动有目的地逐步把这些班干部培养为班级管理的骨干力量；引导班干部着手制订较为细致的班级管理行为规范，初步建立班级的约束机制和管理流程。同时，班主任还要注意帮助和教育班级中的后进生，做好后进生的工作，以不断增强班级的凝聚力，形成良好的班级氛围。

3. 班集体

班级组织建设的最高目标是形成班集体。在班集体的形成阶段，班级不仅具有自身的奋斗目标，而且这种目标已经被班级全体成员所接受并内化为个人目标；班级形成了坚强的核心及健全的组织机构，班干部具有了独立主持班务工作的能力，他们各司其职，有组织、有计划地开展班级各项工作；绝大多数班级成员关心班级并主动承担班级的工作，有较强的集体荣誉感；健康向上的班级舆论已经形成，班级风气变得民主、团结、融洽，良好的班级文化氛围陶冶和影响着班集体中的每一个成员，学生的自律性不断增强，此时的班集体已初步具备自我教育功能。班级不再是松散的群体，学生也不再是一个个被纪律和规则约束的个体，而是具有一定自我管理、自我完善能力的班集体中的一员。在这一阶段，班主任的工作也发生了变化，由一个面面俱到的“保姆”，变成了一个高屋建瓴的引导者。此时，班主任还要注意结合学校发展规划，指导学生们全面完成班级管理工作并不断调动其工作的积极性，同时班主任要有全局观念，细心观察，尤其要关注可能常被班集体忽略或被班级管理压抑的学生个体，促进全体学生的身心健康发展，在班级严格管理的基础上，注重学生个性的发展。

以上为班集体形成的三个阶段，在班集体形成发展过程中存在着几个影响因素：班级目标、班级组织核心、班级规章制度、班级风气及舆论，以及班级在不同阶段的发展程度和水平。班主任要考虑到班集体发展的影响因素，以及把握班集体发展的内在规律，针对不同阶段班级和学生的实际情况不断地、适时地提出合理可行的教育要求和行为目标；不断地抓好组织建设，对班干部进行精心指导与培养，以形成坚强的班集体领导核心；帮助班级建立特有的规章制度和学生行为规范，还要注意形成班级良好的风气和舆论。只有这样，才能建设一个健康、向上的班集体，才能发挥班集体在促进学生身心发展方面的教育功能。

二、班集体的内涵与特征

（一）班集体的内涵

班级和班集体是两个经常使用但又容易混淆的概念，区别班级和班集体有助于班主任深刻把握班集体的内涵及功能，做好班集体的工作。

班级作为学校的基层组织，是学校开展教育教学活动的基本单位，是学生实现社会化和个性化发展的重要场所。班级是在教育目的规范下由年龄与知识程度相同或相似的学生所组成的学生组织，它以学生正式群体的形式出现。一个班级，不仅要完成一定的教学任务，同时还肩负着培养学生身心全面健康发展的任务。

集体是一种正式群体，但具有特殊性。它是为了实现一定的社会目标而严密组织起来的有纪律、有心理凝聚力的群体。与群体比较，集体目标更明确，组织结构更严密，班风班纪更严明。

可见，班级不等于班集体，它只是一个有组织的学生正式群体，而班集体则是班级群体的高级组织形式。

在我国，关于班集体的界定，存在多种观点。如有人认为“班集体是班级群体发展的高级形式，是由整个班级所组成的以完成学校教育任务为共同目标，有一定组织机构、规章制度的学生共同体”。有人认为“班集体是按照班级授课制的培养目标和教育规范组织起来的，以共同学习活动和直接性人际交往为特征的社会心理共同体”。还有人认为“班集体是经过以班主任为主的各种教育力量的培养和引导而形成的具有正确的奋斗方向，具有较强的核心与骨干力量，具有良好的纪律、舆论、班风，具有良好人际关系的团结、友爱、积极向上的高层次的班级群体”。这些界定，虽然内容不尽相同，但都或多或少地涉及了班集体的本质特征，具有一定的参照价值。班集体是以学习为主要活动特征的学生群体，学习是群体成员的主要任务，通过学习使群体中的成员向一定的价值方向发生变化。班级是班集体形成的组织基础，班集体只有在班级的基础上才能逐步建设起来，但并不是每一个班级都称得上是班集体，拥有共同的奋斗目标、团结有力的领导集体、严格的制度规范和良好的纪律、舆论的学生正式群体才是班集体。

由此，本书把班集体定义为：在教育目的规范下的，由具有共同的奋斗目标、团结有力的领导集体、健全的规章制度及良好纪律和舆论的班级学生所组成的活动共同体。

（二）班集体的特征

1. 共同的奋斗目标

班集体必须具有一个明确的、共同的奋斗目标，它对集体的行为和活动具有定向和激励作用，是集体发展的方向和动力，能调动集体成员的积极性，使他们为实现这一共同的目标在认识上、行为上保持一致，在活动中相互配合，为完成共同的目标而努力。因此，共同的奋斗目标是班集体形成的基础。

2. 团结有力的领导集体

班集体要在各种活动中更加高效地运行，就应该具备一个合理的组织核心——班委会，通过这个核心将班级内部的每一个成员组织起来。班主任虽是班级工作的主导者，但班主任如果包办一切班级工作，则不利于培养学生的主人翁意识，会抑制学生能力的发展。同时，如果班主任过多应付大量的日常管理工作，也难以有时间提高自己的教育教学水平和管理素质。因此，班集体建设需要班主任发现、培养一大批品学兼优的积极分子，并挑选出一批具有领导才能的学生担任班干部。班干部是班集体建设的支柱，是班级工作和班级目标的实践者，是班主任必要的得力助手。有了团结有力的班干部队伍，才能更好地组织班级活动，从而树立良好的班级舆论和班风。

3. 严格的规章制度与纪律

没有制度与纪律约束的集体将是松散的、涣散的，健全的集体应制订相应的规章制度和纪律。集体的制度和纪律能对集体成员的行为加以规范和约束，使大家在行动上达成一致，有利于集体目标的实现。班集体的制度与纪律一旦被集体成员所认同并成为大家自觉遵守的准则，这些规范将最终内化到每一个人的思想中，从而使他们由受到外在纪律约束的“被动行为”变为内在的行动自觉。

4. 健康的舆论导向和优良的班风

班集体舆论是在班级中形成、为大多数学生所赞同的意见和思维取向。运用规章制度来管理班级固然重要，但健康的舆论具有更强大的感召力和影响力。班级有了正确的舆论导向，才能使班上大多数学生明辨是非、善恶、美丑，分清好坏。健康的舆论导向会变成学生发展的巨大精神力量，使学生在潜移默化中受到感染和熏陶，促进学生发展。同时积极向上的集体舆论对班级成员能产生很大的约束力，有利于培养健康进取的良好班风。班风是一种隐性的班级文化，是班级中的所有成员或绝大多数成员所表现出来的共同思想和行为上的倾向，包含情绪、言论、行为、道德面貌和作风等，往往以言行、风格、习惯、态度表现出来。它是经过长期细致的教育和严格的训练，在班级内逐步形成的一种行为风气。良好的班风是班集体不断发展的结果，是班集体形成的集中体现，它是班级成员成长的重要心理环境，是一种强大的教育力量。良好的班风能使班级成员之间具有亲切、和睦、互助的关系，有利于班级形成勤奋好学、文明礼貌的氛围。良好的班风能对全班学生思想、情感意志、行为发生潜移默化的影响，能使先进生戒骄戒躁、增强受挫能力、发挥优势、起到领头示范作用，使后进生奋发向上、提升主动性和意志力，使中等生不再安居中游、提高自信心，实现“抓两头、促中间”。

5. 良好的活动效果

青少年学生活泼好动，单纯的课堂学习会使他们觉得单调乏味。适当的班级活动，一方面能锻炼学生的活动能力、扩大眼界、增长见识；另一方面也能增强学生的友谊和团结，有利于建立蓬勃向上的班集体氛围。同时，积极健康的班级活动是加强学生思想品德教育、培养学生集体主义精神的重要环节。班级活动的水平和质量能反映出班级成员的素质、能力和精神面貌。班级活动的形式是多种多样的，如班会、黑板报、文体活动、社会调查、知识竞赛等。班级活动的开展要以充分调动广大学生的积极性为首要目标，如果班级活动总是少数积极分子参与，其效果会大打折扣。同时班级活动也不能平淡随意，要有创新精神。这样的班级活动才能有号召力，才能提高班集体的凝聚力、真正反映出良好的班集体面貌。

6. 充分发展的学生个性

班集体的建立需要共同意志来约束。强调班级统一管理，并不意味着在班集体建设中压抑学生个性的发展。呆板机械的管理约束可能会使班级中的学生个性受到阻碍，这不利于学生创造性的培养和能力的提高，更容易使学生形成对班级建设的抵触心理，甚至形成压抑个性的班级氛围。一个班级几十名学生可以有不同的兴趣爱好，可以有不同的学习方法和审美情趣，可以有不同的发展方向。班集体建设的成功与否，很大程度上取决于学生积极性能否得到最大限度的发挥，取决于学生个性能否得到充分发展。教育对象绝不是被动的客体，而是一个个有血有肉的具有一定独立性的发展主体。只有充分尊重学生的个性并促进其良好个性的充分发展，才能充分调动学生的积极性，使每个学生都投身到班集体建设的活动中。

三、班集体形成的标志

良好班集体既是教育活动的对象，也是教育活动的载体和学生自我教育的力量。学校教育的有效实施，很大程度上依赖于一个个良好的班集体。实践证明，良好的班集体对学生的身心发展能产生极大的推动作用。形成正确的集体舆论与良好的班风是班集体形成的主要标志。班集体的舆论是班集体生活与成员意愿的反映。正确的班集体舆论是一种巨大的教育力量，对班集体的每一位成员都有约束和激励的作用。良好的班风是班集体大多数成员精神状态的共同倾向与表现。

四、班集体建设的意义

班级是由一个个学生个体组成的群体，而班集体是一个有凝聚力的团队大集合。因此，当他们从松散的群体发展为班集体的时候，班集体的特性已不再是个体特征的简单相加，而完全是以一种整体的面貌出现，显示出巨大的教育性。所以，加强班集体建设，是学校教育的一项十分重要的工作。

当新生入学，被编入一个班级时，他就是这个班级的一员，虽然这是一种事实，但这是一种很表面的现象，因为在这个学生的意识中并不一定具有对这个班级的归属感。几个或几十个学生简单地聚合在一起，这只是一个学生群体。班级是一个学生群体，只有当这个群体具有了共同的活动目的、共同的价值观念，以及共同的社会心理特性时，才开始发展成为班级集体。集体是群体发展的高级阶段，所以说，班集体是需要通过培养逐渐形成的。

马卡连柯曾说，教育了集体、团结了集体、加强了集体，此后，集体自身就成了很大的教育力量。在这里，马卡连柯揭示了集体与教育的关系，即集体既是教育的对象，其自身又具有教育力量。集体是教育的对象，就是要加强集体建设，因为教育应当是集体的教育，即使是对个体的教育也应该通过集体来进行，这样的教育才会是最有效的；集体又具有教育的力量，就是一个具有明确的方向、共同的奋斗目标、强有力的组织核心、正确的舆论和优良风尚的班级一旦形成，其本身就具有一种强大的教育力量，发挥着重要的教育作用。

（一）加强班集体建设，促进学生社会化发展

社会性是人的本质属性。人的成长就是不断适应社会要求，参与社会生活，担当社会角色的过程。学校是少年儿童社会化的一个重要外部社会环境。对于进入学校的少年儿童来说，在社会化方面，学校的作用会逐渐超过家庭和家长的作用，成为最重要的社会环境因素。但实际上，学校对少年儿童社会化的作用，绝大部分是通过班集体体现出来的。少年儿童在班集体中学习和掌握各种知识、技能、行为方式、道德准则和价值规范，在这一同龄人的集体中，通过彼此交往、相互理解、相互模仿、相互感染，从而促进共同发展，使他们能够顺利地摆脱成年人的支配而独立地走向社会。

学校对儿童的社会化发展乃至对公民意识的影响都是在班级公共活动中潜移默化地进行的，班级公共生活对学生的参与意识和规范理念有着奠基性的影响。学生通过参与集体活动，增强了参与公共生活的技能和能力。通过有序地参与班队规范的制订和班队干部的竞选与轮换等公共活动，他们积累了公共生活经验，内化、整合了参与公共生活的知识、技能和素养。他们在班级这个公共空间里接受民主知识、体验民主生活、捍卫民主权利，并通过良好的班级公共生活练就了未来公民社会所应具备的综合素质，培养了公共精神。

（二）加强班集体建设，促进学生个性化发展

强调加强集体建设并不是要抹杀个性的发展。所谓个性是指在个人自然素质的基础上，由于社会的影响，通过个人活动而形成的稳固的心理特征的总和。自然素质是个性形成和发展的必要物质前提，但是自然素质并不能决定个人的个性，个性不可能由先天决定，而是在社会影响下形成的。离开了社会，个性便失去了存在的基础。马克思认为："人的本质不是单个人所固有的抽象物，在其现实性上，它是一切社会关系的总和。"[①] 根据马克思的这一观点，可以认为个性的本质也是社会的。

既然个性是社会的，它的形成也就离不开一定的社会条件。一个人在

---

① 马克思、恩格斯：《马克思恩格斯选集》（第一卷），北京：人民出版社，2012，第139页。

学习知识、技能，掌握社会规范和形成价值体系的同时，又要确立自我形象，完成个性化。从这个意义上说，人的社会化和个性化是对立统一的。

班集体是促进人的社会化的重要社会环境，也是促进人的个性化的重要社会环境。人的个性发展，是人进入新的社会环境，并与之融为一体的过程。这里所说的社会环境，从广义的角度而言，包括家庭和学校。例如，在幼儿园，影响个性形成的最主要的社会环境是家庭；但在进入小学以后，班级就成了影响学生个性形成和发展最主要的社会环境了。这是因为班集体是人们按一定的社会目标和民主集中制严密组织起来的团结而有纪律的凝聚体，这种凝聚体是充分发展个性的最优化环境。同时，班集体又给学生的个性形成和发展提供了良好的社会心理氛围，在这种心理氛围的笼罩下，集体成员的感觉良好、心情舒畅，各种潜能都得到发挥，即使出现了矛盾也能很快化解。此外，班集体中还存在着丰富多彩的精神生活，这也是良好个性形成的必不可少的条件。

（三）加强班集体建设，促进学生全面发展

自有班级授课制以来，以班级为单位的集体教学成为最主要的教学形式。尽管这种班级教学形式存在着种种弊端，如教师面对几十位学生进行划一的教学，无法顾及学生的个别差异，不利于因材施教。然而，班级授课制在影响学生学习上有着巨大的作用，正如夸美纽斯所分析的那样，“在学生方面，大群的伴侣不仅可以产生效用，而且也可以产生愉快……因为他们可以互相激励，互相帮助。”[①]

归属的需要，对集体生活的向往，往往可以激发正确的学习动机。虽然个别学生可能会由于学习上的失败，产生回避集体的情况，但大部分学习状况正常的学生，他们从班集体中获得的肯定评价，会进一步强化他们的学习动机和兴趣。共同的学习给予他们归属的满足，并使他们获得认知需要的满足。集体学习还会形成学生间、师生间的相互影响力，即通常所说的“氛围”。良好的学习氛围，会提高学生的学习效能。

---

① 夸美纽斯：《大教学论》（第 2 版），傅任敢译著，北京：教育科学出版社，2014，第 110 页。

第二节　班集体建设的基本要素及要求

班级作为正式组织存在，需要一些基本要素作为支撑。班集体建设需要围绕着以下几个基本要素进行。

一、目标要素

班级的组织目标是一定的教育思想和培养目标的具体体现，是班级组织成员的共同期望和要求。班级组织目标是从组织成员的角度提出的，可以引导组织成员的活动，其功能具体体现在以下几方面。第一，导向功能。班级组织目标确立了班级努力的方向，它引导全班师生朝着共同的目标一起奋斗，促进班级成员全面发展、健康成长。第二，激励功能。班级组织目标为全班师生描绘出一幅可以实现的美好前景，使班级成员觉得有追求、有发展，对前途充满自信，将实现目标转化为自觉的行动。班级成员对目标的价值理解越深，实现目标的期望值就越高，激励作用就越显著。第三，凝聚功能。班级组织目标能够把全体成员的思想和行动汇聚在一个焦点上，形成共同一致的力量。在班级成员向共同目标奋斗的过程中，思想行动的聚合能形成和谐的心理氛围和融洽的人际关系，增强班集体的归属感和凝聚力。

二、组织要素

作为正式的社会组织，班级组织机构的建立为组织正常的运行提供坚实的基础。

1. 组建班干部队伍

班干部队伍是班级的核心组织，其成员是在班主任的指导下以民主的方式竞选产生的。队伍中包括班长、副班长、学习委员、文娱委员、劳动委员、体育委员、生活委员等。班干部是班主任进行班级管理的好助手，组建好一支班干部队伍能让班级管理取得事半功倍的效果。

2. 实行值日班长制度

值日班长负责检查督促各个岗位的工作，协助班主任处理当天的工作，并负责对班级各项工作进行及时汇总。设立流动的值日班长，能够让更多学生关心班集体，参与班级工作并在工作中得到锻炼的机会。

3. 成立多种兴趣小组

学生是教育过程中的主体，班级必须给每个学生创造一个表现自我、发展自我、塑造自我的环境。在班级内部可以建立多种多样的小组，这些小组实行小组长负责制，定期轮换，使得更多学生得到锻炼的机会，例如学习互助小组、读书分享小组、合唱团、朗诵队、足球队、舞蹈队等。学生在各小组内能有效开发自己的潜能，展示自己，得到锻炼。

三、制度要素

班级制度使班级教学、教育和管理变得有章可循，并且井然有序，使班级工作常规化、制度化。班级制度，指以文字形式表达的行为规范，用以指导、约束班级成员的言行，协调、维系班级组织成员之间的关系。班级制度制订必须组织全班同学共同参与，制订的内容主要有学生在校学习生活的常规制度、课堂纪律要求、生活作息制度、值日生制度、课外活动制度、体育锻炼制度、奖惩制度、各种活动公约等，以此来规范统一班级成员的行动。

建立小学班级制度是非常必要的。小学生的自控能力不强，需要一系列的班级守则、制度去规范小学生的行为，除了借助《小学生日常行为规范》《中小学生守则》外，还可以让学生讨论自主建立班级规章制度。制订后应组织学生认真阅读对照，内化为行动。比如在班会上引导学生讨论，“如果违反规定将如何处理？怎样做到这些要求？”班主任要让学生认识到，制订各种规范的目的不是“管住”他们，而是为了推进班级奋斗目标的实现。制订班级规章制度的过程，也加强了师生、生生之间的交流，让学生在日常生活中学会自我约束，积极求进。

小学班级的制度规范包括：出勤情况管理、教学秩序管理、课堂行为管理和考试管理等。

1. 出勤情况管理

考勤是为了维护正常的教学环境、建立良好班风的需要。班主任通过对学生的出勤情况进行考查，让学生为自己的行为负责。学生须自觉遵守规定，否则应接受相应处罚。

2. 教学秩序管理

教学是学校的中心工作，教学是教师教与学生学的统一，以更好形成“学习共同体”。只有在良好的教学环境和秩序下，才能保证教学活动的顺利开展，实现师生、生生之间稳定、畅通的交往。

3. 课堂行为管理

课堂是实施教育教学的重要场所，为了保证教育教学的正常进行，必须加强对学生的课堂行为管理。例如，从课前准备、教学活动要求、师生之间礼仪交往规范、教学仪器设备的使用要求等方面都可以进行有效管理。除此之外，对于低学段的学生，课堂口令语也是十分适用的，比如“一二三，请安静”。

4. 考试管理

考试是教学过程中的重要一环。通过考试，教师可以掌握学生的学习情况，学生也可以借此了解自己的学习情况。但也有学生为了分数能“好看”，选择采用了不光彩的方式。因此考试不仅是学习上的考验，也是人品上的考验。强调诚信考试，班主任首先要重视思想教育，强调考试的目的和意义，形成良好的考风，引导学生将学习视作自己的责任，学海无涯、终身学习，从思想上杜绝舞弊的念头。其次，教师要正确看待并合理分析学生的成绩，指导学生通过考试成绩来评估自己的学习水平，鼓励学生及时与教师、同学、家长交流，找到科学的、适合自己的学习方法，有效发挥自己的潜力。

四、环境要素

（一）班级物质环境管理

班级物质环境是指以物质为载体的环境。人们生活的环境中，所身处的物质环境对人有着重要影响。班级物质环境包括教室环境的布置和座位的编排等。

1. 教室环境布置

教室是班级组织存在的物质条件，是班级生活的场所，是班级文化的组成部分。同时，教室也是学生们每天上课的场所。教室应具备一定的吸引力，让学生觉得走进教室就有一种归属感。布置教室是为了给师生创设一个具有教育功能的文化环境，创设一个适合于小学生学习生活的教室环境，有利于加强班集体建设及班级文化建设，甚至促进小学生的身心发展。

创设教室环境是从布置教室开始的，教师可以带领学生们在教室内贴上学生的照片、画作、书法作品等，还可以养殖花卉、栽种绿植，使得教室布置符合儿童的特点，也可以把装扮教室的权利交给学生，由他们来构思、布置、营造、维护，师生共同把教室创设成属于他们的学习乐园。

2. 座位编排

座位编排指的是学生日常座位次序的排列方式。座位的编排方式对学生的课堂行为、学习态度、学习效果、社会交往、人际关系及整个教育活动有着直接或者间接的影响。因此，在编排座位和管理上，要注意方式方法，可以从以下几个方面来考虑：（1）从生理因素方面考虑，身高由低到高排列，身材矮小的坐前排，身材高大的坐后排。如遇特殊情况，如视力、听力薄弱的学生，可以稍做调整。（2）从心理因素方面考虑，性格、气质不同的学生成为同桌取长补短、互帮互助。如，纪律意识较强的与自我约束较差的同桌，可以形成优势互补、互相制约，有利于两者的共同发展。（3）从学习状况方面考虑，学习好、善于思考、爱发问的与学习欠佳、方法掌握不好的学生排在一起，注意力集中的和注意力不好的，兴趣爱好相同的或是不同的排在一起，这些安排都有利于学生之间互相学习、互相帮助。（4）从课程安排方面考虑，有的课程互动性强，可以采用分小组落座的方式，便于快速讨论，对教师指导学生开展探究式学习、合作式学习有所助益。大部分情况下，课桌椅都是面向讲台呈“秧田式”摆放，教师面向学生授课，这样容易看到学生们的动态，教学效率较高，但这种座位排放方式不利于学生之间的交流活动。因此，在小班化教学或者是翻转课堂，可将课桌椅排成圆形或者 U 形，给予学生自我展示的空间。

（二）班级精神文化环境管理

班级精神文化即班级文化的观念，包括班级的理想、信念、心理认知、价值取向、情感意志和班级舆论、学习态度，以及为班级成员所认同的文化意识和思想，主要表现为班级学风、班风。班级精神文化是班级文化的核心，是一个班级本质、个性和精神面貌的集中反映。因此，营造健康高尚的精神文化是班级环境建设的重中之重。

1. 班风

班风是班级精神文化的核心和灵魂，是班级师生学习、工作和生活上的价值观念、精神风貌和行为习惯的总和，体现在班集体的教风、学风、班训、班徽、班歌等方面。优秀健康的班风不仅能对学生的发展起到润物无声、潜移默化的作用，同时也对良好校风的形成起到促进作用。因此，班主任要带领班级同学营造“人心齐、学风好、品德佳、班风正”的优秀班风。

2. 班集体舆论

树立良好的班集体舆论是班级管理的关键因素，也是班级精神文化的重要体现。班集体舆论是班级成员共同形成、完善并遵守的群体意识和言论，是班级成员的共同生活观、价值观、道德观，是班级精神文化的旗帜。教师可以通过挖掘身边的典型事迹和先进人物所蕴含的精神力量，不断增强学生自觉维护班集体舆论和班级形象的主动性、自觉性，培养学生对于班集体的责任感、荣誉感，增强班集体舆论的正向辐射效果。

第三节　班集体建设的具体策略

建设一个健康向上的班集体是班主任工作的一项重要内容。班集体建设的好坏与班主任自身的素质关系密切。能否建设一个优秀的班集体，是衡量一个班主任工作能力高低的重要标志，也是其教育素质的综合反映。因此，了解班集体建设的策略、掌握班集体建设的方法对班主任来说非常必要。

一、班级目标建设策略

班集体建设是一种有着明确目标追求的社会实践活动，设定班级目标是班级组建之初的第一要务，是班集体形成的根本条件。某种意义上说，班级只有通过目标建设，才能形成真正的班集体，而班集体建设的一切工作和任务，最终都是为了有效地实现某种预定目标。

（一）班级目标建设的意义

班级目标是指根据社会、学校的期望及班级本身的任务制订的班级发展规划，是班级活动预期将要达到的效果，是班级成员共同的期望和追求，是国家教育目的、学校培养目标和学校发展目标在班级中的具体体现。它是由集体成员一致认同且参与制订的，是在集体的意图、动机和理想的形成中表现出来的。班级目标对班集体建设具有重要作用。

1. 引导作用

科学、合理的班集体目标能为班集体的发展和学生个人的发展指明方向，引导集体成员为实现目标而团结奋斗。班集体目标是班集体建设的出发点，它指导和支配着班集体所开展的各项活动。班级的一切活动都是为了实现和完成预先设定的班级目标，班集体建设的过程就是班级目标逐步达成的过程。班集体建设过程在目标的支配下推进，班级目标在班集体建设过程中实现。

2. 凝聚作用

班级目标具有凝聚和联结学生们的纽带作用。当一个班集体有了一个明确而具有挑战性的并为个体所接受的目标时，就能把集体中学生个人的成长与班集体的活动融合在一起，充分地调动个人的积极性和工作热情，从而使班集体具有凝聚力、向心力和战斗力。

3. 激励作用

目标体现价值，能使人们在实现目标的过程中不断受到鼓舞。班级目标体现了集体成员共同的价值追求和理想愿望，班级目标的达成过程也就是学生价值逐步实现的过程。在班集体建设过程中，每一个低级目标的实现，都能使学生在心理上得到成功的喜悦和满足，从而产生要实现更高一级目标的情感需求，并在这种积极情感的推动下，不断地朝着班级目标迈进。

4. 评价作用

班级目标是班级一切工作的出发点，也是班集体建设的最终归宿。班集体建设的好坏是以实现班级目标来作为衡量标准和尺度的。也就是说，班级的一切工作都必须按照班级的目标要求去进行，无论是班级组织机构的形成，还是班级规范的建立，或是班级各项活动的开展，只要有利于班级目标的实现，就应该给予积极的肯定和支持。

（二）班级目标建设的策略

班级目标是班集体发展的方向和动力。确定班级的奋斗目标，既是班级管理和发展的需要，也是引导、激励和教育学生的重要环节。班集体的形成和发展与班级是否具有明确的、符合实际且有挑战性的班级目标息息相关。为此，班级目标的建设可遵循以下策略：

1. 目标制订

（1）制订依据。制订小学班级管理目标的依据为：①国家教育目的，尤其是素质教育要求；②小学教育目标；③班级学生的年龄、心理特点；④班级学生发展的实际状况与存在的问题；⑤班级组织建设的实际情况及存在的问题。

（2）目标要点。制订小学班级管理目标的要点有：①班级组织在现有情况下可以达到的理想状态；②班级学生发展在现有水平基础上可以达到的理想状态。如“让我们×年级×班成为……班集体”;“在×年级期间，全班同学相互……相互……共同进步；每一个同学在……方面比原有基础取得……进步”。

（3）制订原则。①针对性。班级发展目标的确定要体现针对性，既要考虑学校的总体发展要求，又要兼顾班级的个性差异，注意从本班的班情出发来确定符合本班实际的发展目标。②层次性。班级的发展目标是通过班级的近期目标、中期目标、远期目标的逐级达成而实现的。③可行性。目标价值能否得以体现，关键取决于目标的适切性、可行性。班级目标的确定既要考虑班级的发展需要，又要照顾到学生年龄特点和接受水平，还要注意从学生所处的现实社会环境出发，具有可操作性。④民主性。班级目标的确定必须反映全班所有人的共同意志，充分体现班级中每个人的发展需要。班级目标既不是班主任强加给全班学生的，也不是班主任和班级干部协商的结果，而是由全班学生共同讨论决定的，它必须得到全班所有学生的理解、认可和接受。⑤激励性。班级目标是激励学生为之奋斗的动员令，它在书面表达上应该鲜明具体、生动感人、催人奋进，要不断地根据班集体建设的新发展予以充实，不断展现出新的前景，以吸引班级的所有成员，激发他们的责任心、荣誉感；鼓舞大家为达到预定目标孜孜以求，使班级始终朝气蓬勃，不断前进。

2. 目标实施

目标实施是班级目标管理的中心和中间环节，它主要是通过建立良好的班级组织和制度，把班级整体目标分解为若干项子目标，定责授权，使学生明确各自在实现班级目标中应该做什么，应达到什么要求，以何种的方式方法和途径来达到共同目标。在目标的实施过程中，班主任应当扮演好指挥者和沟通者的角色，要对班级的各种资源进行合理的组织和科学的配置，对各项班级活动进行全面的协调和统筹，以保证班级目标的实现。

（1）实施前，应先考虑：①是否与班级的整体目标相配合，是否有利于促进班级整体目标的实现；②是否既切实可行，又能体现班级学生共同努力的愿望方向。

（2）实施中，可从以下几个方面切入：

强调主体。班主任在班级管理中如果提高了学生的主人翁责任感，变“要我做”为“我要做”，能放权的且放权，能不插手的尽量不插手，学生就会在一定时期内充分发挥自己潜在的能力，这些能力无疑对学生今后的学习、工作和生活起着重要作用。事实证明，学生中蕴藏着极大的主观能动性，需要教师创造机会、提供平台去调动和挖掘。在班级中实施学生班干部任期轮流制，是依靠学生，发挥学生能力的有效途径之一。由学生自选职务，而班主任做到对全班学生一视同仁，不因学生的学习成绩或行为表现而限制学生，让学生充分感到教师的信任，得到一次表现才能的机会，其积极性就能得到最大限度的调动和发挥。

目标分解。目标分解是使总体目标得以实现的基础。目标分解是将班级宏观的、抽象的、概括的总体目标分解到各层次、各部门以至具体人，形成目标体系的过程。将班级目标分解成微观的、具体的一个个小目标、小任务，通过全班师生共同努力从身边点滴做起，逐渐实现，最终形成班级的总体目标。

进行目标分解，首先要明确班级目标，结合班级具体特点和实际情况，将班级目标逐级分解。每一级分目标需明确具体目标、落实部门或人员，以及落实程度等。进行目标分解时要遵循以下要求：①目标分解应按整分合原则进行，即将总体目标分解为不同层次、不同部门的分目标，各个分目标的综合又体现总体目标，并保证总体目标的实现。②分目标要保持与总体目标方向一致，内容上下贯通，保证总体目标的实现。③目标分解中，要注意到各分目标所需要的条件及其限制因素，如人力、物力、协作条件等。④各分目标之间在内容与时间上要协调、平衡，并同步发展，不影响总体目标的实现。⑤各分目标的表达也要简明、扼要、明确，有具体的目标值和完成时限要求。

（3）实施后，应做好以下几点：

评价反思。在制订班级目标的同时应该贯彻对实现的阶段性目标进行定量描述、标准化评价，通过目标管理、检查和监督，形成有机的整体。当阶段性的目标实施活动或总目标实施活动结束后，必须对其进行考核，建立考核组织和制订考核准则，采用自检、互检等方式进行及时有效的考核，按照定量的目标值对比目标实施取得的成果，做出评价。

注重激励。激励是目标管理的重要环节，是激发学生全情投入下一个目标管理周期的重要手段。激励促使学生把外部刺激内化为个体自觉行为。在心理学中，人的活动遵循着需要—动机—行为—目标的规律，构建班级管理激励系统，有两个基本前提：首先，要了解学生的需求，全面、明晰地掌握学生需求的关键点；其次，针对不同的学生，设计与之相适应的激励方式。班级目标管理的激励应始终把教育性放在首位，坚持以精神鼓励为主，精神和物质奖励相结合，注重过程性的目标激励，结合参与激励、荣誉激励、情感激励等多种激励手段，激发全体学生的积极性。

班级目标从制订到实现是一个过程，包括：制订、具体化、实践、评价、完善等。班级目标的具体化是目标定位的核心点。只有足够具体的班级目标，才有接下来的操作实践、评价和完善，才有各种各样的魅力班集体。

对点案例

李镇西老师关于其“未来班”的班级建设①

在接手新班之前，李老师对“班集体”有较深入的思考，他认为班集体“既不仅仅是教学单位，也不单纯是德育组织，而是集教育、教学和个性发展于一身的有机统一体”。因此，他立志“让我所带的班富有勃勃的生机和强烈的凝聚力，让每一个孩子都能因为在我的班上而感到成长的快乐”。这就是李老师所找准的班级建设的切入点，是为突破阶段。为了把自己的意图“变”为学生的愿望，李老师设置了一系列的活动实现与学生的多方位多层面的沟通：以一封热情洋溢的欢迎信作为见面礼送给每位新生，以信的形式巧妙地表达了自己对新集体的期望：“让人们因我的存在而感到幸福……”并在新生报名时通过一些班务让学生体会为班级服务的光荣，在行动中感受班主任的意图——让学生了解班主任的教育意图，是达成共识的第一步；开学第一天便在学生中进行“我心目中的班集体”“我理想的班主任”等问卷调查，使班主任在较短的时间内了解了学生，同时也使原本学生潜意识中较模糊的对班集体的美好憧憬外显化，让学生了解自己；第一周举行“班主任模拟记者招待会”“我的自画像——同学自我介绍”等主题班会，在形式多样的活动中进一步加强师生之间、学生之间的相互了解……这一系列从思想到行动的层层铺垫，始终在班主任教育意图的引领下进行，却不露痕迹，是为沟通阶段。当班主任对班级目标的预设内化为学生的需求时，对目标的提炼便水到渠成了。学生们通过反复讨论，明确提出了班级的奋斗目标——成为既洋溢着集体主义温暖又充满进取创新精神的富有鲜明个性的班集体，并为该目标的实现制订了一系

---

① 李镇西：《与青春同行》，北京：高等教育出版社，2005，第115—116页。

列的相关措施。师生最终期望值的高度一致，显示了李老师在沟通与引领上的超前理念与方法的巨大能量。

二、班级组织建设策略

班级的组织建设是优良班集体形成不可缺少的前提条件。班级的组织建设一方面指班级组织机构的健全完善，另一方面是班干部和骨干队伍的形成与培养。健全的组织机构有助于班级实行自治，提高班级自我管理的水平。因此，建设班集体必须健全班级组织机构，而要健全班级组织机构，最主要的是要选拔和培养班干部和班级骨干队伍，使班级形成坚强的核心，以此树立榜样作用，达到感染、带动、帮助学生进步的目的。

（一）班级组织机构的基本模式

班级组织机构的基本模式主要有直线型、职能型、直线职能型三种。

1. 直线型结构模式

直线型结构模式的结构是班主任—班长—组长—学生，是一种自上而下的直线管理模式。在这种组织结构中，班级权力集中在班主任的手中，班主任控制着整个班级，对全班实行统一指挥，班主任与班长、组长、学生之间的关系是一种上下级之间的直线关系，即命令与服从的关系。它的特点是：权力集中，有利于规范管理，提高组织的工作效率。但由于权力过分集中，容易使班干部的工作积极性及学生参与班级管理的积极性受挫，也不利于学生个体能力的锻炼和发展。

2. 职能型结构模式

职能型组织结构是按职能实行分工管理的一种组织模式，其结构是班主任—班长—各种职能管理人员（如学习委员、生活委员、体育委员、文娱委员等）—组长—学生。其特点是由专业化分工的管理者代替直线结构的全能管理者，在班级内部设立职能管理人员，各职能管理人员在自己的工作范围内有权向下级下达任务和指示，直接安排班级的活动。这样不仅可以帮助班主任分担班级的工作，使班主任从繁重的班级事务管理中解脱出来，而且有利于班干部工作积极性的发挥，提高他们的管理能力和管理水平。不足之处是各职能管理人员容易造成本位观念，影响班级管理的整体协调，如果职能人员分工过细或不明的话，还可能出现相互推诿和扯皮的现象，从而造成管理上的混乱。

3. 直线职能型结构模式

直线职能型结构模式是在班主任的领导下，把班级管理人员分为两类：一类是班委会；一类是少先队中队。班委会负责班级的常规管理，协助班主任做好班级的日常管理工作；中队长带领小队长开展少先队中队的组织与建设工作。这种模式的特点是：实行班委会和少先队中队分工负责制，使班级中层管理分工更专业化和科学化，有利于发挥班级领导集体的管理职能，有利于实现班集体的管理目标。由于班委会和中队委容易产生职能岗位上的交叉管理，可能会出现管理意见上的分歧，因此明晰彼此的管理内容就显得至关重要。该模式除了会造成工作交叉产生的分歧，另一方面也容易造成班委会与少先队中队工作的互相推诿，使得工作推进效率低下。

在班集体建设过程中，班主任采取何种模式来创建和完善班级的组织机构，要根据班级的具体情况来确定。但无论采取哪种模式，都要紧紧围绕班集体建设的具体目标，注意把班干部的工作积极性和学生自我管理的积极性充分地调动起来。

（二）班干部的选拔与培养

班干部是班主任的得力助手，是班级学生集体的核心和骨干力量。在班集体建设中，班主任虽起着重要作用，但归根到底是外因，要想把班集体建设好，更主要的是靠班集体自身的力量，而班集体自身力量的发挥在很大程度上取决于班干部作用的发挥。实践证明，班级工作能否顺利开展，班级奋斗目标能否实现，关键在于是否有一支得力的班干部队伍。

1. 班干部的选拔

班干部队伍的构成一般有以下几类人员：一是在班级中各方面发展都为同学树立了良好榜样的品学兼优生；二是学生小团体中的核心人物，这些学生一般聪明能干，在班级学生中很有威信；三是班级中的“老好人”，这些学生比较听话，主观上愿意为同学服务，能够团结大多数人，但能力一般，工作办法少。无论哪种类型的班干部都应符合以下标准：

（1）有正直公正的品格。正直公正是对班干部最基本的要求，只有正直公正的班干部，才能真正得到大家的拥护。他们一般有为集体服务的思想和热情，是非界限比较明确，办事公正，能够以身作则。大家最不能接受的是那种工作能力虽强，但私心重、欺上瞒下、从个人的感情或私人利益出发，有偏袒行为的学生做干部，他们常会导致班级干部组织的解体和班集体的涣散。

（2）一定的交往和组织能力。班干部不论具体分工如何，都必须与群众接触，都要求与群众打成一片。所以，交往和组织能力是班干部所必须具备的一种素质。一般来说，一个善于交往的学生干部能够团结同学、影响同学，在学生中会享有较高威信，能带动同学一起为实现共同奋斗目标而努力，从而提高班级的战斗力，增强班级的凝聚力，有利于班集体的形成。

（3）有较强的工作责任心和奉献精神。班干部绝不是向人炫耀的资本，而是承担着一定的责任，要协助班主任做好班级的工作。班干部不仅要对自己负责，更要对班主任负责、对同学负责，较强的工作责任心是对班干部的起码要求。当班干部就意味着奉献，就要牺牲个人的时间和精力来为大家服务。没有奉献精神，只想着通过当班干部这条途径为自己谋发展的人不仅在班级中是不受欢迎的，更不适合做班干部。

以上三点是选拔学生干部的基本标准，但实际上小学生的心智尚未成熟，能符合上述条件的干部是很难得的。因此，班主任在选拔班干部时应该从班级的实际情况出发，着重面向今后的教育培养，在比较中加以取舍，而不应苛求。在实践中往往会出现这样的现象：虽然有些学生学习成绩并不是太理想，但热心为集体服务，选拔为班干部后，不仅工作搞得出色，而且也促进了自己学习成绩的提高；有些学生有某一方面的特长，通过当班干部，不仅自己的个人才能得以充分发挥，而且带动了班级某一方面工作的开展。

有些班主任为了调动班里“调皮大王”的积极性，通过委以班干部，让他们承担一定的责任，取得了较好效果，这是因为班干部的身份会约束、规范，甚至激励当事人的行为，促使其向优秀班级干部的标准方向努力。当然，选拔这类学生当干部，一定要在班集体已初步形成，班级干部整体力量较强，对这些学生有较全面了解的基础上进行。否则很容易给班级带来混乱，对这些学生成长也没有好处。

选举班干部是一件严肃的事情，需要班主任慎重处理，做到公平公正、合理有效。在班级刚刚组建的时候，班干部都由班主任指定临时负责。随着班级的逐步发展，班主任对学生的了解越来越多，班级成员之间已彼此熟悉，班干部就可以通过民主选举的方式产生。在正式选举前，班主任应把选拔干部的目的及其标准向全班作具体说明，对全班进行有关道德品质、奉献精神、组织纪律等方面的思想教育，并且强调班干部在班级中的重要性，这有助于干部选拔工作的顺利进行，也有助于班干部以后工作的开展。在选举中，班主任一定要采用民主选举的方法，尊重大多数学生的意愿，要充分调动学生的参与意识，切忌将自己的意见强加于学生。在目前的小学中，一般采用竞选式、轮流式、招聘式等形式产生班干部。这样建立的班委会，群众基础好，富有责任感，受到学生的普遍欢迎，如果班主任引导得当，能很快形成坚强的班级核心。

2. 班干部的培养

班干部的能力不是天生就具备的，需要在教育实践中培养和锻炼。班干部的产生并不意味着班级组织机构建设工作已经完成。培养一批善于联系群众，具有一定组织能力、工作能力的班干部是班主任工作中一项常规性的任务。对班干部只使用而不教育培养，将不利于班集体的建设，也不利于班干部的健康成长。有效培养班干部应该做到以下几点：

（1）全面关心，热心指导。班主任应积极关心班干部在德智体美劳各方面的表现，当他们遇到问题和困惑时要积极指导，不应只向他们布置工作任务。班干部毕竟还是学生，他们一般缺乏在集体中工作的经验。班主任应该带领他们开展班级工作，经常帮助他们分析和总结工作中的成败得失，肯定他们的成绩，同时指出他们的不足，鼓励他们树立信心，教给他们工作的方法。班主任在指导班干部的过程中，除了指导班干部的工作方法，还要着重向他们进行服务意识和奉献精神的思想教育，纠正“当干部吃亏”和“当干部有脸面”的想法，以加强他们的工作责任感，促使他们积极开展工作。

（2）尊重信任，严格要求。班干部不同于班级中的普通学生，班主任应对他们严格要求，不姑息、不溺爱，防止班干部特殊化。尤其当他们出现错误时，对他们的处理要和普通同学一样，有时甚至要比普通同学严厉，绝不能因为班干部的身份而宽容他们的缺点和错误，给他们留面子，放松对他们的要求。只有这样，才能帮助他们在学生中树立起榜样和权威，班级工作才能顺利展开。但对班干部的严格要求是建立在对他们尊重信任的基础上的，任何严格要求只有建立在对学生自尊心和自信心的保护上，才能真正发挥作用。

（3）大胆放手，积极扶植。班干部是班级组织的骨干力量，是协助班主任进行班集体建设的助手。班主任要信任他们，大胆地把班干部推到班级活动的第一线，让他们独立组织、设计和主持全班的集体活动，使其在活动中显露才华、培养热情、增长才干、提升能力；同时，还要创造各种条件，组织班干部参与社会实践，经风雨、见世面，接受锻炼。大胆放手并不等于放任不管，而是在班干部独立开展工作的同时给予积极的扶植，班主任要充分发挥主导作用，发扬民主作风，当好班干部的参谋，掌握好方向，帮助班干部处理好学习与工作的关系，指导他们学会珍惜时间，做时间的主人，教会他们既要善于工作，又要善于学习，使班干部在实践中不断得到自我提高和完善。

三、班级规范建设策略

班级目标形成后，建立与之相适应的集体规范，是集体目标实现的重要条件。有经验的班主任在建设班集体的过程中，都非常重视班级规范的建设。因为规范既是管理的依据，又是管理的手段。

（一）班级规范的功能

作为一个正在成长中的班级，基于学生发展和现实社会的发展需要，必须有自己的规范。班级规范是班集体中每个成员在日常学习和生活中必须遵守的行为准则，具体体现在学生守则、学生行为规范、班级公约、班规等文件中。它是维持班集体成员之间秩序和关系的行动指南，是学校各项规章制度在班级中的具体反映，是班级个性的体现。只有建立健全班集体的规章制度，才能使班集体的行动步调一致、人际关系和谐、活动开展顺利、工作效率提高，否则只会产生混乱。所以，在班集体的建设过程中，必须提出明确的纪律要求，建立各项规章制度，以保证班集体的正常运行。

1. 指向功能

在班集体所制订的各项规章制度与行为规范中，都有明确的目的要求，表明了提倡什么、禁止什么、应该怎样、不应该怎样、哪些合乎准则、哪些必须防范，为学生的日常行动和成长指明了方向。

2. 制约功能

班级规范对集体成员有一定的约束力和强制性，制订后就要言必信、行必果。有成绩要表扬，有过错要批评。赏罚分明，班级成员才能敬畏并自觉履行班级规范。

3. 协调功能

班集体成员来自不同的家庭，有不同的个性特点，在认识、行动上存在差异、不协调在所难免。规章制度体现共同的认识，规定行动的规范，使集体中的各个成员能协调起来，对班级秩序的建立和维持起着保障作用。

4. 自律功能

班级规范不是由教师个人制订然后强加给学生的，而是由师生共同参与、民主协商的结果。这样，学生就能自觉地依章做事，发挥他们自我教育的积极性，能自觉地依章调节、规范自身行为，使之发展符合集体的要求。

（二）班级规范建设的要求

班级规范的形成，是多途径、多因素共同作用的结果。学校培养目标、传统文化习俗、社会风尚、学校规章制度、教师个人价值取向、学生的现实发展要求等因素都会对班级规范的制订产生影响，教师的建议、要求及学生的共同讨论则是形成班级规范的主要来源。

1. 班级规范的制订要全员参与，具有民主性

班级规范的形成不是外部力量强加于班级的，而是班级成员根据班级发展及个人发展的需要而讨论决定的结果。要想使班级规范真正地被班级成员所接受，并发挥出它在班集体建设中的作用，班主任必须发动班级全体成员积极参与、民主协商，广泛征求意见，使班级规范充分体现学生意愿，赢得学生认同。只有建立在群众自觉遵守基础上的班级规范，才能发挥出它的有效性。

2. 规范要具体，具有可操作性

班级规范是班级成员的行动指南，是协调班级成员相互关系的行为准则，规范一经制订，就要贯彻执行。因此，班级规范的内容要具体，表述要明晰，应规定能做什么，不能做什么。另外，班级规范的制订还要符合班级成员的身心发展水平，提出的建议和要求要适当，具有可操作性，能够在实际的教育教学活动中贯彻实施，遵照执行。

3. 规范要严谨，具有稳定性

班级规范的制订是非常严肃、谨慎的，要遵循教育规律的要求，具有相对的稳定性，不能朝令夕改。规范一经确定，就要自觉遵守，不能把班级规范视为一种摆设。有规范不执行或执行不严肃、不规范都是不允许的，否则就会使规范失去它在班集体建设中的意义。

4. 规范要简约，具有普适性

班级规范的内容要简约，关注的应是学生发展过程中存在的主要问

题，语言要亲切，所列条文要简明扼要，不要过于烦琐。班级规范的条目不要太多，不要把学生行为的幅度限制得太小，以至于学生没有选择的余地，更不该把千篇一律的行为模式强加于受教育者。因为一方面，会使班级缺乏活力；另一方面，会使学生对班级规范产生反感，反而不利于班集体的发展，最终导致班级自身制造出许多掉队者和越轨者。在班级规范的建设中，应该把强调细则的做法改为建立一套以生为本的纪律。例如，尽量用正面的表述，少规定拘束人的条目，不用表示禁止的命令型字眼，而侧重于指明一个大致的方向，保留一定的能够自主选择行为的余地等。

5. 对班级规范的执行情况要经常检查督促

在班集体建设过程中，对班级规范不能执行与不执行一个样，执行得好与不好一个样。班主任要经常检查督促班级规范的执行情况，了解班级成员对班级规范的认识和反馈，对严格执行班规者要及时表扬和激励，对违反班级规范者也要进行适当的批评。但切记检查不要过于苛刻，批评也不应过于严厉。

6. 班主任要发挥示范作用

学生具有向师性，他们常常把教师当作楷模，去模仿教师的一言一行。所以班主任要严格要求自己，处处做学生的表率，给学生以积极向上的影响。要求学生做到的，自己必须先做到，带头执行班级规范，给学生做出榜样，从而达到身教胜于言教的目的。

四、班级文化建设策略

（一）班级文化的内涵

班级文化是班级内部所有成员或大多数成员在长期的教育实践中所共同具备的思想意识、价值观念和行为方式的总和。班级文化是社会文化的一种形态，是学校文化在班级中的个性体现，它是班级的灵魂所在。按照文化的基本结构来划分，班级文化可分为由表及里的三个基本层次，即班级物质文化、班级制度文化和班级精神文化。班级物质文化包括教室建筑、班级设施、班级规模、教室布置、座位编排等；班级制度文化包括班级的组织制度、管理模式、规章制度和行为规范等；班级的精神文化是班级中全体成员的群体意识、舆论风气、价值取向、审美观念等精神风貌的反映，是班级文化的核心。

班级文化作为一种教育文化，它对学生的教育不像知识传授、道德说教和行政命令那样立竿见影，而是“润物细无声”式的。作为一种无形的教育力量，班级文化具有如下特点：

（1）抽象性。班级文化主要是以观念形态呈现的文化现象，而不是以物质形态来呈现的。它具体体现在班级的群体意识、价值观念、班级舆论及班级风气等方面。

（2）稳定性。班级文化的建设需要一个相对较长的过程，班级文化一旦形成，就会显示出相对的稳定性，不可能轻易地、很快地发生改变。

（3）生成性。班级文化虽具有稳定性，但也不是一成不变的。随着时间的推移，班级外在环境的改变，以及班级成员生理、心理的发展成熟，班级文化也会随之改变。班级文化在适应环境的过程中得到升华，从而调动学生的积极性。

（4）实践性。良好的班级文化体现在班级的具体活动中，因此班级文化建设合适与否，要由实践来检验。只有符合实际情况的班级文化才有意义。

（5）创造性。不同的班级有自己独特的班级文化，是班级之间相互区别的重要标志，是班级精神面貌的具体体现。班级文化的建设必须从本班的实际情况出发来创造性地进行，照搬照抄而来或者没有自身特色的班级文化是没有生命力的。

（二）班级文化的功能

1. 导向功能

班级文化的导向功能包括价值导向和行为导向。班级文化是一种客观存在的、实际的环境建设，其良好的文化氛围影响着学生的思想观念、行为和生活方式。班级文化一旦变为班级中学生个体的自觉意识，就会使班级学生朝着班级文化所倡导的方向去发展，从而把个人的意志统一于班级精神之中，使班级得到更快、更好的发展。

2. 凝聚功能

班级文化是一种“黏合剂”，可以把班级成员紧紧地黏合、团结在一起，使他们目的明确、步调一致。班级文化是一个班级师生共同创造并实现的精神产品，体现着他们共同的心理意识、价值观念和文化习性。这种共同的心理意识、价值观念和文化习性会激发成员对班级目标、准则的认同感和作为班级一员的使命感、自豪感和归属感，从而形成强烈的向心力、凝聚力和群体意识。

3. 激励功能

激励是一种精神力量或状态。班级文化所形成的文化氛围和价值导向是一种精神激励，能够调动与激发班级成员的积极性、主动性和创造性，把他们的潜在智慧挖掘出来，使其以高昂的情绪和奋发进取的精神积极投入学习和生活中去，实现全面发展，从而增强班级的整体战斗力。

4. 约束功能

班级文化对班级成员的约束功能主要通过班级的规章制度和行为规范、班级的风气及舆论来体现。在班级管理中，哪些行为不该做、不能做，正是班级文化、班级精神发挥的“软”约束作用的结果。这种约束力能够提高班级成员的自觉性、积极性、主动性，使他们自觉地约束自己，让自己的行为符合班级发展的要求，从而提高他们的责任感和使命感。

（三）班级文化的建设

班级文化是班级师生共同创造的精神财富。班级只有在被赋予丰富的文化内涵与生命意义时，才可能成为一种真正的教育力量，学生才能在优秀的班级文化中接受熏陶、健康成长。班级文化的建设核心是精神文化中班级舆论与班级风气的建设。

班级舆论是在班级中占主导地位的言论倾向。班级舆论是一面镜子，它能够折射出班级成员在价值观念、情感态度、行为方式等方面的现实状态及发展趋势。在班集体建设中，健康的舆论一旦形成，学生便能自觉地批评、抵制错误倾向，弘扬、支持正确言行，使班集体更加团结向上，更加朝气蓬勃，更有利于集体中每个成员的健康成长。

班级风气即班风，是班级成员的精神状态，主要表现为班级成员中占主导地位的群体意识、情绪状态、价值倾向和行为取向等。班风优良的班集体应该能够使集体内部成员在这个集体中得到各种满足：“懂”的满足（知识的认识领会）、“会”的满足（技能方面的进步）、“变好”的满足（道德态度的转化）、“快乐”的满足（解放感的获得）、“得到承认”的满足（承认与被承认的问题）、“有用”的满足（贡献和成果的问题）等。

在班级舆论和班级风气的建设过程中，要做好以下几方面的工作：

1. 明确班级的奋斗目标

班级的奋斗目标对班级舆论和班级风气的形成具有引领和推动作用，是班级文化建设得以顺利开展的关键。在班集体发展的不同阶段，班级应根据学校工作目标的指引，结合本班的实际，在民主集中制的基础上制订出具有一定高度且又有可行性的目标，并将长远目标、阶段性目标和近期目标，集体目标和个体目标有机地结合起来，才能引导集体和个体由一个个小目标走向大目标。

2. 注重班干部队伍建设

一个好的班集体的建立，单纯依靠班主任的力量是不够的，还必须依靠一支好的班干部和积极分子队伍。班干部是班级舆论的“风向标”，是营造良好班级舆论的中坚力量。班级风气如何、班级舆论氛围好不好，在很大程度上取决于班干部队伍的优劣。

良好的班干部队伍让班级有凝聚力，班级的各项工作由此得以顺利开展，良好的班级舆论也逐步形成。班干部的管理会得到同学们的支持，顽劣学生的不良行为习惯将受到谴责、抵制，优秀学生的良好行为习惯会得到同学们的赞赏、夸奖，从而弘扬正气，抵制不良习气的滋长，形成良好的班风。

3. 树立正面榜样

在班集体建设中，要坚持以鼓励表扬为主，充分发掘学生中的好人好事作为素材对学生进行教育，及时发现并表扬每一位学生的长处和闪光点，特别要注意表扬后进生的每一微小进步，使他们明确努力的方向，获得前进的动力，从而带动整个班级的舆论及风气的健康发展。同时，要注意从不同角度树立榜样。班级舆论和班风是在班级中形成的一种共同言论与风气，总要历经一个由点到面、由少数到多数的发展过程。推动这个过程发展的主要因素就是榜样的力量。这就要求班主任密切关注学生的发展动向，及时发现好舆论和好风气的带头者，并大力给予培养、教育、引导，并不断提高其认识，增强其行为的稳定性，使之成为班集体的骨干与榜样。树立榜样应从不同角度、不同侧面来进行，既可借助社会榜样的力量，又可以甚至更应该把班主任、学生干部及学生中的先进典型作为学生效法的榜样，通过结对子、手拉手、合作竞争等途径，促进班级优良班风和舆论的形成。

4. 提倡民主型的班主任领导方式

班主任是班级的组织者和领导者，其领导方式和领导风格是影响班级舆论和班级风气形成的十分重要的因素。班主任的领导方式主要有三种类型：集权型、民主型、放任型。班级在班主任不同方式的领导下，所产生的班级情绪气氛是不一样的。早在 20 世纪 40 年代，美国著名社会心理学家勒温和他的学生就做过关于教师不同的领导方式与学生的学习效果之间关系的实验研究。他们从团体是否达到预期的目标和儿童是否喜欢这种团体气氛的情感表现两个维度来说明实验的结果：在集权型领导方式下的儿童，他们的学习成果最高，很快而且高效地达到预期的目标，然而都表现出过分的紧张、敌意和侵犯性等消极的情绪；在民主型领导方式下的儿童，其情感表现最好，学生之间、师生之间的情感和谐，工作效率在短期内虽不及集权型那么有效，却比放任型的成绩好；在放任型领导方式下的儿童，在学习成果和情感方面的结果均不理想，由于缺少成人必要的指导，儿童的大部分时间都处于摸索、彷徨和不安中，他们在这种团体气氛下既无成果可言，又产生消极的情感。许多后人的研究结果也都支持他们的观点。可见，民主型的班主任领导方式最有利于学生形成健康的情感体验，从而有助于良好的班级风气和班级舆论的形成。

5. 充分利用班级舆论阵地

班级的墙报、黑板报、班级标语、班会、团队活动等都是班级舆论形成的重要阵地，班主任要充分利用这些形式来宣传好人好事、好思想、好作风，用积极、健康、向上的思想充实每个学生的头脑，影响每个人的言谈举止，以扶持先进，维护正气，抵制歪风邪气，不断提高学生判断是非的能力。班主任要通过多种方法和渠道（如观察法、谈话法，班委会、家长会、日记、周记、思想汇报，甚至从学生涂鸦的文字或草稿中）发现学生的思想苗头和情绪表现，随时分析班集体的舆论氛围，及时批评、纠正错误行为和一切不利于集体进步、有损集体形象的不良言行，以扶持正气，激励进取，让正确的集体舆论始终处于主导地位。利用舆论阵地开展教育宣传，强化舆论气氛，从而促进健康舆论的发展和优良班风的形成。这样做的效果显然要比班主任简单地训斥或批评来解决问题要好得多。

本章任务

作为新学期三年级某班的班主任，开学前需要对班级进行布置，请结合本章所学知识，制作一份班级布置的设计图。

第四章　做好个别教育工作

思维导图

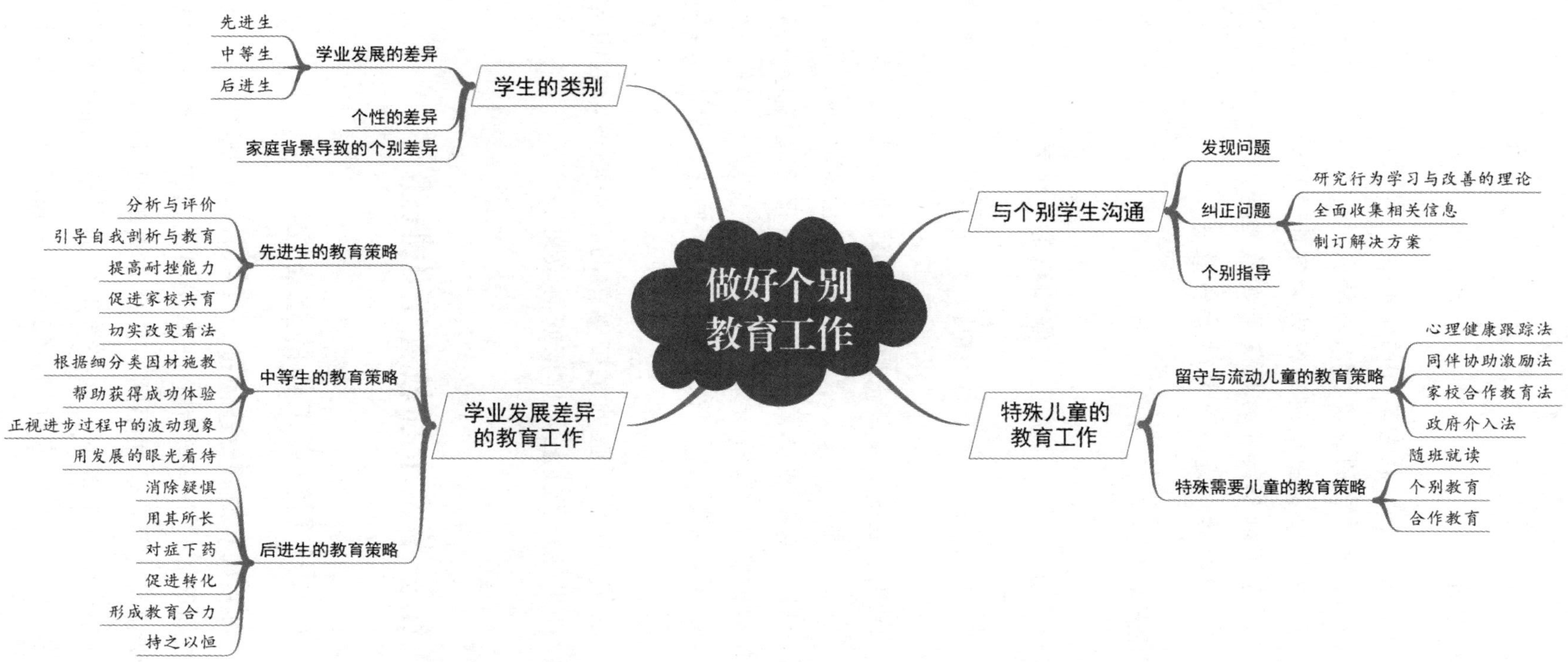

学海导航

1. 了解个别教育工作的重要性。
2. 熟悉学生的分类情况与特点。
3. 掌握学生出现问题行为的可能原因。
4. 了解融合教育的政策与发展趋势。
5. 能对学生进行个别辅导与教育。

案例导入

假如我是一名差生

一名小学五年级学生写了一篇《假如我是一名差生》的作文，文章中写道：

我是一名中等生。教师把关注的目光都投给了差生，希望的眼神又全停留在三好学生身上，我们这些中等生真的很寂寞。有时候，我会有个傻傻的想法：每当我坐在孤独寂寞的角落里望着老师给差生耐心地讲题时，我真嫉妒他们。假如我也可以坐在老师旁边，老师能单独给我讲讲什么，哪怕是轻轻问一声："你哪儿不会?"那我一定会感到我是世界上最幸福的人……

这位学生所反映的是中等生的普遍心声，他们为什么会有如此想法呢？如果你是班主任，你该如何做呢？

第一节　个别教育工作概述

一、个别教育工作的重要性

苏霍姆林斯基曾经说过，每一个学生都各自是一个完全特殊的、独一无二的世界。个别教育是班主任根据班级每个学生的特点、兴趣、情感、需要和问题等，运用不同的教育方法单独进行的教育。一个班集体往往是由几十名学生组成的，这些学生分别来自不同的家庭，每一个学生都有自己的兴趣爱好、个人特长、情感特征和需要，而且每一位学生的学业发展水平也各不相同。班主任要做好班级教育工作，必须在培养、组织、教育班集体的同时，有针对性地根据学生的个体差异，采取不同的方法，做好学生的个别教育。只有每个学生都得到发展，班集体才能健康地发展。班级的教育管理从素质教育的全面发展目标出发，对班级全体成员有统一的要求、统一的指导任务。但班级成员的发展有差异，因此，班级集体指导要同班级成员的个别指导相结合。

教育的目的是促进学生的全面发展，欲促进学生的全面发展，则需要有完善的课程、设备，尤其需要运用各种适合的教育指导方法，个别指导便是其中重要的方法之一。班主任的个别教育要面向全班的每一个学生，让每一个学生都得到教师的关注，让不同的学生得到不同的发展。班主任在班级管理实践中，需要观察和分析不同类型学生的特点，并依据班级成员的具体特点给予相应的指导。

二、学生的类别

认识班级成员的差异是开展个别指导的基础。班主任可以通过对班级成员的类型分析，把握学生的个别差异。这些差异有发展的差异、个性的差异、家庭背景导致的差异等。

1. 学业发展的差异

发展的差异是依照发展目标来确定的。不同学校的培养目标影响该校学生的发展目标。其中，学业发展目标往往最受关注，用这个目标来衡量，就有一般概念上的“先进生”“中等生”和“后进生”之分。在班级管理活动中，“差生”这个概念是不能使用的，绝不能给学生戴上“差生”的帽子。但是，在班级组织中，不同学生对照发展目标确实存在着差异。这种差异的存在，从教育促进学生发展的观点看，凸显了在班级日常管理中进行个别指导的必要性。本章个别教育工作的重点放在学业发展差异的个别教育工作。

2. 个性的差异

个性差异与发展差异不同，它不具有褒贬色彩，是一个中性概念。人的个性差异主要表现在两个方面：个性倾向性和个性心理特征。个性倾向性是指人所具有的意识倾向及对客观事物的稳定态度，如动机、需要、兴趣、理想、信念、世界观等。个性心理特征是指人身上经常表现出来的本质的、稳定的心理特点，如气质、性格、能力等。

3. 家庭背景导致的个别差异

家庭背景是导致班级成员发展差异的原因之一。导致个别差异的家庭背景情况有：家长的文化程度；家庭的经济状况；父母的婚姻情况（有离异倾向的家庭或离异家庭）；父母违法犯罪情况等。

资料链接

萨拉曼卡宣言

1994年6月7日至10日，联合国教科文组织和西班牙政府在西班牙萨拉曼卡市联合召开了世界特殊需要教育大会，大会通过了《萨拉曼卡宣言：关于特殊需要教育的原则、方针和实践》和《特殊需要教育行动纲领》两份重要文件，明确提出：

（1）每个儿童都有受教育的基本权利，必须给予他实现和保持可接受水平的学习机会。

（2）每个儿童都有其独特的特性、兴趣、能力和学习需要。

（3）教育制度的设计和教育计划的实施应该考虑到这些特性和需要的广泛差异。

（4）有特殊教育需要的儿童必须有机会进入普通学校，而这些学校应以一种能满足其特殊需要的儿童中心思想接纳他们。

（5）以全纳为导向的普通学校是反对歧视态度，创造受人欢迎的社区，建立全纳社会和实现全民教育的最有效途径；此外，普通学校应向绝大多数儿童提供一种有效的教育，提高整个教育系统的效率并最终提高其成本效益。

三、如何与个别学生沟通

在班级管理中，班主任的个别指导活动常常可能针对有违反班级规范的学生。但是，个别指导不应仅仅针对有行为问题的学生，也应当关注学生的发展差异。

1. 发现个体行为问题

所谓“行为问题”或“问题行为”，在班级组织中是指与班级规范相冲突的行为。班主任与学生朝夕相处，应时刻关注每一个学生，观察学生的表现，多与学生沟通交流，了解学生的情况。班主任如果发现学生的行为问题，应及时、主动、积极地去解决。班主任针对个别学生的行为指导，就是要通过对学生的教育，努力使这些行为得以改正或尽量减少。小学生中的行为问题情况比较复杂，包括破坏行为、不顺从行为、注意缺失、攻击性行为、发脾气、刻板行为、抑郁等不同的类型。这些行为问题在小学班级中都可能发生。

根据上述分类和定义，儿童可能在班级组织表现出的行为问题并不都是行为学习的结果，也可能有生理的、心理的或家庭的原因。简单地用任何单一的方法，很难有效地解决学生个体的行为问题。

2. 纠正个体行为问题

班主任在发现班级中的个体行为问题后，就要及时采取措施加以纠正。鉴于小学生可能发生的行为问题十分复杂，本节仅提出框架性的行为指导措施。

（1）研究行为学习的理论和行为改善的理论。要正确把握学生的行为，就必须掌握行为科学理论，在行为科学理论的指导下开展科学的行为指导活动，切不可简单地用强制的方法处理小学班级中的复杂行为问题。

（2）全面收集有行为问题学生的相关信息。例如，家庭情况、进入本班之前的情况、各种课程的学习情况、交友情况等。只有全面、深入地了解有行为问题学生的情况，才可能有的放矢地解决好学生的行为问题。

（3）制订解决行为问题的方案。行为的个别指导并不简单，绝不能企图通过几次谈话及思想工作就能解决班级成员的行为问题。解决个别学生的行为问题的方案，应当包括几个方面：第一，行为问题的类型与性质；第二，行为问题产生的外部原因和学生个人的原因；第三，解决行为问题适用的方法和策略；第四，解决行为问题的步骤；第五，对行为问题解决的结果进行反思、总结及评价。

3. 个别指导

班级管理中的个别指导是指班主任根据学生已有的发展情况，提出一个新的发展目标。它不仅要针对有行为问题的学生，还要关注没有行为问题但有个别指导需求的学生；不仅有针对学生行为问题的指导，也有从学生发展角度出发的个别指导。换言之，个别指导是针对学生的具体情况进行的指导，并非仅针对学生的不足，也包括挖掘学生的发展潜力。如果学生品德发展不够，班主任就针对该生的品德问题进行改进指导；如果学生体育运动有特长，班主任就针对该生的运动特长进行发展指导。

资料链接

部分小学生的“问题行为”

①破坏行为，指“破坏了课堂里正在进行的学习过程的行为”。班级中的破坏行为，应当不止于课堂，所有破坏班级组织正常活动的行为都是破坏行为。

②不服从行为，指“不听从指导，不接受要求和建议，不乐于接受教育”。

③冲动，指“行动前很少思考”，“不稳定的及失控的行为”。

④注意缺失，表现为“极易分心，离座，擅自走动，随意讲话，以及言语过多”。

⑤攻击性行为，指“或者是为了伤害别人，或者使攻击者得到一定的利益”。攻击性行为有身体攻击行为和言语攻击行为之分。

⑥发脾气，指“儿童在没有被虐待的情况下，至少失控一分钟，表现为尖叫、哭闹、扔东西或者打人”。

⑦刻板行为，表现为“儿童以很快的速度做出重复不变的反应”。

⑧抑郁，根据心理疾病诊断的描述，其典型表现包括：悲伤和易怒，食欲下降或者暴饮暴食，失眠或者嗜睡，活动水平低或者身心疲惫，低自尊甚至产生绝望感，以及难于专心，难于做出决定等。

第二节　学业发展差异的教育工作

在个别教育中，学业发展差异的教育工作是班主任日常工作的重点。一般而言，根据学生学业情况，可把学生分为先进生、中等生和后进生。

一、先进生的教育工作

一个班级中那些思想好、学习好、纪律好、劳动好、身体好的学生一般被称作先进生。这些学生一般在班集体中是骨干，是班主任和教师的得力助手，在同学中有威信、有影响，其行为对同学具有榜样作用。因此，做好先进生的教育工作对班集体建设关系重大。

先进生一般素质好，聪明伶俐，理解能力强，思维敏捷，在班集体里往往受赞扬多，受批评少。他们习惯了听赞扬、得奖励，自尊自信、好强好胜，在集体中往往表现出积极、不服输等品质。自尊心使他们不甘落后，一旦发现自己在某方面不如其他同学，就暗下决心，鞭策自己，力求赶上、超过别人。在追求升学率的今天，先进生往往得到教师和家长的宠爱，很多教师对先进生迁就、放任，甚至姑息先进生的缺点，忽视先进生的思想教育工作。

人无完人，金无足赤。每一个学生都有自身的优点和长处，也都存在一定的问题，先进生也不例外。因此，班主任应正确地认识先进生。

（一）先进生的特点

1. 先进生的优点

（1）智力方面。智力指人们在获得知识并运用知识解决问题时所必备的心理条件特征，主要包括观察力、记忆力、思维能力、想象能力与实践活动能力。一般而言，先进生的智力水平较高，有良好的观察力、记忆力、想象力，且思维敏捷、反应快。

（2）学习能力方面。先进生有良好的学习态度、学习方法和学习习惯，自觉性高、自制力强，能自觉排除干扰学习的各种不良因素，能科学地安排自己的学习与生活，能协调好不同学科之间的平衡，能处理好同一学科不同知识掌握的程度。

（3）个性特征方面。个性指在一个人身上经常地、稳定地表现出来的个性特征和品质倾向的总和，主要包括个性倾向性和个性心理特征等两方面。前者包括需要、动机、理想、信念、兴趣、爱好等；后者包括气质、性格。先进生一般都有强烈的求知欲望和浓厚的学习兴趣，有远大的理想和信念，自尊自信、好胜心强，意志坚定，刻苦勤奋，敢于进取。

2. 先进生容易出现的问题

先进生有很多优点，受到教师的喜爱和家长的鼓励、同学的敬佩，但先进生不是完美无瑕的，有部分先进生会有如下一些问题：

（1）自我意识偏差，以自我为中心。意识是一个人对自己及自己与周围世界关系的认识，表现为自我认识、自我体验、自我控制等。先进生往往由于学习成绩好，经常受到教师和家长的表扬、同学的崇拜，所以在自我意识方面容易产生优越感，自傲自大，以自我为中心，只关心自己的利益得失；不能体谅环境条件和他人的处境，常把自己的意愿强加在别人身上，很少关心他人，看不起学习成绩差的同学，对人对事冷漠、不感兴趣，目空一切。

（2）过分依赖父母，自理能力差。学业良好的学生在学习上投入的时间和精力较多，加上父母的溺爱，使他们逐渐养成了“衣来伸手，饭来张口”的习惯。他们不会打理自己的生活，也不想学会独立、自理，生活中过分依赖父母。这种严重缺乏独立意识和自理能力的状况，不仅使父母、教师为他们的将来担忧，也造成了他们自己对新生活的适应困难甚至恐惧。

（3）嫉妒心强，耐挫力差，情感脆弱，容易产生孤独感。学业良好的学生往往有较强的荣誉感和自尊心，他们不甘落后，争强好胜，富有进取精神，能不断鞭策自己赶上或超过别人。但同时由于长期处于掌声和鲜花中，他们缺少生活的磨炼，经不起风吹雨打，他们害怕别人超过自己，怕别人说自己的短处，对成绩分分计较，把名次高低视为成败的标志，甚至对超过自己的同学心存怨恨，一旦不能得高分就对学习和生活失去信心，紧张焦虑，忧心忡忡。另外部分学业良好的学生为了保住自己的“优秀品牌”，很少主动与其他同学沟通交往，喜欢独处，讨厌集体活动，出现明显的人际沟通不善现象，这种闭锁心理往往使他们和其他同学产生隔膜，久而久之就会产生强烈的孤独感。

总之，受社会、家庭、学校的共同影响，再加上个人的努力，先进生身上的优点很多，但是他们也存在很多的不足。班主任在班级管理过程中不能以偏概全、以点概面，要正视其存在的问题，并及时、有针对性地对其进行引导和教育。

（二）先进生的教育策略

1. 全面、客观地分析、评价学生

先进生由于学业上出类拔萃，常常受到教师的表扬和同学的崇拜，他们身上的优点被放大，缺点则被缩小甚至忽略。面对这类学生，班主任要能够正视其潜在的和已经暴露的缺点与错误，给予及时的纠正；同时，对于他们的优点，要给予及时的表扬和鼓励。只有这样，才能使先进生扬长避短，不断进步。

2. 引导学生进行自我剖析，开展自我教育

苏霍姆林斯基说过："只有激发学生进行自我教育的教育才是真正的教育。"自我教育是主体按照社会要求和自我需要对自身自觉实施的教育，它是自我意识的最高级表现。先进生有很多优点，但与此同时，他们也有一些不足并需要改进，因此班主任应引导先进生严于剖析自己，自觉地进行自我分析、自我评价、自我改造和自我提高，使其懂得人与人之间应该互相尊重，不要因为自己具有某种优势而飘飘然，使他们明白"尺有所短，寸有所长"的道理，不能拿自己的长处比别人的短处，要将自己置于集体之中，从周围环境和其他同学的身上汲取营养，用人之长克己之短。只有这样，他们才会不断进步。

3. 强化挫折教育，提高耐挫折能力

"人的生命似洪水在奔腾，不遇到岛礁，难以激起美丽的浪花。"要使学业良好的学生全面发展，学校和家庭要有意识地对先进生强化挫折教育，提高耐挫能力，把各种挫折转化为锻炼成长的必要条件。因此，在日常的学习生活中，要给予先进生适当的挫折教育，帮助他们克服脆弱心理，并从实际出发，适时引导他们自觉进行挫折体验，使他们明白人生道路上不可能一帆风顺，若缺乏坚强的意志和承受挫折的心理素质，将来就难以适应激烈的市场竞争，难于承受竞争中的打击和失败，难免被社会所淘汰。

为此，应多方面协调配合，有目的、有计划地对学业优秀的学生进行逆境尝试教育，创设一定的挫折情境，如适当的批评、多分配任务、增加劳动强度、加大问题的难度等，让他们经受考验和锻炼。抓住一切机会，让学业优秀学生明确：挫折是不可避免的；挫折往往是人进入新的人生境界的起点；苦辣酸甜都有营养，成功失败都是财富。

4. 关注家庭教育，促进家校共育

不少先进生家长"望子成龙""望女成凤"心切，眼睛只盯在孩子的学习成绩上，以"能考上名牌大学的孩子就是好孩子"为标准，给孩子施压，忽视孩子的心理健康。因此，只有通过深入的家访才能了解家长教育先进生的理念、态度和方法，以及对先进生的期望值，才能深入地分析与

研究哪些是对先进生产生积极作用的因素，哪些是产生消极作用的因素，从而具体指导与帮助家长，提高家庭教育水平。作为教师，要帮助家长摆脱“只要会念书，就是好学生”的错误观念，重视先进生的心理健康教育，经常开展先进生心理健康教育专题讲座，提高其生活自理能力。

对点案例

先进生也会犯错误[①]

在工作生涯中，我曾经有过“偏心眼”的时候，记得有一次，我班有一个叫小莉的学生，她不但勤奋好学，成绩优秀，而且乖巧懂事，表现出色，是班上的佼佼者。不单我这个班主任喜欢她，其他任课教师都对她疼爱有加。有一天下午，快上第一节课的时候，班里有个孩子向我汇报，他新买的钢笔不见了，早上放学时还在的。我心想：就一个中午的时间，笔怎么会不见呢？我知道当天中午小莉比较早来教室，因为她妈妈生病住院了，她爸爸由于要照顾妈妈，只好提前送小莉到校。我一想到小莉平时的好表现，就打心底相信这事和小莉无关。但到了第二天中午，我比较早来到教室，只见小莉坐在自己座位上，正欣赏着握在手上的一支漂亮的钢笔。我随口问了一句：“好漂亮的笔啊，是爸爸买给你的吗？”小莉看见我来了，连忙收起笔，吞吞吐吐地说：“是……是的。”小莉一直低着头不敢看我。看着小莉失常的态度，根据我多年来的教育经验，直觉告诉我，之前丢失的笔大概率与小莉有关。考虑这类学生自尊心强，为了避免挫伤她，我不忙着追问，而是先了解她妈妈的病情，然后和她讲《诚实的孩子》的故事，动之以情，晓之以理。经过我的耐心教导，小莉终于承认自己因为一时的贪念而犯下的错误，并诚心向我保证一定会改正错误。

一直以来，我都将思想教育的重心放在后进生身上，而对先进生偏爱有加。通过这件事情以后，我在处理学生问题上有了更深的体会。因此，作为班主任，要彻底抛开那种认为错误只能产生于后进生身上的看法，对于先进生，应注重他们思想的培养与心理的教育，平等、公正地对待每一位孩子，让每一位孩子都能健康、快乐地成长。

---

① 李颖主编《小学班主任工作专题》，北京：教育科学出版社，2013，第203页。

二、中等生的教育工作

中等生是指身心正常，学习较自觉、较努力且成绩处于中等水平的班级大部分学生群体。

中等生是相对于先进生和后进生而言的，一般来说，他们既不像先进生那样深受教师宠爱和同学崇拜，也不像后进生那样让教师伤脑筋。他们的学习成绩一般，优点和缺点不明显，没有出众的表现，容易被教师忽视。据一项某小学毕业生的调查，中等生在校六年期间，其班主任从未有过主动谈心行为的比例超过1/3。对他们的思想教育工作成了班级、学校教育工作中的空白，这种对中等生普遍忽视的现象是十分有害的。因为如果班主任忽视了对中等生的教育，就可能会产生扩大后进生群体的危险；相反，如果能够对中等生进行恰当的教育，则可以增加先进生的人数。因此，班主任在重视先进生和后进生的同时，不能忽视对中等生的教育。

（一）中等生的特点

根据学生潜能的开发情况，可以把中等生分为三种类型。三类学生具有各自不同的特点。

1. 正常发展型

一些中间状态的学生尽管平时学习很努力，也能按照教师所教的方法去学习，但由于反应较慢或发挥不好及其他方面原因，成绩仍然一般，没有起色，这些学生往往表现出以下特点。

（1）进取心强，但又常常被挫折感所困扰。他们对自己的期望很高，自我意识水平虽强，但不成熟。他们对自己的能力水平、潜能认识不客观、不全面、不深刻。往往表现为过高地估计自己，提出的目标不切实际，虽然努力，也难以达成。因此，他们常常被挫折所困扰。

（2）学习成绩中等，但相对稳定。这些学生一般智力处于平均水平，但由于他们学习较刻苦，上进心较强，能认真听讲，及时完成教师布置的作业，因此他们的学习成绩相对稳定，很少有大起大落的现象。

（3）自觉性和自我约束力较强，容易被管理，但组织性较弱，或对班集体活动不热心。这些学生的学习目的比较明确。他们一心扑在学习上，思想觉悟性不一定很高，但一般不会违反校纪校规。他们容易被管理，但组织意识淡薄，缺少表现的机会，领导才能得不到培养，对班集体的荣誉、活动常常表现出不冷不热的无所谓态度。

（4）性格内向居多，处事谨慎，顾虑多。这些学生多次努力总达不到目标，容易自卑，再加上在班集体中不引人注目，得不到教师应有的关心，在集体中多数表现为性格内向，感情不易外露，处事谨慎，他们多交际面窄，沟通表达能力也得不到发展。

2. 潜能尚待开发型

这类学生潜能很大，经过及时的培养教育，有望走入先进生的行列。这类学生往往表现出以下特点。

（1）缺乏远大理想，得过且过，甘居中游，与世无争。这些学生能遵守学校的规章制度，但缺乏远大理想，缺乏朝气，做事拖拖拉拉，上进心不强，偶有小错误。“不超人前，不落人后”是他们的信条。

（2）缺乏坚定的意志，困难面前畏缩不前，没有吃苦精神。这些学生往往从小娇生惯养，在文化学习、体育锻炼、劳动等方面有畏难思想，拈轻怕重，见了困难绕着走，意志力薄弱、自控能力差。他们中有不少人离成功仅差一步之遥，但由于自控力差，使理想功亏一篑。

（3）基础较好，学法不当。这些学生智力水平不差，其中有相当比例的学生学不得法，即使一时成绩较好也是靠教师督促和自己加班“磨”出来的。当家长或教师一旦放手或对学生的学习跟进不及时，学生的成绩就会下滑。特别是未来进入中学后，随着学业难度的增加和学业考核方式的变化，更需要学生有坚定的意志和刻苦的精神，该类学生就很难适应。

3. 情绪不稳定型

这类学生情绪不稳定，经过及时的培养教育，学业成绩也会有所提高。这类学生往往表现出以下特点。

（1）学习态度时好时差，学习成绩时有波动。这些学生的成绩往往处于中上水平，但由于学习不刻苦，上课分心走神，作业偶尔有拖拉、抄袭现象，学习上时紧时松，因而学习成绩时有波动。成绩好时，往往产生自满情绪；成绩不好时，也无明显反应。

（2）意志力薄弱，自控能力差。这些学生意志力薄弱，做事容易受情绪变化影响，一般难以自控。

（3）可塑性大，容易两极分化。这些学生有着广阔的前途。他们的道德品质、智力水平等为他们的发展奠定了良好的基础，有着很大的可塑性。如能因材施教、严格要求、引导得当，则能发展成为先进生；如果放任自流，好则居于中游，差则落在最后。

（二）中等生的教育策略

1. 转变教育观念，切实改变对中等生的看法

苏霍姆林斯基说：“教师应当把自己的爱心分给每一个学生，在教师的心中应当有每个学生的欢乐和苦恼。”中等生是班级人数众多的一个群体，只有稳定他们，并通过教育促使他们向先进生转化，才可能扩大学业良好的学生队伍，形成良好的班风，从而影响后进生向好的方向转化。因此，学校和教师应本着以人为本的教育理念，关心班级中的每一个学生，留心每一个学生的发展，绝不能因为中等生比较安静本分，且人数多，面广量大，难以做出成效，而忽略了他们，不愿在他们身上多花时间，多费精力，而热衷于搞“抓两头带中间”。事实证明，中等生经过精心培养，都有希望迈入先进生的行列。

2. 立足中等生细分类，实行分类教育

对正常发展型学生，班主任平时要经常给予表扬，肯定他们积极上进的学习热情和勤奋的学习态度，为他们指点学习的方法，鼓励他们勇敢去实践。对潜能尚待开发型学生，班主任要想方设法培养他们强烈的责任感和积极的进取心，有意给他们加“担子”，激发他们积极进取的愿望，并以此为突破口，培养他们的毅力和意志。对情绪不稳定型学生，班主任要多与他们接触，深入了解他们。当他们情绪高涨、态度积极时，要不失时机地鼓励他们向先进生行列发展；当他们情绪低落、态度消极时，班主任要及时了解情况，帮助他们克服困难，尽快走出来，继续前行。

3. 创造机会，帮助中等生获得成功体验

中等生有许多优点和才能，但往往没有机会表现和施展，所以班主任在教育中等生的过程中，要针对中等生也爱表现的天性，积极为其创造机会，给他们提供表现的舞台，使之在表现中增强兴趣，树立自尊心，增强自豪感，实现自我价值，从而有机会跻身先进生的行列。

4. 正视中等生在进步过程中的波动现象

中等生的自觉性不高，自我约束的能力不强，易受外界因素的影响，学习中常常出现上下波动、忽高忽低的趋势，稍不留神，就会后退到后进生的行列。所以，班主任应充分认识到中等生的这一特性，不要急躁，多一分耐心；同时加强监测，遇到有滑坡苗头的中等生，应及时采取相应的措施，多表扬、鼓励他们，肯定他们的长处，使他们感受到自身的价值，从而促进其进步。只要教师及时发现中等生的波动，并采取相应的措施，

就能避免他们的学习等各方面发生后退。

三、后进生的教育工作

后进即“后来进步”之意。本书中的后进生是指那些在正常生理状态下，因没有充分发挥自己的智力因素而不能达到最低的学习标准，学习成绩暂时落后的学生。后进生是一个相对概念，运用时应谨慎。教育中的后进生问题是客观存在的，后进生一般在班上为数不多，但他们能量不小，破坏性很强，成为班上的消极因素。若没有做好转化工作，就会影响整个班级的班风。因此，后进生的转化在班主任工作中有着不可估量的意义。有些后进生也常常是家庭的主要负担，他们若与社会上的一些不良分子纠集在一起，还会给整个社会风气带来不良的影响。所以，能不能做好后进生的工作，不只关系到一个学生的前途，还关系到一个家庭的幸福、一个班级的荣辱乃至社会的风气。因此，根据后进生的特点，有针对性地做好教育和转化工作，是个别教育工作的重点。

（一）后进生的特点

1. 缺乏强烈的求知欲，学习能力较低

后进生往往没有明确的学习动机和学习目的，学习还没有成为他们的内在需要。他们对学业成绩不关心，多数是为了应付考试、应付家长、应付教师而学习，对自己没有什么高的要求。与同龄儿童相比，他们的学习能力较低，表现为注意力不集中，懈于观察和质疑，习惯于死记硬背，特别是思维能力发展缓慢，因此学习成绩较差。

2. 既自尊自傲，又自卑自弃

自尊心人皆有之，后进生也不例外。一方面，由于他们学习成绩差，在生活中缺少必要的关心与重视，取而代之的是指责、训斥、讽刺、挖苦甚至是打骂，因此他们往往有较严重的自卑感，总觉得自己比别人差一等、低一头，信心不足，自暴自弃，甘居下游，个别学生甚至破罐子破摔，没有任何的荣誉感可言。另一方面，后进生并不满意自己所处的落后地位，他们害怕教师在大庭广众下的批评，特别反感教师“翻旧账”“揭老底”的做法。这种自尊自傲和自卑自弃的心理在后进生身上复杂地交织在一起，使之丧失了走出不良学业这一怪圈的能力和勇气。

3. 自制力薄弱，行为的自觉性差，行为容易反复

一方面，后进生稍有进步、受到表扬时，内心就会兴奋不已，就会下

决心想学好；另一方面，其自制力较薄弱，行为的自觉性差，所以往往又会重犯错误。

（二）后进生问题形成的主要原因

后进生的学业成绩不良既受到客观因素的影响，也与自身心理发展水平低及努力不够有关。

1. 客观原因

(1) 家庭原因。多数后进生的家庭背景资料分析结果表明，父母疏于管教和关心子女是造成学生学业困难的重要原因。父母是孩子的第一任教师，父母的言行将直接影响着孩子。但许多家长忙于工作，疏于管理和教育孩子，甚至放纵其行为，这使子女自小就养成了不良的学习习惯，从而影响了学习。

(2) 学校原因。学校教育工作的疏忽或失误，班级和学校的管理不当，也是造成学生学业困难的一个重要原因。有的学校为了升学率，对后进生另眼相待，甚至把班级学生按成绩分成三六九等，这对于后进生是一种无形的伤害，使他们更加不想学习，继而无事生非，各个方面全面滑坡，越来越差。

(3) 社会原因。当今社会大学生就业难的情况使得社会上部分人对上学失去了信心，他们认为上不上学都一样没工作，与其这样，还不如让孩子提早步入社会，多积累经验，多挣钱。社会上的这种错误思想又在潜移默化中被学生所感知，进而对学生的学习态度、学习行为产生影响。

2. 主观原因

(1) 意志薄弱，自制力差，缺乏毅力。这类学生往往意志力薄弱，自制力不强，遇到困难和挫折不能知难而进，对别人的依赖性较大。

(2) 对学习缺乏正确的认识。这类学生往往学习动机不明确，易受其他诱因的左右，学习兴趣不持久，特别是缺乏学习中的潜在兴趣，无进取心，甘居下游。

（三）后进生的教育策略

后进生的心理特点是复杂多变的，其表现形式和严重程度也不一样。因此对后进生的教育是艰巨、细致而又复杂的工作。后进生的思想尚未定型，可塑性很强。按照班集体和教师的教育影响的强弱和受教育者的主观努力与否，他们可能往正向方向发展，也可能往负向方向发展。为此，班主任必须切实做好后进生的转化工作。

1. 树立正确的教育观，用发展的眼光看待后进生

后进生并非什么都差，他们有优点，有特长，有闪光点，有很强的可塑性。班主任要坚信每一个后进生都有无限发展的潜力，只要有正确的教育引导，他们就可以发展得更好。

2. 关心爱护后进生，使其消除疑惧

没有爱就没有教育，爱是教育的基础和前提。只有关爱后进生，才能做好他们的转化工作。后进生一般身上都会有一些缺点，常常受到父母、教师、同学的训斥、批评或歧视。如果班主任对其冷落、讽刺、挖苦，就很容易使学生在思想感情上与班主任产生隔阂。因此，班主任在转化后进生时应该特别关爱他们，让他们在生活和学习中亲身去体会班主任的善意与真诚，从而使其消除疑惧，把班主任当成自己的知心朋友。

3. 善于发现后进生的闪光点，用其所长

"人人有才，人无全才，扬长避短，人人成才。"每个学生都是一个宝藏，都有属于自己的闪光点，都有他们的优点和缺点，后进生也不例外。班主任必须全面研究他们的优缺点和长短处，因材施教，设定不同的学习目标和展示舞台，让他们解决不同的问题，完成不同的班级工作，发挥各自所长，从而做到人尽其才，每个人都能为班级增光添彩。例如，发挥后进生在音乐、美术、体育、制作等方面的特长，给他们提供展示舞台，分别让他们参与班级板报宣传、小科技发明创造和其他兴趣小组活动，给他们创造和提供为班级做贡献的机会，使之有机会领略成功的喜悦和成就感。通过正确的教育引导，后进生是有望学好的。

4. 根据学生的个体差异，对症下药

同是后进生，但造成学习困难的原因却可能不同，而且不同的后进生有着不同的行为和心理特点。因此，班主任要灵活地、有针对性地采用不同的教育方法转化后进生，做到一把钥匙开一把锁。例如，对于聪明灵活但又贪玩好动的顽皮型后进生，应以疏导、迁移的方法，把他们旺盛的精力和情感引导到正确的轨道上；对于刚愎自用型的后进生，要从思想上正本清源，动之以情，晓之以理，使他们学会全面地看待问题，正确地看待自己，从而引导他们从偏激的死角里走出来；对自卑感较强的后进生，要善于发现和肯定他们的优点，帮助他们树立理想和自信心，使他们敢作敢当，不断向他人学习，并逐步消除其自卑心理，形成自强自信的健康心理品质。

5. 把握好时机，促进后进生的转化

由于后进生的自制力薄弱，行为的自觉性差，容易出现反复，因此班主任在转化后进生的时候一定要把握好时机。可能较好的转化时机有：后进生长期受到冷落与歧视，突然感到温暖；长期遭受失败，偶尔取得成功；偶尔受到启示，开始思考自己的过失等。

6. 学校、社会、家庭齐抓共管，形成教育合力

要彻底矫正后进生的不良行为习惯，并有效地形成和巩固新的良好的行为习惯，必须学校、社会、家庭齐抓共管，形成教育合力，才能达到教育目的。班主任必须做到勤家访或勤电访，联系家长，对后进生进行长期的跟踪、引导和教育；做好笔录和总结，不断改进教育方法，采取切实可行的教育措施，确保教育效果；呼吁社会各界共同保护未成年人，为他们提供健康和谐的成长环境。

7. 对后进生的教育要持之以恒

对于后进生的教育，常常会出现反复现象。一些转变较好，表现比较稳定的学生，有时会故态复萌；学生已经改正了的缺点和错误，在新的条件下，又可能以新的形式表现出来。其实，这是一种正常的现象，后进生往往意志力薄弱，自制力差，辨别是非的能力低下，很容易发生动摇。因此，在他们发生反复时，班主任要正确对待，要有足够的耐心、信心，不急不躁，认真帮助他们分析原因，寻找问题的根源，进一步做好深入细致的教育转化工作。班主任要把工作做在学生出现反复之前，要做到提前预防，以减少学生反复的次数和反复的程度。总而言之，在对后进生的个别教育中，班主任要有足够的耐心，抓反复，反复抓，直到把后进生转化过来。

后进生的心理状态是十分复杂的，促其转化的方法是多样的，关键是要掌握他们的心理，对症下药，才能使他们重新扬起理想的风帆。

第三节　特殊儿童的教育工作

一、特殊儿童的界定与常见问题

特殊儿童一般包括留守儿童与流动儿童、特殊需要儿童等，他们表现出的问题不同，对他们进行教育和管理的原则与策略也不同，要具体情况具体分析。

(一) 留守儿童与流动儿童

1. 留守儿童的界定

留守儿童是指年龄不满18周岁，因父母谋生或工作的需要，被寄养在祖父或外祖父辈，伯、叔以及其他亲戚、朋友家庭的未成年人。根据留守地域不同，留守儿童可分为农村留守儿童和城市留守儿童；根据父母的工作性质不同，留守儿童可以分为打工留守儿童和上班族留守儿童。本书主要研究农村打工族留守儿童。

2. 流动儿童的界定

流动儿童是指流动人口中未满18周岁的儿童，流动人口是指居住地与户口登记地所在的乡镇街道不一致且离开户口登记地半年以上的人口中，扣除市辖区内人户分离者。这些儿童因父母的谋生或工作需要，跟随父母来到城市，但由于父母忙于工作疏忽照料等原因，学生得不到良好的家庭教育；部分儿童在成长的过程中，由于城市生活的经济压力或公办学校教育机会不平等等，很多流动儿童不得不返回户口登记地生活、学习，最终成为留守儿童。

3. 留守儿童与流动儿童的常见问题

留守儿童与流动儿童是两个相对复杂而又不断转换的群体。不论是留守儿童还是流动儿童，都是与人口流动相伴而生，都是受人口流动影响的儿童。正是因为“流动”的特点，导致了这两个群体存在很多不确定性，“留守”与“流动”时时处于变化之中。

因此他们所产生的常见问题以及教育原则与策略多有相似，本书将两者结合在一起进行阐述。在实际处理过程中，教师可根据儿童的具体情况，对采取的策略有所侧重。

通过分析发现，近年我国农村留守儿童与城市流动儿童学习与发展问题研究主要围绕在这些儿童的身心健康现状与对策研究、家庭关怀与生存状况研究、社会支持与保护研究、教育公平和基本权益保障研究以及学校教育管理研究五个领域。当前他们的常见问题主要有以下几个方面：

(1) 社会怀疑较重。这些儿童因缺少关爱而产生对社会的怀疑感，这主要是因为父母常年不在家，客观上他们没有获得足够父爱、母爱的机会，于是失去对社会的热爱与信任，而根据以往的研究显示，对社会失去热爱与信任的孩子，产生不良社会行为的趋势会明显增强。

(2) 自负心理较强。个体的自负心理一般表现为封闭自己、排斥别人、过于自信或过于自卑等。留守与流动儿童易出现自我封闭、自惭形秽、自高自大等问题。自我封闭是因为他们缺少交流与倾诉的对象，自惭形秽是因为他们缺少父母的关爱与呵护，自高自大则是因为他们缺少良好的家庭教育等。这类儿童往往是学校中心理问题的典型群体。

（3）学习逃避较多。一方面，受父母文化程度不高但照常可以打工为生的影响，一些留守、流动儿童认为只需“混”完小学或初中，就可以外出打工或谋生；另一方面，受应试教育的影响，一些儿童还不能从较深刻的意义上去理解“读书提高生活品质”“读书提高个人修养”等的真正含义。于是，“读书无用”的思想就在他们的头脑中形成，而该思想很容易让他们在学校养成厌学、旷课、逃学等不良行为，有的甚至还发展到偷偷打架斗殴等不良社会行为。

（4）沉迷游戏现象普遍。

网络游戏的娱乐性，以及其制作精美、画面音效逼真精细等特点，特别容易引起小学生的兴趣，因此网络游戏已成为小学生课余休闲的重要方式。但是，留守儿童和流动儿童因为没有或缺乏父母的陪伴和监控，他们投入游戏的时间会更多，甚至让失去监管和自控力差的孩子陷入其中不能自拔。

（二）特殊需要儿童

1. 特殊需要儿童的界定

特殊需要指的是人基于个体差异的独特性对其生命存在、延续和发展的特殊条件的依赖性。特殊需要儿童指的是基于个体身心差异的显著性，为了获得身心的充分发展，在学习上有着特殊需要的儿童。本节的特殊需要儿童主要是指年龄在 6 岁到 12 岁之间的障碍儿童。障碍儿童主要是指残疾儿童和问题儿童，其中，残疾儿童主要是指有智力障碍、脑瘫、视力残疾、听力残疾、言语残疾、肢体残疾等缺陷的儿童；问题儿童主要是指有多动症、学习障碍、孤独症等心理障碍的儿童。

2. 特殊需要儿童的特点

（1）智力障碍儿童。这类儿童感受范围狭窄，反应较迟钝；运动、协调性差；注意分配和转移较差；分析、综合等抽象概括能力弱；记忆速度慢、容量小；意志品质弱，易疲劳。

（2）脑瘫儿童。这类儿童运动能力差，姿势异常；视觉、听觉异常，触觉、前庭觉异常敏感或迟钝，本体感觉不足；发音不清，重者完全无语言能力；注意、记忆、思维能力根据脑部损伤程度不同，存在极大差异，总之都比较低下。

（3）盲聋哑儿童。眼盲儿童主要是视觉障碍，耳聋儿童主要是听觉障碍，声哑失语儿童主要是发音器官障碍。总而言之，这三类儿童由于不同的感官障碍，其在思维力、分析力等方面比正常儿童弱，且性格孤僻，情绪不稳定等。

（4）多动症儿童。这类儿童智力基本正常，具有良好的大运动能力；交流有障碍，但不严重；注意力缺乏，在注意的集中性、持久性、转移、分配及容量储存等方面都有缺陷；多动，冲动。

（5）学习障碍儿童。这类儿童学习活动缓慢，知觉动作不协调；注意广度小，持续时间短，缺乏持久性和合理分配；记忆容量小，保持性差；缺乏毅力；坚持性差，情绪不稳定。

（6）孤独症儿童。这类儿童存在社会交往障碍、语言发展障碍、行为与兴趣异常、感觉统合失调等情况。在现实的学校中，孤独症儿童并不罕见。教师在发现班级存在此类表现的儿童时，不要轻易下判断，而需建议家长带儿童去权威机构进行科学诊断。

二、特殊儿童的教育策略

（一）留守儿童与流动儿童的教育原则与策略

1. 留守儿童与流动儿童的教育原则

（1）关爱性原则。相关心理学研究表明，留守与流动儿童的抑郁、焦虑、冲动等问题比较突出，而抑郁问题尤其严重。抑郁症的主要原因之一就是亲子感情的缺失，所以对他们的教育首先要遵循爱的原则，使其在师爱中找回心理上对爱需求的平衡，从而培养其完整的人格。根据马斯洛的需要层次理论，留守与流动儿童在爱与尊重上的需要是比较欠缺的，所以对他们的教育一定要践行师德标准，注重爱与尊重的教育。

（2）开放性原则。针对留守与流动儿童的自负心理，教师在对其教育时，应注重加强人际交往与沟通能力的培养，让他们敞开心扉，用阳光、积极、开放的心态主动与身边的同学、教师、邻居交往，从而形成积极进取的人生态度。开放性原则还体现在让留守与流动儿童多接触大自然，多参与社区、学校、班级组织的各种公益活动、节庆活动等。

（3）自立性原则。通过调研发现，如果加强对留守与流动儿童自立、自强、自信等励志教育，他们在学习、生活、社会适应等方面的表现最终与其他儿童区别不大，而且有的甚至比其他儿童做得更好。他们的成长问题主要是对不利环境的选择与应对，如能教育其主动积极地去选择与应对，不利环境对他们的成长反而是一种历练和帮助。所以，对留守与流动儿童的教育，自立性原则非常关键。

（4）精准性原则。精准性原则是指对留守与流动儿童的教育与帮扶应该定人、定性、定位，即在教育与帮扶上一定要精确到帮扶人数、帮扶内容、帮扶目标等方面。在以往的做法中，人们往往在经济援助、物品捐资方面进行得多，而对个性缺陷、个体行为问题等方面的帮助不够具体和精准，对要达到的目标也没有严格标准，导致对他们的帮扶教育“治标不治本”，所以当前对他们的教育和关爱一定要做到精准、精确。

2. 留守与流动儿童的教育策略

（1）心理健康跟踪法。心理健康跟踪法是指对儿童心理发展的主要方面进行详细的记录和跟踪，一般主要针对个性、自我意识、能力等方面。首先，在跟踪的过程中，对学生相关方面出现的问题进行及时的矫治，严重的还要进行心理咨询和药物治疗。其次，跟踪法的宗旨还在于能自始至终地对某些有严重心理问题的儿童进行长期的关注和治疗，甚至可以从小学、初中、高中、大学进行全程的追踪和帮助，这是一个漫长而艰难的过程。

（2）同伴协助激励法。同伴协助激励法是指让班级的同学或同伴共同帮助留守与流动儿童成长，让同学、同伴发现他们自身的优点，班主任直接介入并进行激励的一种教育方法。留守与流动儿童由于缺少父母的关爱或父母务工无力看管教育，对自身的优点和特长缺乏了解，而同班同学却很容易发现，班主任应多从他们身边的伙伴、要好同学处获得留守与流动儿童的优点，抓住其闪光点，教育起来就比较得心应手。

（3）家校合作教育法。家校合作教育法是指家校合作共同对孩子进行教育。由于留守与流动儿童的家长常年在外务工或忙于生计，当前的做法主要是通过家校沟通网络平台，班主任定期将孩子的表现发给家长，让家长及时了解孩子的学习、生活动态，实现家校共育。尤其是对于留守儿童，有些学校也通过与留守儿童家长或临时监护人沟通、交流，及时了解留守儿童的心理发展变化，积极引导留守儿童走出困境，使留守儿童乐观积极地生活和学习。还有些学校将现有教育网络变成连接社会、家长与学校联系沟通的中心，开发家庭教育资源，转变家长育儿观念，形成家庭、学校真正意义上的齐抓共管、合作育人。

（4）政府介入法。政府应努力增加就业岗位，帮助留守与流动儿童父母获得更多与孩子交流沟通的机会，而孩子又能得到父母更多的情感支持。同时，政府应净化小学周边的治安环境，如卫生、交通、娱乐场所、食品等的安全治理，还要防止不法分子对留守与流动儿童的引诱、陷害等。同时，社区或村委会应创建留守与流动儿童之家，从社会层面，给孩子以家庭式的关爱。

（二）特殊需要儿童的教育原则与策略

1. 特殊需要儿童的教育原则

（1）无歧视原则。无论针对哪一种特殊需要的学生，教师都应该同等对待，这体现了现代教育的包容、全纳、共同发展等特点。特殊需要儿童尤其应得到教师的包容与爱，得到全社会对其的理解与尊重，社会还应对其提供照顾性质的教育和就业机会。无歧视原则已成为当前特殊教育中最重要的教育原则之一。

（2）差异性原则。差异性原则指的是根据学生的个别差异性，确定教学目标、筛选教学内容、选择教学进度和教学方法等，以此满足每个学生心理发展的需要。对于有不同障碍的学生来说，这具有很重要的意义。障碍不同，每个个体的身心需要就不同。对于同样的障碍，由于其障碍的性质、时间、程度不同，也存在着不同的教育和教学方式。所以，在对特殊需要儿童的教育教学中，遵循差异规律、尊重差异需要显得非常重要。

（3）适宜性原则。适宜性原则指的是在对特殊儿童的教育中，要根据其能力接受的程度来实施相应的教育和教学。对于身心有障碍的儿童来说，一般在适宜性方面，教师应尽可能多地考虑学习的目标是否太高、学习时间是否太长、学习强度是否太大、学习材料是否太难、学习任务是否太重等。

（4）补偿性原则。补偿性原则指的是在教学中充分发挥官能互补的作用，根据身心发展规律，当机体某一方面的机能受损甚至缺失后，可以通过其他方面的超常发展得到部分补偿。例如，失明者通过听觉、触觉、嗅觉等方面的超常发展得到补偿，这也是特殊儿童能得以进行教育的重要理论依据。所以教师在实施教育教学时，要充分挖掘学生健康器官的功能，同时还应重视心理方面的补偿，只有生理补偿和心理补偿结合好了，才是最好的补偿。

2. 特殊需要儿童的教育策略

(1) 随班就读。随班就读是指特殊儿童在普通教育机构中和普通儿童一起接受教育的一种教育形式，也被称为“融合教育”。对随班就读的学生除了按普通教育的基本要求教育外，还要针对随读生的特殊要求提供有针对性的特殊教育和服务，对他们进行必要的康复和补偿训练，努力使他们和其他正常学生一样学会做人、学会求知、学会创造等，促进他们今后自立、平等地参与社会生活。随班就读强调，部分特殊需要儿童可直接与普通孩子在同一所学校或者同一个班级学习，他们不需要进入单独的特殊学校学习。从根本来说，随班就读依然强调对特殊儿童的平等对待和特别关注；另外，随班就读也重视对那些有过违法经历孩子的接纳。

(2) 个别教育。个别教育又叫个别教育方案，是指为某个特殊需要学生制订的旨在满足其独特教育需要、具有授权性的书面指导性教育文件，清晰而详细地阐明了一名障碍学生所应接受教育的计划和相关服务。美国的个别教育方案在性质上是国家以法律的形式规定对身心有障碍的学生进行教育，它具有法律法规的约束性。这种教育方案的渊源与美国的道尔顿制、文纳特卡制、程序教学、非指导性教学等都有很大的关系。它的本质是强调根据学生的特殊需要来制订教育计划，并对计划进行全程监督和指导，并尽量达到预期的教育目的的构想。这种教育策略对身心有障碍的儿童来说，无疑是最好的选择。

(3) 合作教育。合作教育是指由两位教师合作共同对学生进行教育，通常一位是普通教师，一位是特殊教育教师或其他专业人员。合作教育避免了一个教师既要应对普通学生，又要应对特殊需要儿童时的尴尬和无助，让随班就读或者特殊学校的课堂或班级管理有了完整的教育体系。

对点案例

留守儿童需要关注

小龙同学今年八岁了，是班里的问题学生。他是家里的独生子，父母常年外出打工，从小在爷爷奶奶的呵护下长大。由于是男孩，更是得到奶奶无微不至的关怀和溺爱，谁也不能碰他一下，谁也不能骂他一句，再加上家庭优越的物质条件，使他养成了固执、偏激、倔强的性格，办事不爱动脑，我行我素，不计后果，出了问题又缺乏责任感，表现出逆反心理。另外，他在学习上缺乏自觉性，老师布置的作业完成了，多一点也不想做，没有毅力克服学习上的困难，根基打得不牢，学习成绩处于下游；做了错事，不接受批评，不让人家说，表现出较强的虚荣心和反抗心理。

小龙虽然是留守儿童，但从小娇生惯养，被视为掌上明珠，凡事随心所欲，被家庭主要成员所溺爱，过于放纵，使他过着衣来伸手、饭来张口的生活，缺乏自理能力，养成了依赖别人的惰性心理。在班级里，他学习成绩不好，又缺乏认真、刻苦的学习精神，对较难的问题不愿意动脑筋，又不肯问别人，不懂装懂，长此以往，产生了自卑心理。

三、融合教育及其政策

（一）融合教育的定义

融合教育，亦称全纳教育（Inclusive Education），于 1994 年“世界特殊教育大会”所颁布的《萨拉曼卡宣言》中正式提出。最初所谓融合教育，是特殊教育的一种教育理念和教育过程，指通过不同程度的教育设计与调整，使残疾儿童顺利进入普通班进行无差异学习。

融合教育作为一种教育思潮，它容纳所有学生，反对歧视排斥，促进积极参与，注重集体合作，满足不同需求，是一种没有排斥、没有歧视、没有分类的教育。这是从教育理念、教育思想上首先肯定对特殊儿童的尊重与接纳，也是人类追求自身解放、追求教育公平的人权体现。融合教育思想提倡普通学校要给有特殊教育需求的学生提供学习机会，容纳所有的学生，这就要求教育行政部门、学校、教师等一起行动起来，共同重视和接纳特殊需要儿童。

现在的融合教育不仅体现了对残疾学生的尊重和呵护，更体现了对所有受教育社会成员的人道关怀、人格品质以及创造魅力，因此成为当前国际特殊教育发展的主流趋势和实现特殊教育高质量发展的重要路径。

融合教育是让大多数残障儿童进入普通班，并增进在普通班学习的一种方式。它合并普教系统和特教系统，鼓励将不同种类班级的学生融合在一起。这样将有利于降低特殊学生的培养成本，帮助特殊需要儿童有机会接触到较专业的教师，接受高质量的普通教育以及与同学建立新的社会关系，让所有人主动关心，对普通及特殊学生的学业及社会性有益。

在融合的理念下，只要班级中有特殊学生，教师就必须提供符合学生需要的教学，融合的理念很容易了解，可是在执行上仍需要很多相关要素相互配合与支持：

（1）普通教师与特殊教师要彼此合作，共同教育学生。

（2）教师应专注于学生的能力，而非学生的障碍。

（3）校长在融合教育中所扮演的角色是领导者和支持者。

（4）融合教育需要时间和精力，时常开会沟通和协调必不可少。

（5）鼓励家长参与，家校合作无间，创造出全面皆赢的成果。

（6）要注重合作学习、主题教学、同侪支持；善用信息技术教学。

（二）我国融合教育的政策

我国融合教育的发展目标就是让残障儿童，包括听障、智障、学习障碍的儿童，与普通儿童共同学习生活，尽可能融入普通学校，获得平等的学习机会。经过三十多年的努力，我国融合教育已经取得巨大成效。经过各地教育行政部门和各级残联组织的共同努力，目前，我国对残障儿童教育已经形成在特殊学校就读和在普通学校特教班或随班就读两种教育格局。据教育部统计数据，2021 年全国共有特殊教育学生 91.98 万人，比上年增加 3.90 万人，增长 4.42%。其中，在普通学校特教班、随班就读和送教上门的特殊教育儿童共有 58.94 万人，占我国特殊教育招生总数的 64.08%。这样的成绩离不开国家政策法规的积极引导，也离不开社会、残障家庭、学校等方面的鼎力相助。

融合教育国家政策汇总：

（1）1986 年，国务院颁发《关于实施义务教育法若干问题的意见》，首次提出我国将在普通小学或初中附设特殊教学班。《中华人民共和国义务教育法》《中华人民共和国残疾人教育条例》中都明确规定普通学校应当接收具备适应进校学习能力的残障儿童。

（2）1994 年，国家教委颁发《关于开展残疾儿童少年随班就读工作的试行办法》，为各级教育管理部门和普通学校保障残疾儿童教育权提供了全面的实践指导，尤其在推进随班就读和融合教育发展方面发挥了十分重要的作用。

（3）2012 年，启动实施特殊教育学校建设二期项目。一是中央财政投入 12.5 亿元，重点支持 25 所高校特殊教育师范专业建设，建立了一批特殊教育师资培养培训基地。二是深化特殊教育教师培养模式改革。2014

年，确定华东师范大学等五所院校为试点学校，重点探索师范院校与医学院校联合培养机制。三是对特殊教育教师实行5年一周期不少于360学时的全员培训。在“国培计划”中设立特殊教育骨干教师培训项目，在有关省培计划中，增加融合教育教师培训。

(4) 2014年，国务院办公厅转发了教育部、国家发展改革委、民政部、财政部、人力资源社会保障部、卫生计生委和中国残联共同研究制订的《特殊教育提升计划（2014—2016年）》。总体目标是全面推进全纳教育，使每一个残疾孩子都能接受合适的教育。到2016年，全国基本普及残疾儿童少年义务教育，视力、听力、智力残疾儿童少年义务教育入学率达到90%以上，其他残疾人受教育机会明显增加。

(5) 2016年8月，国务院印发《“十三五”加快残疾人小康进程规划纲要》，强调依法保障残疾人受教育权利，“大力推行融合教育，建立随班就读支持保障体系，在残疾学生较多的学校建立特殊教育资源教室，提高普通学校接收残疾学生的能力，不断扩大融合教育规模”。

(6) 2017年5月1日，修订后的《残疾人教育条例》开始实施，融合教育有了法规层面的支持和保障。2017年，根据特殊教育形势变化，在立足我国特殊教育实际情况、总结实践经验的基础上，修订了《残疾人教育条例》，对残疾人教育事业发展目标和理念进行了调整，强调残疾人教育应当提高教育质量，积极推进融合教育，优先采取普通教育方式。该条例的修订，顺应了国际特殊教育发展的趋势，对符合人权观和教育发展需求的融合教育予以积极贯彻，是我国结合国情履行国际公约，保障残疾儿童青少年享受教育权利的重要措施，为全面保障我国残疾人平等受教育权利和积极推进残疾人融合教育提供了法律支持。

(7) 2020年6月，教育部出台《关于加强残疾儿童少年义务教育阶段随班就读工作的指导意见》，不但给了残疾儿童进入普通学校的信心，更提出细化方案，将通过融合教育专家委员会的方式，实现对残疾儿童零拒绝、全覆盖。该意见的出台体现了国家通过优化“普特融合”让残疾儿童接受公平而有质量的教育的追求；体现了我国特殊教育在基本实现普及之后，向提高管理水平和育人质量的全面转变；更为直观的是，经过前期广泛而深入的调研，该意见具有很强的针对性，针对随班就读工作当前存在的工作机制不健全、支持保障不完善、特教教师专业水平不足等突出问题，提供了精准化的解决方案。要求逐步落实“一人一案”教育安置政策。“一人一案”是指学校要给每一位随班就读的残障学生建立专项档案，制订个别化教育方案，根据学生特点和爱好，专门设置特殊课程，做到一人一课表，满足学生发展需要。

（8）近年来，党和国家在融合教育的实现上倾注了大量心力，也取得了突出成就。但是，我国融合教育发展仍面临重视程度不足、实施标准规范缺乏、教育教学质量有待提升、教学师资相对不足、各地发展不平衡不充分等困境。2022年1月，教育部等部委联合发布《“十四五”特殊教育发展提升行动计划》，明确提出要“遵循特殊教育规律，以融合教育为抓手，加快促进特殊教育公平而有质量发展”，为深入推进融合教育高质量发展提供了行动指南。

本章任务

请设计一份后进生的教育帮扶方案，并说明设计理由。

第五章 小学班级活动的组织

思维导图

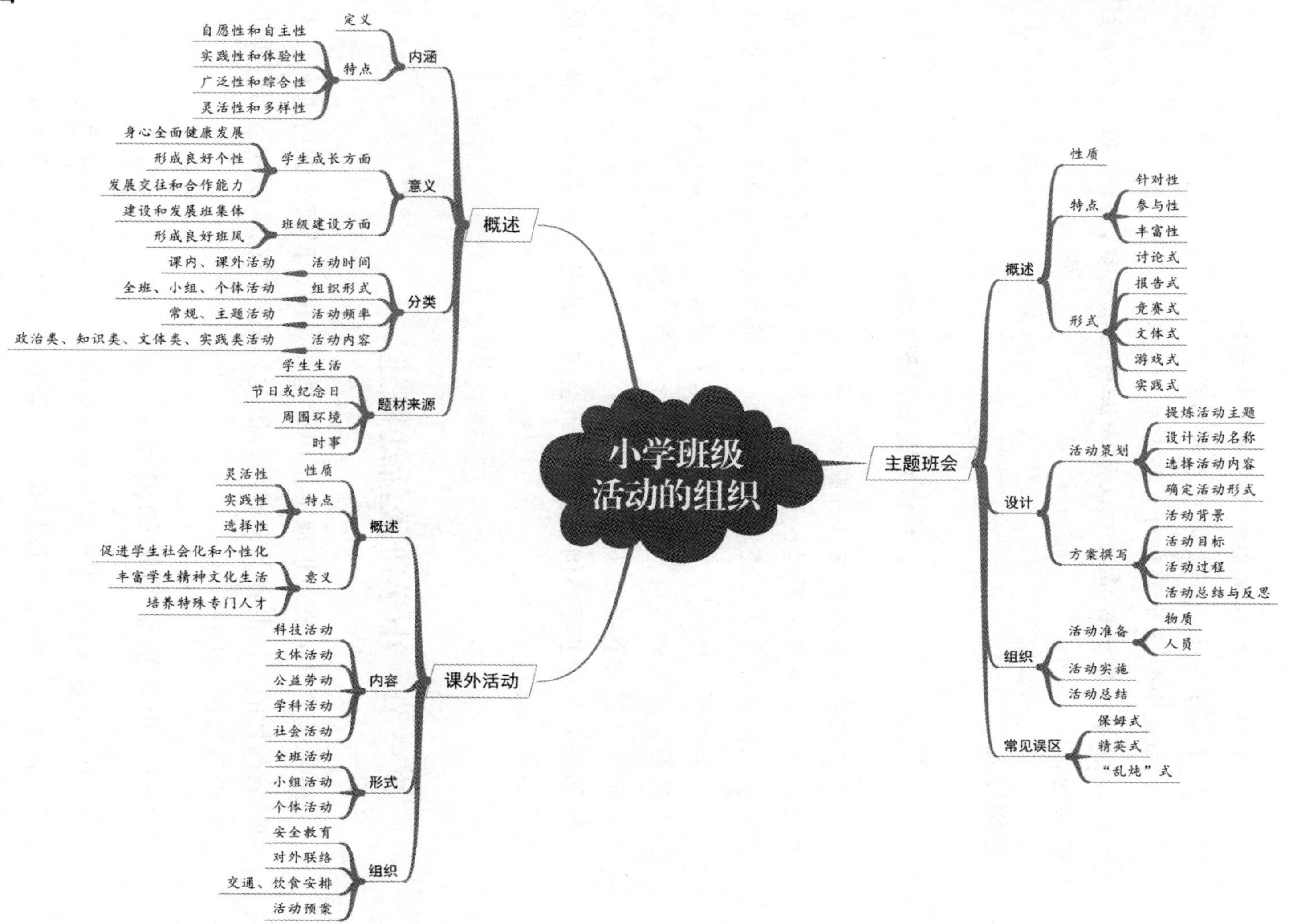

学海导航

1. 了解小学班级活动的意义和题材来源。

2. 了解小学主题班会的特点和形式。

3. 知道小学课外活动的主要内容和形式。

4. 掌握小学班级活动的设计方法和组织流程，能够独立设计主题班会活动。

案例导入

怎样才是好的班会课？

一位学生向班主任建议：在班会课上，少说一些关于做人和学习的大道理，大家听得耳朵都起茧子了。于是，班主任召开班委会讨论此事，会上班委反映：班会课不是思想教育课，应是学生的活动课；不应由班主任主讲，应由学生做主。班主任经过反思，决定让同学们尝试自己组织一次主题班会。没想到这次班会课非常热闹，学生们也非常开心，但是没有内涵，也没有什么教育意义。

你怎么看待上述案例？怎样上班会课，班主任又应在班会课中扮演什么样的角色呢？

第一节 小学班级活动概述

班主任的日常班级管理工作往往是在课前、课间或课后进行，不过这种见缝插针的时间既零散又有限。因此，班主任还需要专门的管理工作时间，即班级活动时间。

一、小学班级活动的内涵

《中小学班主任工作规定》班主任的职责与任务包括组织、指导开展班会、团队会（日）、文体娱乐、社会实践、春（秋）游等形式多样的班级活动，注重调动学生的积极性和主动性，并做好安全防护工作。要做好小学班级活动的组织和开展，首先要认识小学班级活动。

（一）小学班级活动的定义

班级活动是在班主任的指导下，根据国家课程目标和培养目标，有目的、有计划地为实现班级教育目标而举行的各种教育实践活动。它是班主任向学生进行政治、思想、道德、心理教育的基本形式，是班主任组织、建设学生集体，并通过学生集体来教育和影响学生个体的一种较为普遍的教育形式，也是学生个体进行自我教育的一种行之有效的方式。

班级活动是小学课程体系的一部分，在《义务教育课程方案（2022年版）》中明确指出："各地各校要统筹课内外学习安排，有效利用课后服务时间，创造条件开展体育锻炼、艺术活动、科学探究、班团队活动、劳动与社会实践等，发展学生特长。"因此，班级活动具有课程的性质，并给定了专门时间，用于发挥学校教育功能。相对于课堂教学以学科知识的教与学为核心的活动，班级活动以更广泛的育人为核心，其活动范围更加广泛、内容更加丰富、形式更加多样，在教育过程中有着课堂教学无法替代的作用。

（二）小学班级活动的特点

1. 自愿性和自主性

学科教学受到课程方案和课程标准的制约，学生必须按要求学习规定的必修课，不能任意选择。班级活动则可以由学生根据自己的兴趣、爱好自由选择、自愿参加，教师只能加以引导而不能强迫。如果学生对某项活动不感兴趣，一味强求是难以调动学生主动性与积极性的，也是不利于培养个性、发展特长的。活动过程中，学生是活动的主体。活动成效由学生主动、自觉、积极参与的程度决定，教师在活动中起指导作用。

2. 实践性和体验性

学科教学侧重的是系统知识的传授，主渠道是课堂和教室。与此不同，班级活动则强调对所学知识的运用，即学生在活动中动脑动手、实际操作、亲身体验，获取直接经验。在班级活动中，要求学生能将自己所学的知识、技能、技巧和生活经验，在与同学的交往、参与集体或社会活动的过程中充分运用，并从中获得新的学习和生活体验。

3. 广泛性和综合性

班级活动的内容丰富多彩，不受学科的局限。它是各学科知识的综合运用，具有广泛性。活动如果既符合教育要求又有条件开设，就可以纳入班级活动中。此外，学生从班级活动中受到的教育和锻炼是多方面的、综合性的。例如，某班举办了一个小组百科知识竞赛活动，在这个过程中学生习得了各学科知识，扩大了知识面，同时在小组合作中培养了团队精神。

4. 灵活性和多样性

班级活动内容丰富、组织形式和方法多元，具有一定的灵活性和多样性。如，从活动方式看，活动可以是做飞机模型、采集植物标本、办绘画展览、参观博物馆、听科普讲座、举办演讲比赛等；从组织形式看，活动可以是全班的、小组的或者个人的活动。总之，活动可以因地制宜、因校施策、因人而异，灵活多样。

二、小学班级活动的意义

没有活动就没有教育，班级活动作为小学教育教学活动的重要组成部分，能为学生提供更多的独立创造和团体合作的实践机会，对于学生发展、班集体建设具有重要的意义。

（一）对小学生成长的意义

1. 促进小学生身心全面健康发展

班级活动是学生全面发展的土壤。通过活动的感受与体验，学生的德智体美劳得到全面发展。班级活动为小学生思想品德的成长提供了实践的条件，如富有教育意义的主题班会、参观访问、社会服务等，能加深学生的道德认识，增强道德情感，从而促进其良好道德行为的产生。社会调查、观察研究、科学实验等，可以激发学生的创造兴趣，丰富学生的认知，同时将所学知识与实际活动联系起来，培养学生创造性思维；体育、游学等丰富的课外活动可以在保证健康休闲的同时强健学生体魄，提高运动水平；游览活动、欣赏文艺作品等，有利于学生感受美、欣赏美、表现美和创造美，塑造美的心灵；公益劳动和自我服务等，可以让学生感知劳动的乐趣，启蒙劳动意识，培养正确的劳动态度，以及掌握一定的劳动技能。

2. 帮助小学生形成良好的个性

小学阶段是人个性形成的奠基时期。班级活动以其相对自由的活动内容和形式，为其个性发展提供了良好的契机。所有学生都可以在班级活动中绽放光彩，比如擅长美术的同学在活动布置中发挥所长，爱好文娱的同学在晚会中纵情歌舞，能说会道的同学在辩论、演讲活动中展现口才。这些活动一方面可以帮助学生探索自己的兴趣所在，进一步了解自己；另一方面，在活动中成功的体验有助于学生增强自信心，激活新憧憬。总之，班级活动为小学生创造了多元的发展空间，鼓励学生各展其才，满足其被尊重与自尊的需要，引导学生形成良好的个性。

3. 发展小学生交往和合作能力

班级活动的开展需要教师、学生、家长等人员之间的协调和配合。这必然涉及角色的分配、沟通交流等，即要求学生面对活动中的人际关系。为了处理好这些关系，学生必须了解活动的性质、目的、参加活动人员的特点等，体验个体同他人、集体、社会的复杂关系，学习与人交往、合作等社会性技能，逐渐实现自身的社会化。在此过程中，学生积极的合作意识和良好的人际交往能力就得到了发展。

对点案例

小学趣味体育项目[①]

1. 心心相印（培养学生的合作精神）

规则：两名学生背对背夹住气球，从起点到达终点，中途掉球应从掉球处重新夹球接着比赛。先到达者为第一名，以此类推。

2. 跳绳跑接力（培养学生的耐力）

规则：每组5名学生，分别从起点跳绳跑到终点返回，把跳绳交给下一位学生，以此类推，用时最少的组为第一名。

3. 画人头接力（培养学生的艺术素养和协作能力）

规则：每组6名学生，分别从起点跑到对面的小黑板前面，画出自己应画的头部的各部位，再跑回原处，把粉笔交给下一位学生，以此类推，直到画出完整头部，用时最少者为胜。

（二）对小学班级建设的意义

1. 建设和发展班集体

班集体是在班级成员参加共同活动的过程中逐步形成的。在班级建设

---

① 李颖主编《小学班主任工作专题》，北京：教育科学出版社，2013，第99页。

过程中，班级活动可以增进班级成员之间的相互了解，加深学生与学生、教师与学生之间的情感联结。比如，校运会上学生为本班运动员加油打气，元旦晚会上班级同学参加合唱比赛争得名次，社会实践周中教师组织学生进行社区服务等。在这些活动中，师生为了共同的目标而努力，一起面对困难和挑战，也一起体会成功和喜悦，进而逐渐增强对班级的归属感，形成积极向上的统一集体。

对点案例

初识你我他——自画像小游戏①

某校三年级的班级重组使同学之间变得陌生。于是在第一节课的时候，班主任请全班同学都在A4纸上画自画像，要求至少突出自己的某一个特点，同时在自画像的下面用文字写出自我介绍，但不要署名，然后给每张自画像编号，在班级粘贴，课余时间请大家猜一猜自画像的主人都是谁，并按编号写出名字。一周后揭晓谜底，看看谁猜到的同学最多。通过这个自画像的小游戏，同学加深了对彼此的了解，强化了集体主义意识，也能让教师很快形成对学生的初步印象。

2. 形成良好的班风

在健康有益的班级活动中，正确的、积极的东西能得到肯定、弘扬，错误的、消极的东西会被摒弃、不齿。比如，在“我爱我家”主题班会中，班主任引导同学们展示班级风采，总结过去的成就，同时讨论班级的不足之处及其原因；最后大家表示愿意改进存在的问题，发扬班级的优良作风和传统。因此，有效的班级活动能够助长班级中健康和进步的因素，帮助学生明辨是非，引导学生努力向上，激发学生的集体荣誉感和责任感，促进良好班风的形成。

三、小学班级活动的分类

根据不同的标准，班级活动可以划分为不同的类型。

---

① 苏琬婷、陈甦甦、路丹主编《小学班级管理工作实务》，上海：上海交通大学出版社，2021，第100页。

1. 按照活动时间划分

按活动时间划分，班级活动包括课内活动与课外活动。课内活动指的是教师在课堂上利用正式的课时开展的班级活动。课外活动指的是课堂时间以外的活动，例如举行歌咏比赛、参观科技馆、参加社会调查等。

2. 按照组织形式划分

按组织形式划分，班级活动包括全班活动、小组活动和个体活动。全班活动是指班级全体成员参加，有助于强化班级凝聚力的活动，比如全班共同参观红色革命基地、参加合唱比赛等。小组活动是指由学生自愿组成的小组进行的经常性活动，如英语角、篮球赛等。个体活动是指由单个学生参加的、有助于学生个性发展的活动，如书法比赛、演讲比赛等。

3. 按照活动频率划分

按活动频率划分，班级活动包括常规活动和主题活动。常规活动是指在相对固定的时间里开展的周期性班级活动，可用于维持班级各项工作正常运行，主要包括晨会、班级例会、升旗仪式等。主题活动是指按照学校安排的进程或者班级的实际需要，围绕某些主题而设计和组织的活动，主要包括主题班会、运动会、科技节、艺术节等。

4. 按照活动内容划分

按活动内容划分，班级活动包括政治类活动、知识类活动、文体类活动、实践类活动等。政治类活动是以思想品德教育为主要内容的班级活动，如班会、队会等。知识类活动是以拓展知识、进行智能训练为主要内容的班级活动，如知识竞赛、兴趣小组等。文体类活动是以培养学生在文体方面的兴趣、技能为主要内容的班级活动，如迎新晚会、运动会等。实践类活动是以提高学生实践能力为主要目的的班级活动，把学校教育与社会教育紧密结合起来，密切教育与生产劳动、社会实践的关系，如组织学生参观访问、参加社区服务、开展社会调查等。

四、小学班级活动题材的来源

班级活动的题材是指为落实班级活动教育内容而挖掘的班级活动的素材。素材来源可以从以下几方面考虑。

1. 从学生生活中选择素材

学生的生活看似平凡，但其中蕴含着丰富的教育资源。从学生生活中单纯的事件中抓住典型，巧妙筹划，可以设计出贴近学生实际的班级活动，更能感染学生，对学生起到教育作用。如为提高学生的阅读能力和培养学生的阅读习惯，可以设计班级读书活动；为引导学生正确看待偶像，可以开展追星利弊辩论会；为防止意外事故的发生，可以进行安全教育与应急疏散演练。班主任需要在班级管理过程中多关心学生，善于发现学生的问题和需求，找到与学生生活实际相联系的主题。

2. 从有意义的节日或纪念日中选择素材

我国有许多的节日、纪念日，它们或源于传统习俗，如春节、中秋节、重阳节，或源于对某人某事件的纪念，如端午节、国庆节、烈士纪念日等。此外还有很多世界性的特殊日子，如劳动节、母亲节、世界读书日等。这些节日、纪念日蕴藏着宝贵的德育资源，对学生具有较大的影响力，班主任可以创造条件引导学生在活动中激发积极的情感。

不同的日子有不同的教育意义。如，在建党纪念日开展一系列的庆祝活动，使学生了解党史，增强对党、对祖国的深厚感情，并立志为共产主义事业而奋斗；在植树节组织学生到郊外远足、种树，邀请专家介绍土地荒漠化状况，让学生交流讨论保护花草树木的措施从而培养其爱护环境的意识；在父亲节请学生分享爸爸关爱自己的点滴事件，并为爸爸制作节日贺卡，让学生们感受父爱、感恩父亲。值得注意的是，节日虽重复出现，但活动要年年翻新，每年可以有不同的侧重或变换不同的形式，以保证持续深入地发挥教育作用。

3. 从周围环境中选择素材

每一个地区都有自己的特点，这些自然风光、风土人情、名人轶事、革命历史等资源均可以作为班级活动的素材。例如，组织学生探访革命老区，重温红色革命的激情，学习革命先烈的意志品质；参观博物馆，了解本地历史和传统文化，激发热爱家乡的情感，树立保护、弘扬优秀传统文化的意识。

4. 从时事中选择素材

班主任可以根据当前社会热点、重大事件等组织班级活动以教育学生，即从时事中发现富有教育意义的素材。比如，在 2022 年北京冬奥会期间，组织学生观看比赛直播，感受奥运健儿奋力拼搏的精神；在袁隆平院士逝世之后，开展“节约粮食，从我做起”的主题班会，进一步增强学生珍惜粮食、反对浪费的意识。

第二节　小学班级的主题班会

主题班会是小学班级活动中较为常见的类型，也是班主任教育和影响学生的一种普遍的教育形式。

一、主题班会概述

主题班会是班会的重要类型，具有多样的特点和丰富的形式，对教育学生、建设班集体发挥着重要作用。

（一）主题班会的性质

主题班会是以学生为主体、以班主任为主导，围绕某一主题有计划、有目的地开展的班会活动，是班级活动的主要形式。主题班会主题鲜明、内容集中、结构完整、形式多样，聚焦班级学生此时、此地的状态，依托特设“主题”达到提高学生自我教育能力、完善班集体建设的目的。

不同于班级例会重在解决班级建设中的工作问题，主题班会更加突出思想教育性。这种教育不是以单纯的说教来实现的，而是通过精心设计的班会环节充分发挥班级中每个学生的积极性，让所有班级成员参与、沉浸其中，在积极鲜活的体验中加深对现实世界和精神世界的认识。

（二）主题班会的特点

1. 针对性

主题班会有明确的教育主题和任务，班会的目标和过程都要服从这个主题。这意味着主题班会不是泛泛而谈，而是带有明显的指向性和导向性。比如，在低年级阶段，开展以幼小衔接、适应校园为主的主题班会；在中年级阶段，以自我管理、自我教育为主；在高年级阶段，以青春期前期教育为重点。这些内容适应了不同阶段、不同年级学生的身心发展和现实需求，具有很强的针对性。

2. 参与性

主题班会强调学生的主体性，它的设计者、参与者以学生为主。班主任应充分信任和尊重学生，给予学生思考、表达、探索、创造、实践的机会，让他们在活动中发挥积极性和主动性，从而达成主题班会的目的。因此，主题班会需要班主任的指导和引领，但更重要的是全体学生的参与。

3. 丰富性

当一个人回顾学生生涯时，使其印象深刻的往往是优质的主题班会。主题班会内容涉猎广泛、不一而足，有的指导学生养成良好的学习和生活习惯，有的帮助学生掌握生活和安全常识，有的为学生提供展现自我的机会。开展的形式十分多样，有的在教室举行辩论会，有的走进城市观察社会，有的迈入乡野感受大自然。正是由于主题班会的丰富性，它对学生具有较大的吸引力，进而能够有效发挥教育作用。

（三）主题班会的形式

主题班会的形式多样，班主任应根据活动目的和实际情况来灵活选择恰当的活动形式。根据目前小学主题班会的实践来看，主题班会的形式主要有讨论式、报告式、竞赛式、文体式、游戏式和实践式等。

1. 讨论式

讨论式是师生围绕某一个主题展开讨论，以期在讨论中开阔思维，获得对某些问题更深刻理解的班会形式。比如“如何珍惜水资源”“好孩子是什么样的”等，这些都可以作为讨论的主题，让学生们各抒己见。讨论是一种集体参与的方式，可以发挥学生的主动性和积极性。讨论创造了一种民主平等的氛围，学生既要勇敢地表达自己的想法，又要倾听思考多方面的意见，在思想火花的碰撞中明辨真理，同时提高自己的参与能力。

2. 报告式

报告式是专人专题做主题报告的班会形式。比如“学雷锋”“赞张桂梅”“我身边的好人”等。报告人可以是邀请到的专家学者、行业人物、校内领导等，也可以是班级学生自己。前者具有权威性，能使学生对报告内容印象深刻；后者由于熟人效应，说服力大，而且对报告的学生来说也是一种锻炼、认可和鼓励。报告的内容要围绕学生关心、感兴趣的问题，这样才能集中学生注意力，发挥教育作用。

3. 竞赛式

竞赛式是以竞赛方式进行主题班会的形式。竞赛的形式分为个人赛和小组赛，比如学科竞赛、绘画比赛多属于个人赛，而板报大赛、球类比赛多属于小组赛。该种形式充分利用儿童争强好胜的心理特点，激发其上进心，同时在小组竞赛中培养学生合作能力与团队精神。

4. 文体式

文体式是以文艺体育形式进行的主题班会形式。它为学生提供展示自我的舞台，使学生发挥自己的特长。常见的文体式包括歌舞表演、演讲朗诵、写字绘画、跑步跳远等。这类活动方式寓教于乐，气氛活跃，能使学生受到情感上的激励和艺术上的熏陶，非常受学生欢迎。

5. 游戏式

游戏式是带着学生们一起“玩”的一种主题班会形式，寓教于乐。游戏是儿童的天性，对他们具有强烈的吸引力。儿童在游戏中能锻炼身体、提升才智，体验活动的愉悦，也能在相互交往中强化团结协作的能力，培养集体主义精神。如主题班会玩“数青蛙”的游戏，小组同学要配合着算青蛙的嘴巴、眼睛、腿的数量，既提高了算术水平又学会了合作。

6. 实践式

实践式是让学生走出校园的一种主题班会形式，包括参观、访问、调查等。学生在这类活动中通过耳闻目睹切实感受生活，获得直接经验，发展实践能力，增强社会责任感。如参观工厂，使学生了解工作环境和工作流程，理解工作的纪律与规范，为未来更好地适应社会打下基础。

二、主题班会的设计和组织

开展主题班会，主要分为活动设计和活动组织两个方面的工作。

（一）活动设计

活动设计包括活动策划和撰写方案两个环节，这是实施主题班会的基础。

1. 活动策划

活动策划主要包括四个方面的内容：提炼活动主题、设计活动名称、选择活动内容、确定活动形式。

（1）提炼活动主题。提炼活动主题即选题，这是开展主题班会的第一步，也是贯穿活动过程的重要一步，对于活动的顺利开展具有重要意义。选择恰当的班会主题，需要做到以下几点：

第一，以学生为本。学生是教育活动的根本和核心，一切教育活动都必须从学生的发展出发，主题班会活动也是如此。教育性是活动选题的宗旨，要兼顾学生品德、智能、体质、审美、劳动观念和技能等多方面的发展。同时，选题要把握学生的思想实际，从学生的生活和学习中入手，如此学生将更有参与欲与发言权。如新学年开始时，学生还未完全摆脱假期散漫的状态，但又希望自己能有正向的改变，班主任可以抓住学生的这种心理，选择“新学期、新起点、新作为”作为主题，既符合学生的实际需要，又能促进学生的发展。

第二，切入口要小。一方面，班会时间只有 40 分钟，若选择大主题则需兼顾多方面，结果就会蜻蜓点水、泛泛而谈，无法深入。另一方面，大主题往往较为抽象，而小学生受年龄限制，较难理解。因此，主题尽量从小处着眼，选择一个侧面或一个问题深入探究。如关于珍爱生命的教育，若选择“珍爱生命、健康成长”的主题就显得太空泛，而“交通安全伴我行”“防溺水知识大家知”就能更容易为小学生所接受。

第三，不断创新。社会在不断地发展变化，班会主题要与时俱进，满足当前社会对学校教育的基本要求，符合现代小学生的特点和需求。如环境保护的教育可以以垃圾分类为主题，健康成长的教育可以以预防流感为主题。同时，有些主题是教育永恒的主旋律，比如爱国主义教育、理想信念教育、文明礼仪教育等。在新时期，班主任要更多地思考如何赋予这些经典主题以新的时代内涵。如在 2025 年的爱国主义教育可以与纪念遵义会议召开 90 周年活动相结合。

（2）设计活动名称。活动名称承载着传达班会主题的重要任务，要充分体现活动的内涵。一般来说，活动名称要简明响亮、直观醒目，不失趣味性，既符合小学生的认知特点，又能调动小学生参与的积极性，如表 1 所示。

表 1　班会活动名称

教育主题	活动名称	教育主题	活动名称
心理健康	我自信我能行	民俗文化	欢欢喜喜闹元宵
	拥抱“情绪小怪兽”		春节文化知多少
行为习惯	明礼守纪，争做文明学生	爱国主义	用奋斗书写爱国心
	播种习惯，收获性格		传承红色基因，守护胸前红领巾
自然保护	爱粮节粮，传承美德	生命安全	对“三无”零食说不
	保护大自然，珍爱众生命		拒绝校园欺凌，你我共携手

（3）选择活动内容。活动主题要通过活动内容呈现，可以说活动内容是活动的血肉，在确定班会主题后，要选择合适的内容来表现主题。比如，请学生们将自己亲手制作的手工艺品献给母亲，可以知道活动主题与“感恩母亲”有关；播放《让人揪心的校园欺凌现象》的视频，让同学们

说感受、谈认识，可以知道活动主题与“拒绝校园欺凌”有关。

（4）确定活动形式。活动形式是活动的骨架，将活动内容串联起来，所以要根据内容选择适宜的活动形式。如前所述，活动的形式十分多样，一场主题班会可以选择多种活动形式组合。需要注意的是，活动形式的选择还要考虑时间和场所的限制，以可行性为前提。比如，某次主题班会计划以游戏式为主，需要在空旷的操场上进行，但由于当地正处于梅雨季节，阴雨不断，这种情况下就要根据现实情况改变活动形式。

2. 撰写活动方案

撰写主题班会活动方案是将活动策划进一步细化的过程，它是经过周密考虑、精心设计后确定下来的，可以为活动实施提供行动范本。教师平时上课的教案和主题班会活动方案是有区别的：教案是教师为自己主导的教学活动而设计的，重点在于教师的“教”和学生的“学”；活动方案是教师和学生合作设计的，重点在于“学生活动”，在撰写活动方案时要突出活动。

主题班会活动方案的基本要素有活动背景、活动目标、活动过程、活动总结与反思。

（1）活动背景。活动背景是开展主题班会的依据，即为什么要开展此次主题班会，可以从社会环境和学生特点两方面进行阐释。如关于手机使用主题班会的活动背景：“一是 2018 年 4 月 20 日教育部办公厅发布的《关于做好预防中小学生沉迷网络教育引导工作的紧急通知》的文件精神；二是学生手机拥有率达 57%，93%有手机使用权，少数学生沉迷手机，健康和学业堪忧，与家长就手机使用问题产生了矛盾；三是学生因手机社交 App 导致了新型人际关系问题。①”

（2）活动目标。活动目标即主题班会要实现的目的、取得的效果，可以从班级建设、个人发展等方面进行描述。同教学目标类似，活动方案的目标也要清晰具体、可量化。如可将主题班会的目标制订为：“引导学生了解班级公约的深刻内涵及其重要作用；引导学生从问题出发去寻求解决措施，共同制订班级公约；提升班级民主管理水平，营造班级民主氛围，增强学生自我管理能力，促进学生德行成长。②”

---

① 戴星月：《若“机”不可失　则“时”不再来》，《中小学班主任》2019 年第 3 期。

② 李根：《“育”见美好　“约”出成效》，《中小学班主任》2019 年第 9 期。

(3) 活动过程。活动过程是对活动各环节的设计，是活动实施的脚本。一般来说，活动过程主要分为活动导入、主题展开和深化、总结与提升三个环节。主题班会的开头设计要引人入胜，可以使用播放视频、表演、猜谜等方式导入，这样更能够调动学生情绪。在导入环节之后就要通过一系列活动让学生体会主题教育的内涵。在结尾部分班主任应对班会主题进行总结提升，使其具有教育延伸意义。进一步阐释主题内涵、留下悬念、布置相关任务等都是可以借鉴的升华班会主题的方法。如“面对唠叨我有招”的主题班会主要是让学生学会正确对待父母的唠叨，而在最后环节则应引导学生读懂唠叨、感受父母之爱。总而言之，活动过程是活动方案的核心部分，要具体详尽，活动方法、设计意图、过渡语、计划用时等都要设计在内。

(4) 活动总结与反思。活动总结与反思是对主题班会活动的恰当评价，即运用科学的、多样的方式肯定成绩、指出缺点、总结经验。高质量的活动总结与反思使教育效果得到升华、扩大和发展，并引导下一次活动开展，具体内容见后文的活动总结部分。

（二）活动组织

活动组织一般可以分为三个环节：活动准备、活动实施和活动总结。

1. 活动准备

活动准备是班主任按照主题班会活动的要求而事先完成的各种准备，以确保活动的顺利实施。活动准备可以分为物质准备和人员准备两方面。

(1) 物质准备。物质准备主要指资料准备、场地布置、道具准备等，具体准备内容要视实际情况而定。

资料准备。主题班会往往涉及多学科知识。因此，班主任不仅自己要查找相关知识以设计主题班会，还要指导学生查找资料，培养学生的学习能力。其中，多媒体资源是资料准备的重要内容，包括演示文稿、视频、音乐等，可以在推进活动的同时帮助学生认识理解、吸引注意、活跃现场气氛。

场地布置。主题班会的活动场地通常在教室内，但是需要一定的布置。如表演式的主题班会，可以用气球、彩带装饰门窗，这样可以使学生们更有代入感，能够沉浸其中受到感染。如果活动场地在教室外，则要更多地考虑场地租赁、安全等问题。班主任或学生应提前与场地负责人沟通，并确认场地内的安全保障、设备是否可用、能否满足活动开展的需求等。

道具准备。主题班会中的一些环节可能需要使用道具，比如情景剧表演的服装、趣味运动的乒乓球、音乐演奏的乐器等。这些道具除了购买租借之外，还可以由学生自己制作。这样一方面能激发学生的参与热情，另一方面可以锻炼学生的动手能力。

（2）人员准备。主题班会活动中的每一项具体任务都应该落实到人，根据学生的特点和工作量的大小分配任务，尽量使每一个学生都能参与其中，增强其责任感和自信心。班主任一方面可以发挥学生的长处，比如让能写会画的同学布置教室，让善于交际的同学邀请嘉宾；另一方面可以适当地为学生安排一些对他们来说稍有难度的任务，为其提供锻炼的机会。

2. 活动实施

经过充分的设计和准备后，活动就可以有计划、有步骤地开展了。活动实施是班级活动开展的关键步骤，直接决定着班级活动的成功与否。为了保证活动的成功，在活动实施过程中，班主任可以以积极的姿态带动、影响全班学生，通过微笑、眼神、手势等鼓励支持学生，使全班学生全身心地投入活动，同时注意倾听和观察，根据情况及时给予学生必要的指导。

活动实施过程中难免出现一些突发事件，此时班主任应保持冷静，随机应变。如表演的学生因怯场临时不愿上台，班主任可以用语言鼓励并带头鼓掌；当现场秩序混乱时，班主任可以引导学生们安静下来有序入座从而控制现场。总之，班主任要根据实际情况进行灵活应对，保障活动继续进行，并调整大家的心理状态，使干扰降到最低。

3. 活动总结

无论主题班会是否成功，都应当进行活动总结。班主任在活动全程要注意搜集资料，包括活动方案、实物资料（手工艺品、装饰品等）、现场实录（图片、视频等）、学生反馈等，通过对这些资料的客观分析，积累宝贵的经验。

活动总结切忌泛泛而谈或简单指责，应避免“总的不错，还需继续努力”“这么简单的活动都办不好”等类似的评价。活动总结应具体，并以鼓励为主，充分肯定学生的成绩。当然，对于存在的问题也要有针对性地引导，帮助学生认识到不足，并找出原因，总结教训。唯有如此，学生才能继续保持活动积极性，并在一次次的活动中成长。

除了班主任的总结外，让学生写感想、出墙报、汇报演出、受表彰等，也是很好的活动总结方式。学生是主题班会活动的主体，对活动效果感受最深，让他们自己交流心得体会，可以进一步提升认知、情感。

三、主题班会的常见误区

一些班主任在组织主题班会时由于把握不当，导致主题班会偏离了活动的方向，失去了原本的教育意义。

1. 保姆式

有的班主任对学生信任不足，怀疑他们组织主题班会的能力，于是在活动中大包大揽。学生成为配角，纯粹服从班主任的活动安排。实际上，主题班会要坚持学生主体的原则，在此前提下利用班主任、家长资源，通过密切合作形成活动网络，达到学生自我教育、自我提升的目的。

2. 精英式

为了保障活动质量，一些班主任总是安排能说会道、能歌善舞、能写会画的活跃分子参与活动，而其他“普通”的学生往往沦为背景，负责旁观或鼓掌。如此便将主题班会的“主体”狭隘化，只面向了少数“精英”。主题班会是在集体活动中教育个体的活动，强调全员参与、全程参与。特别要引导“边缘”学生群体融入集体活动中，为他们提供交流、展示的机会。

3. “乱炖”式

主题班会提倡创新，但是部分班主任过分追求形式的多样化，出现“乱炖”现象。如在“认清自我，创造人生”的主题班会上，学生演唱了歌曲《阿里巴巴》，玩了游戏“成语接龙”，介绍了自己的好朋友等，看起来十分热闹有趣，但实际上与班会的主题联系不紧密，未能产生既定的教育效果。主题班会的内容和形式都是为主题服务的，应首要考虑活动目标的达成，与此同时兼顾创造性、趣味性和多样性。

资料链接

主题班会活动方案①

活动名称	爱粮节粮，传承美德				
活动对象	×年级×班全体学生	活动日期	××年××月××日	活动地点	教室

① 张强：《爱粮节粮，传承美德》，《中小学班主任》2020年第11期。

续表

活动背景	2013 年 3 月，《教育部关于在中小学幼儿园广泛深入开展节约教育的意见》倡导全面开展“光盘行动”，要求学校开展以勤俭节约为主题的教育活动，让学生从意识上、行动上、体验上养成勤俭节约的习惯。 “俭以养德”，节俭更是学生思想品德和公民道德的重要体现。然而在现实中，掉在地上的饭渣、滴水的水龙头、一张废纸、没有及时关掉的投影……这些现象在班级生活中时有发生。这与学生的不良浪费习惯有关，更与班级惜物节用主题教育不及时、不具体、不深入密切相关。
活动目标	1. 通过“一粒米的旅行”，引导学生明确“一粥一饭”来之不易，养成自觉爱惜粮食、节约粮食的习惯，激发学生树立“节约光荣，浪费可耻”的意识。 2. 通过“一张纸的旅行”，促进学生提高认识，引导学生把节约意识落实到生活的细节中，促进学生自我养成、互相监督。 3. 通过活动反思和交流，纠正学生的思想，让学生认识到爱粮节粮的巨大意义，从日常生活小事做起，自觉继承和发扬中华民族的节俭传统。
活动准备	准备碗若干只，大米一斤，卡纸若干等。
活动过程	看一看，算一算 设计内容： 观看公益视频《珍惜每一粒米！跟着李子柒看“水稻的一生”》，结合自身生活经历，谈一谈：当李子柒端上一碗米饭时，这一粒粒米为了走上餐桌可能会经历哪些艰难困苦的旅行？ 设计预想： 看完视频，学生能得出的看法有水旱灾害、高温、寒潮……根据生活积累，学生可能发散思维：萌芽过程被虫咬、被踩踏、被风吹断，收获运输途中不慎掉落，储存时条件不佳而霉变，打饭时掉到地上…… 教师问题追踪： (1) 下表是国家统计局公布的农作物受灾面积走势。通过具体数字，说说你的发现。(出示“2015—2019 年中国农作物受灾面积走势”图表) (2) 2017 年，我国稻谷播种面积为 3075 万公顷，受灾面积约占总面积的 60%。你对“春种一粒粟，秋收万颗子”又有哪些看法？

续表

活动过程	数一数，评一评 活动一：小小米粒有多少 设计内容： 学生以小组为单位，数一数一碗米的数量。教师巡视观察，随机捡拾学生不小心掉落的米粒。学生谈一谈对浪费一粒米的看法；学生说完，教师把米粒“奖给”发言者，让“米粒归碗”。最后根据各小组最终的米粒存量，评选“节粮示范小组”。 教师问题引导： …… （展示捡到的米粒）这是刚才同学们不小心掉落的米粒，假如你是这些米粒中的一员，你会对那些“小马虎”说什么？请同学们两人为一组，互相评一评。 在10月16日世界粮食日到来之际，学校少工委组织各班级悬挂一些宣传条幅。请从备选内容中选出一条，推荐给少工委，并说明推荐理由。 活动二：一张卡纸的旅行 设计内容： 在卡纸上设计刻度碗。用米粒的数量表示刻度，根据自己的饭量，设计专属的“刻度碗”。班级设计一份海报，在食堂门厅做一期“爱粮节粮”主题展出。海报旁边，展示各种专属的“刻度碗”，卡纸也由此结束了旅行。 教师活动建议： ……
活动总结	学生在看视频的时候，教师要注意观察学生表情，留意那些“只看热闹，不看门道”的学生，关注他们在本节活动课中的思想变化。在数大米的时候，建议学生借助直尺，否则会把米粒粘到手上，影响速度；活动结束要及时回收大米。

第三节　小学班级的课外活动

课外活动的产生和发展历史悠久，中国两千年前的《礼记·学记》即提出：“大学之教也，时教必有正业，退息必有居学。”现今也强调广泛开展课外活动，促进教育目的的实现。

一、课外活动概述

课外活动是一种针对学生进行的教育活动，具有灵活性、实践性和选择性的特点，在促进学生成长方面发挥着无可替代的作用。

（一）课外活动的性质

“课外活动是指在课堂教学之外，利用课余时间，有目的、有计划、有组织地对学生进行的多种多样的教育活动。”广义的课外活动，主要包括由学校组织的各种课外活动、学校的团队活动，以及与学校教育密切配合的校外教育活动、家庭教育活动等。狭义的课外活动，则主要是指学校组织的各种课外活动。本书所使用的概念是狭义的。

课外活动与课堂教学是两个既有区别又有联系的概念。两者的区别在于：第一，课外活动是在课程标准范围以外进行的教育活动，课堂教学则是在课程标准内进行的教育活动；第二，课外活动是根据学生的兴趣、爱好而自愿选择和自觉参加的各种活动，课堂教学则是学生按课程表学习，带有强制性；第三，课外活动的时间没有严格的规定，课堂教学是安排在学校课表内的，必须按课程计划的规定实行，必须保证规定的课时数量。两者的联系在于：它们都是为了实现共同的教育目的，都是有目的、有计划、有组织的施教活动，在全面发展教育中都起着不可忽视的重要作用。

（二）课外活动的特点

课外活动属于班级活动中的一种类型，它具有班级活动的共性，同时具有自身的特点。

1. 灵活性

课外活动是根据活动的目的、学生的需求、教师的水平、场地和设备的条件等决定的，没有固定的模式。活动的内容和形式，都可以视实际情况灵活调整。

2. 实践性

课外活动打破了封闭的课堂教学，它贴近现实，为学生打开广阔的生活实践领域。在课外活动中，学生自主组织、自行设计、自己动手，将理论与实际相联系。可以说，课外活动是通过实践来实现教育目的的。

3. 选择性

根据自身的兴趣、爱好、特长等自愿选择参加课外活动，有利于学生个性的充分发展。教师的职责是创造条件为学生组织多种多样的活动，同时指导学生依据自身特点选择合适的课外活动。

（三）课外活动的意义

课外活动是实现教育目的的一种教育活动，与课堂教学相互补充，在学校教育、学生成长中具有不可或缺性。

1. 促进学生的社会化和个性化

课外活动为学生提供了一个空间，在这里学生需要与他人交往，应对各种问题，从而掌握知识、提升技能、明确规范，实现自身的社会化。在某种程度上，个体的社会化和个性化是一致的，学生在习得社会行为方式的同时，可以深入观察自我、认识自我，形成自身的兴趣、信念、理想等，实现个性化发展。

2. 丰富学生精神文化生活

课外活动多是健康有益的实践活动，可以增长学生的见识，充分满足学生的文化需求。在学习紧张的情况下，学生参加轻松有趣的课外活动，能够有效缓解学业压力，充实其精神文化生活。

3. 培养特殊专门人才

课外活动由于其灵活、丰富、自愿等特点，能够照顾学生的个别差异和个性特征，在因材施教方面具有明显优势。学生在自主选择的课外活动中运用知识和智慧来发现、分析、解决问题，充分发挥自己的潜能，从而形成相应的才能。因此，教育者可以在活动中发现有特殊才能的学生，并对其及时培养和训练。

对点案例

小学班级课外活动安排[①]

某小学五年级的一个班级在秋季学期开展了如下活动。

（1）“绿色环保”活动。进行环保知识竞赛、“我会垃圾分类”比赛、评选“绿色环保小卫士”，让学生明白绿化、环保的重要性，培养学生们爱护环境的意识和习惯。

（2）小型体育竞赛活动。项目包括个人赛和团体赛，如接力比赛、篮球传球比赛、排球垫球比赛、跳绳比赛、踢毽子比赛等，让每一个学生都体会到成功的喜悦及为团队争光的荣耀。

（3）“我能行”系列活动。通过“做一次饭”“我为家庭来算账”“做

---

① 苏琬婷、陈甦甦、路丹主编《小学班级管理工作实务》，上海：上海交通大学出版社，2021，第 102 页。

一次清洁工”等活动，让学生们亲身体验，在实践中得到锻炼，学习做生活的小主人公，培养良好的行为习惯。

（4）书香节活动。开展了“读好书、荐好书”活动，鼓励学生们在课余时间多读好书，并摘录读书卡片，制作手抄报，向同学分享好书、交流感受，以丰富自己的课外知识，为发展自己的个性特长做好充分的知识储备。

由此可见，班级活动不仅充实了小学生的课余生活，把小学生旺盛的精力、浓厚的兴趣、广泛的爱好引导到健康发展的轨道上来，还加强了学生活动与社会发展之间的联系，使小学生更多地体验个人同他人、集体、社会的复杂关系，并在实践活动中践行所掌握的品德规范，丰富精神世界。

二、课外活动的主要内容和形式

课外活动的内容形式多样。了解课外活动的内容和形式，有助于班主任选择适当的形式，组织内容丰富、学生喜爱的课外活动。

（一）课外活动的主要内容

课外活动的内容主要可以分为科技活动、文体活动、公益劳动、学科活动、社会活动五类。

1. 科技活动

科技活动是指以学习科学技术、培养学生智能为目的的教育活动。科技活动一方面能巩固学生的学科知识，另一方面能开阔学生的眼界，更重要的是激发他们对科学的兴趣，培养科学的思想、方法和态度。常见的科技活动包括参加科技知识讲座，参观科技展览、天文台，参与小发明、小创造比赛等。

2. 文体活动

文体活动是以培养学生文体爱好、发展学生文体才能为主要目的的活动。学生在文体活动中接受美的熏陶，从而丰富精神生活，塑造健康的心理品质。联欢会是文体活动的主要类型，此外还有摄影、戏剧、田径、棋牌等。

3. 公益劳动

公益劳动是为社会公共利益服务的劳动，主要目的是激发学生爱劳动、爱劳动人民的朴素情感，使其掌握劳动知识和劳动技能，成长为有正确劳动态度和劳动能力的合格社会公民。遵守并维护公共场所秩序、帮助老弱病残、清除社区垃圾等，都是很好的公益劳动形式。

4. 学科活动

学科活动是科学文化学习活动，不同于科技活动围绕科学技术展开，它的主要目的是学习和研讨某一学科的知识或培养某一方面的能力。需要强调的是，学科活动不是课内学科内容的补充或延伸，而是学科中某一领域的拓展。学科活动可以按学科组成不同的小组，如数学、英语活动小组；也可以依据某一学科专题成立小组，如以物理实验为专题的小组、以阅读写作为专题的小组。

5. 社会活动

这是以培养学生正确的社会意识、丰富学生的社会阅历为目的的活动。如重大节日的政治报告、社会调查、访问座谈、参观游览等，都属于这类活动。这类活动可以使学生走向“天地大课堂”，接触社会，拥抱自然，了解人生，从而培养学生的社会责任感和社会适应能力。

（二）课外活动的主要形式

根据课外活动的规模，可以将活动形式分为全班活动、小组活动、个体活动三类。

1. 全班活动

全班活动，即班级全员参加的活动。全班活动适合普及型的活动形式，可以在短时间内使全体学生受教育，而且能够创造一定声势和氛围，感染性较强。

常见的全班活动形式有以下几种：第一，集会，为了向学生进行时事政治教育、规范教育、科普教育，经常采用这种方式；第二，庆祝活动，重大节日的庆祝活动往往是群体性的，这类活动总要有一个筹备过程，应该把筹备过程当作教育过程组织学生参加；第三，文娱活动，这类活动除了与节日庆祝一起进行外，还有寓知识学习于娱乐活动的学科知识晚会等；第四，竞赛活动，这类活动的内容很广，如歌咏比赛、演讲比赛、知识竞赛、智力竞赛、体育竞赛、书画竞赛等，这类活动充满竞争性，能满足学生的进取心和荣誉感；第五，参观、访问和旅游活动及社会公益劳动，也都是群体性的组织形式。

2. 小组活动

小组活动是课外活动最重要的形式，它是由学生自愿组成的小组进行的经常性活动。小组活动的人数在 4 至 15 人之间，虽然规模小，比较分散，但是具有机动灵活的优点。如艺术小组、体育小组、科技小组、摄影小组等，都可以有针对性地发展学生的兴趣特长，有利于学生自理、自治和自主能力的培养和提高。

小组要建立规章制度并制订纪律，还要聘请专门的辅导人员。毕竟班主任不是通才，也没有足够的精力辅导每个小组的活动。但班主任应该在发现学生天赋的基础上，指导和帮助学生建立或加入相应的小组，选定小组的辅导人员，帮助学生及时解决活动中的困难。

3. 个体活动

个体活动是指学生在教师指导下单独进行的活动，主要用于培养学生独立学习、独立研究的能力，如阅读、书法、实验、演奏等。由于小学生的自控能力较差，在个体活动中常因缺乏督促而半途而废或流于形式，需要班主任经常的关怀和引导。

三、课外活动的组织

课外活动的组织和主题班会活动相似，主要分为活动准备、活动实施和活动总结等几个阶段。有的课外活动会涉及外出，外出活动的组织实施需要特别注意以下几个方面：

（一）安全教育

安全永远是第一位的。外出活动本身涉及交通、食品、住宿等多方面，在无形中增添了安全隐患，加之小学生作为未成年人，安全意识不强，对于外出活动容易感到兴奋，可能忽略安全问题，从而产生安全隐患。

班主任应当对安全工作给予高度重视，在每一个环节都不放松。在外出活动前，要做好安全预案，对乘用车辆、活动场地、活动器材等的选择和使用按规范程序进行，并提前做好相应的检查，消除安全隐患；对学生进行安全教育和纪律教育，强调各种注意事项，增强学生的安全防范意识和自我保护能力。在活动实施过程中，要求学生严格遵守纪律，避免因个人疏忽产生严重后果；班主任应细心看护，确保学生的人身安全。一旦发生意外事件，班主任要沉着冷静，机智应对，把学生的生命置于第一位。

（二）对外联络

组织参观活动时，班主任要事先与选定的单位联系，了解场地的开放时间、参观流程、收费情况等事项。若对活动地点不熟悉，要进行踩点，熟记参观路线及周围环境，以免在活动过程中浪费时间或因准备不足而忽略一些问题。

组织访问活动时，班主任应先与访问对象取得联系，说明活动的目的、意义和内容，征得访问对象的同意；在取得同意之后，再告知对方需要做好哪些准备或请求对方为活动提供哪些条件；最后要与访问对象商定访问的时间和地点，尽量不给对方造成困扰。

在对外联络的过程中，切记文明有礼，感谢对方的帮助和配合。即使未能达成参观访问目的也不急躁，与对方保持良好交流，展现教师的礼仪风度，也为下次活动奠定基础。

（三）交通、饮食安排

外出活动除了活动地点很近或者活动内容为远足锻炼的情况，通常都需要安排交通工具。班主任在选择交通工具时要考虑安全性和便捷性，应注意车辆是否具备客运服务资质，切忌超载。

若活动时间较长，除了自带食品之外，可能还需要安排用餐。班主任在安排用餐时要综合考虑就餐环境、饮食健康、用餐时长、学生口味等，还需要了解学生有无过敏食材或忌口食物等，让学生们吃得放心，吃得开心。

（四）活动预案

外出活动有可能遭遇突发情况，如天气变化、访问对象临时有事、预定的交通工具故障等，导致活动不能如期举行。因此，班主任要做好活动预案，考虑各种突发状况及应对之策。通常的做法是将活动延期，这时要注意安抚好学生情绪，共同期待下次活动时间的到来。

对点案例

古镇寻宝活动方案[①]

李　红　唐嘉雯　王佳燕

一、活动时间：××××年××月××日

---

① 袁萍主编《幼儿就是未来世界——我们这样建设幼儿鲜艳的社会性品质》，上海：上海教育出版社，2017，第169—171页。

二、活动地点：金山枫泾古镇

三、活动对象：一年×班全体同学

四、活动目标：

1. 通过寻宝活动，了解家乡的民俗文化和特色。

2. 锻炼学生的团队合作精神和解决问题的能力。

五、活动准备：

1. 经验准备：

介绍枫泾古镇建筑风格的演变过程、枫泾古镇的民俗风貌、当地特色物品等内容。

2. 前期准备：计划书、安全须知、晕车药。

3. 温馨提示：

(1) 本次活动学生不带书包，食物和水统一放在各班推车上，午餐时再发给学生。

(2) 学生每人带一个画板，画板内夹一页铅画纸及一支记号笔，在古镇长廊进行写生。

4. 寻宝任务：

在分组游览古镇的过程中，学生根据前期对古镇的了解，寻找当地特色物品及具有代表性的建筑物，找到之后拍照留存。

(1) 物品（农民画、粽子、蓝印花布等）。

(2) 建筑物（古戏台、拱桥、长廊等）。

六、活动流程：

1. 到达枫泾古镇，开始写生。

2. 午餐（教师收回画板，放置在推车上，由导游送回大巴）。

3. 古镇寻宝。

4. 参观救火会。

5. 发车回校。

七、古镇寻宝关注点：

1. 带队老师确认各自小组人数、任务、集合地点。

2. 分组活动：每组由一名老师带领进行寻宝活动。

3. 任务完成，回到集合地点。

八、活动后期：

师生将小组写生作品布置在教室，并张贴活动照片。

九、安全预案：

1. 活动前一天，教师做好外出安全教育活动，如在教师的视线下活动，不远离小组等。

2. 活动前教师召开安全会议，进一步明确各教师的分组安排、活动的流程，保障活动有序开展。

3. 每位参与活动的教师保持手机畅通。

4. 及时清点人数（活动前统计参与人数，做到心中有数；出发前清点到场人数；过程中及活动结束发车前清点人数）。

5. 学生安全离校后，报告年级组长。

6. 学生突发疾病、意外伤害：

（1）教师适量准备创可贴等急救用品。

（2）活动中如有突发疾病、意外伤害等，及时送医院诊疗。

（3）如遇特殊情况，第一时间与学校联系。

7. 备注：

做好热爱大自然、动植物的教育；要求学生不攀爬树木，不摘花草；注意环保，自备塑料袋，不乱扔垃圾。教师有序组织学生，教会学生一些自我保护方法，提高其安全意识，确保活动的安全。

本章任务

围绕“集体与合作”的主题，以小学四年级某班全体学生为对象，设计一个主题班会活动方案。

第六章　少先队工作与活动组织

思维导图

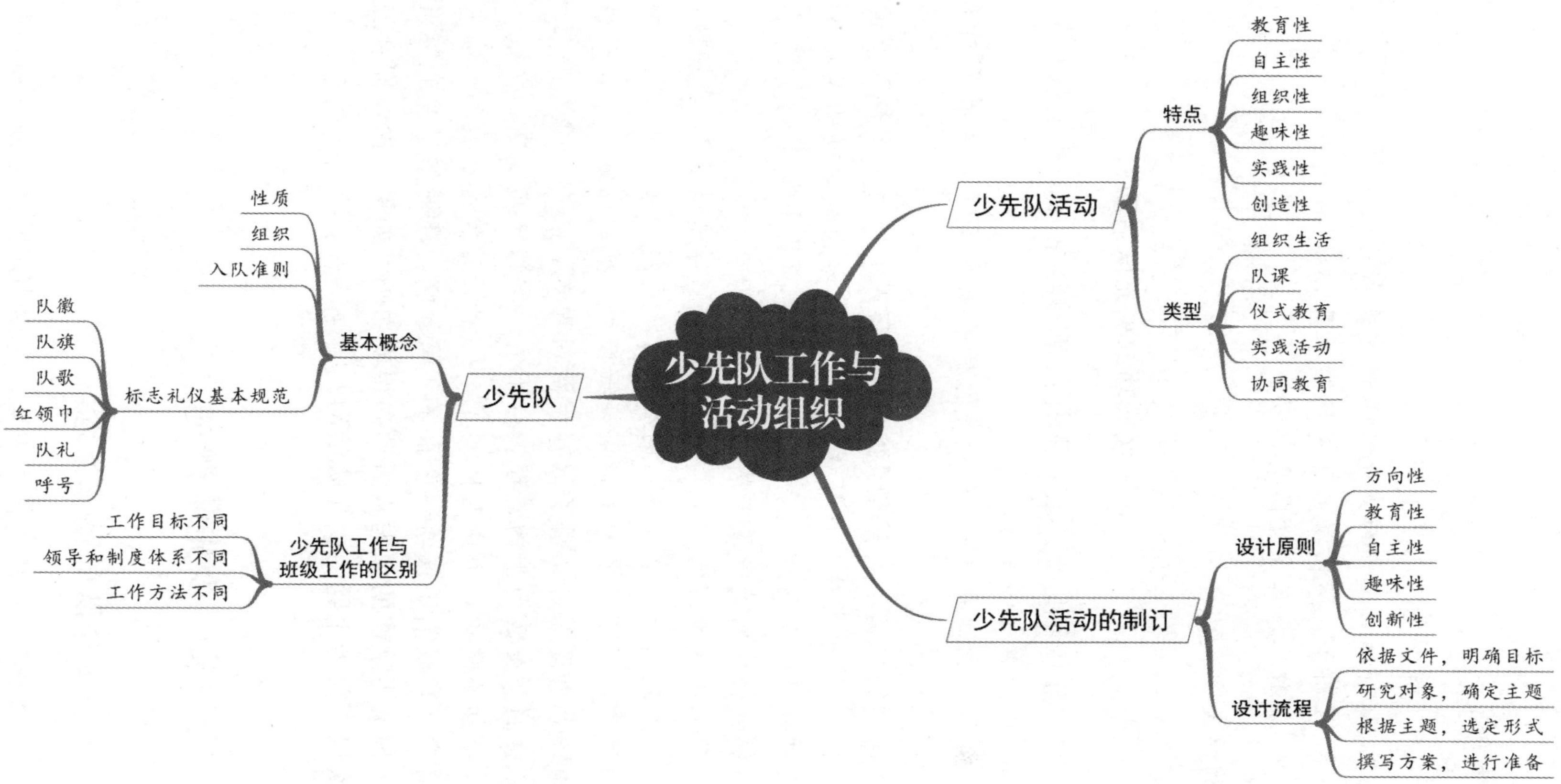

学海导航

1. 了解少先队的基本概念。
2. 理解班级工作与少先队工作的关系。
3. 了解少先队活动的基本内容及其特点。
4. 能独立设计主题队会活动。

案例导入

一次成功的少先队活动

在“环保伴我行”主题少先队活动结束后，学生们写下了自己的感想，其中一篇是这样的：

今天，我们五（3）中队在阶梯教室举行了一次特别有意义的活动，大家都很兴奋。

同学们在舞台上表演了很多关于环保的节目。有诗歌朗诵《给未来一片绿色》、快板表演《说环保》……令我印象最深刻的是由智多星小队分享的“寻找最美河流”活动，当看到智多星小队在假期里冒雨清理河道时，我觉得他们就是最美的人。

我们小队表演的节目是“小制作是怎样诞生的”。我们队一共八个人，大家一起来到台上分享自己的小作品。我的小制作是一只小螃蟹，我向台下的同学们介绍了小螃蟹是用废纸杯和卡纸做成的。这些材料都是回收再利用的，很环保，体现了低碳生活新理念。在一一介绍完自己的作品后，大家懂得了变废为宝的道理，台下的同学都鼓起了掌。

不知不觉中，下课时间到了，同学们都意犹未尽。这次少先队活动非常有意义，我们不仅学到了很多环保知识，还锻炼了我的胆识呢。

你觉得这次的少先队活动办得成功吗？如果是你，你会怎样组织开展一次以环保为主题的少先队活动？

第一节　少先队概述

一、少先队的基本概念

中国少年先锋队简称少先队，是由中国共产党创立和领导，委托中国共产主义青年团直接领导中国少年先锋队。少先队的目的是团结教育少年儿童，听党的话、跟党走，爱祖国、爱人民、爱劳动、爱科学、爱社会主义，学习和实践社会主义核心价值观，树立远大理想，培养优良品德，勤奋学习知识，锻炼强健体魄，培养劳动精神，从小学先锋、长大做先锋，立志为建设中国特色社会主义现代化强国贡献力量，努力成长为社会主义现代化建设需要的合格人才，成长为能够担当民族复兴大任的时代新人，做共产主义事业的接班人。维护少年儿童的正当权益。

（一）少先队的性质

中国少年先锋队是中国少年儿童的群团组织，是少年儿童学习中国特色社会主义和共产主义的学校，是建设社会主义和共产主义的预备队。

少先队以马克思列宁主义、毛泽东思想、邓小平理论、“三个代表”重要思想、科学发展观、习近平新时代中国特色社会主义思想为根本遵循。

（二）少先队组织

在学校和社区、青少年宫等校外场所建立大队或中队，中队下设小队。小队由5至13人组成，设正副小队长。中队由两个以上的小队组成，成立中队委员会，由3至7人组成。大队由两个以上的中队组成，成立大队委员会，由7至13人组成。小队长和中队、大队委员会都由队员选举产生。半年或一年选举一次。大队和中队委员会可以根据工作需要，设队长、副队长、旗手和学习、劳动、文娱、体育、组织、宣传等委员。

各级队长和队委会委员应在左衣袖外侧中上部佩戴队长或委员级别标志。正副小队长为一道杠，中队委员为二道杠，大队委员为三道杠。身兼数职的干部要戴所任最高级别的臂章。臂章要天天戴，戴在左衣袖外侧中上部。

一般来说，班级也是少先队的中队，班主任兼任少先队中队辅导员。

少先队的成员是6周岁到14周岁的少年儿童，截至2023年底，全国约有1.15亿名少先队员，基本包含了全中国所有在校小学生。

（三）入队准则

1. 入队与离队

《中国少年先锋队章程》第十一条规定，凡是6周岁到14周岁的少年儿童，愿意参加少先队，愿意遵守队章，向所在学校少先队组织提出申请，达到入队要求后，经批准，就成为队员。队员入队前要为人民做一件好事。要举行入队仪式。

超过 14 周岁的队员应该离队，由大队举行离队仪式。

2. 入队誓词

“我是中国少年先锋队队员。我在队旗下宣誓：我热爱中国共产党，热爱祖国，热爱人民，好好学习，好好锻炼，准备着：为共产主义事业贡献力量！”

（四）少先队的标志礼仪基本规范

在日常队生活和活动中，应当时刻注意少先队的标志和礼仪规范，学校应高度重视红领巾、队徽等少先队组织特有标志的佩戴、使用和管理。各学校要严格按照《中国少年先锋队组织工作条例（试行）》《中国少年先锋队标志礼仪基本规范》，规范使用少先队标志礼仪。少先队辅导员要加强对少先队员的组织教育，加强大、中、小队建设，肩负阵地教育责任，尊重少年儿童的主体地位，发挥育人作用，增强少先队员的光荣感。

1. 队徽

（1）样式。五角星加火炬和写有“中国少先队”的红色绶带组成少先队队徽。五角星、“中国少先队”五个字和火炬柄为金色，绶带和火炬的火焰为正红色，火焰和绶带镶金边，“中国少先队”字体为黑体。

（2）使用。①队徽是少先队组织的象征，使用范围是：少先队各级代表大会等重要场合应悬挂队徽；少先队队室、中队角等少先队标志性阵地应悬挂队徽或张贴队徽图案；团委、少工委的会议室可以悬挂队徽或张贴队徽图案；有关少先队的外事场合可以悬挂队徽或张贴队徽图案；少先队的各级组织颁发的奖状、奖旗、奖章、证书和其他荣誉性文书、证件上可以印队徽图案；少先队的报刊和出版物、新媒体文化产品、网站上可以使用队徽图案。上述情况外，使用队徽及其图案需经县级（含）以上少工委批准。不同场合使用的队徽可根据实际需要等比例制作。②队徽及其图案、星星火炬名义不得用于商标、商业广告以及商业活动。③各级少先队组织不得使用不符合规范的队徽。

（3）徽章。队徽可制作成徽章供队员佩戴。徽章的规格为高 2.2 厘米，宽 1.8 厘米。为确保队员佩戴的安全，徽章须制作成按扣式或磁铁吸扣式。

2. 队旗

（1）样式和含义。队旗是少先队组织的标志。少先队队旗的样式是五角星加火炬的红旗。五角星代表中国共产党的领导，火炬象征光明，红旗象征革命胜利。

（2）材质和规格。队旗指大、中队旗。队旗颜色采用国旗红，可用布、绸、缎等材料按照标准制作。大队旗长120厘米、高90厘米。旗中心是五角星和火炬，五角星为黄色，火炬由黄色线条勾勒出轮廓。中队旗长80厘米、高60厘米。右端剪去高20厘米、底宽60厘米的等腰三角形，形成一个三角形缺口，五角星及火炬在以60厘米为边长的正方形中心。

（3）使用。①大、中队旗是少先队大队、中队的标志，在下列情况下使用：少先队组织在开展集体活动时；少先队大（中）队举行入队仪式时；初中少先队大队举行离队仪式时；成立少先队大队或中队时；少先队组织举行重要会议时。上述情况外，使用队旗及其图案需经县级（含）以上少工委批准。②少先队员要热爱队旗，在少先队集会、活动中出旗、退旗时应敬队礼。1名少先队员旗手和至少2名少先队员护旗手组成旗手组合，旗手右手握旗杆下部贴腰，左手伸直握旗杆中上部，队旗倾斜成约45度角。升国旗仪式上，少先队员敬队礼，旗手要执旗敬礼。③队旗平时应陈列在队室，不悬挂。④队旗及其图案不得用于商标、商业广告以及商业活动。⑤各级少先队组织不得使用破损、污染、褪色或不符合制作规定的队旗。

3. 队歌：《我们是共产主义接班人》

4. 标志

红领巾是少先队员的标志。它代表红旗的一角，是由革命先烈的鲜血染成。每个队员都应该佩戴它和爱护它，为它增添新的荣誉。少先队员参加校内外少先队集会、活动，参加升国旗仪式、开学典礼、毕业典礼等重要仪式活动，须佩戴红领巾；少先队辅导员在参加少先队集会、活动时，应佩戴大号红领巾；各级少先队组织、少先队员、少先队辅导员不得购买使用不合规定的红领巾。

5. 队礼

右手五指并拢，高举头上。它表示人民的利益高于一切。

6. 呼号

我们的呼号："准备着：为共产主义事业而奋斗！"回答："时刻准备着！"

二、少先队工作与班级工作的关系

作为班级管理者，小学班主任不仅需要做好班级教育活动及班级管理，同时作为少先队中队辅导员，也要对少先队中队活动的开展提供指导和帮助。班主任需要兼顾班级工作与少先队工作，这两项工作基本同时开展，但二者存在不同之处。具体区别有：

1. 工作目标不同

少先队工作与班级工作有着同样的教育目的，都是为了培养德智体美劳全面发展的一代新人。但就具体目标来说，两者有着不同的侧重点。班级是以学习教育为中心建立起来的组织。小学班级组织就性质上来说，是以学习为中心而组建的小学生日常生活共同体。班级承载的是小学生日常生活，这一生活是以学习为中心的，还包括其他诸如娱乐、游戏、情感、交友等方面的生活。班级的这一目标决定了班级必须促进小学生德智体美劳全面发展。少先队是以道德教育为中心建立起来的组织。少先队是少年儿童学习共产主义的学校，是建设社会主义和共产主义的预备队。它同样要求学生全面发展，但其核心是对少年儿童进行革命思想和革命传统教育，通过开展丰富多彩的活动，对少年儿童进行共产主义理想教育和集体主义人生观教育。

2. 领导和制度体系不同

领导体系上，班级是学校教育教学的基层组织，它必须接受学校行政的领导，学校行政委托并通过班主任对班级学生开展教育教学工作，而少先队组织是由党委托中国共产主义少年团领导的。2020 年 7 月全国第八次少代会召开之后，"成立学校少工委" 被写入队章。学校少工委是学校少先队的领导机构，每所学校都需成立少工委。根据《中国少年先锋队组织工作条例（试行）》，学校少工委由学校党政领导、大中队辅导员和志愿辅导员、家长代表及少先队员代表等组成。学校少工委要通过举行学校少代会选举产生，学校少代会每学年召开一次。大队辅导员直接受学校少工委领导。大队辅导员指导大队委员会的工作。少先队组织不是学校的附属机构，其本身的领导体系相对独立。

制度体系上，班级组织最基本、最有力的规范是《中小学生守则》及各个班级具体制订的班规班约；少先队组织的最根本、最有力的章程是《中国少年先锋队章程》。

3. 工作方法不同

班级强调的是引导和指导的方法。在班级中，班主任是组织者、教育者和指导者，学生是受教育者。班主任作为受过专门训练的教育者，对儿童的发展有一定的认识，并对自己的工作有较强的社会责任感。他们在思想、知识、能力等各方面能够胜任对学生的指导，并能科学而合理地设计、组织和实施教育活动，引导学生积极参与，同时发挥小学生的主体作用。

少先队强调的是自我教育的方法。在少先队里，少先队辅导员主要是辅导和指导帮助中队或大队委员会开展工作。队员们根据自己的兴趣和要求组织各种生动有意义的活动，他们既是各项活动的积极参与者，又是各项活动的设计者和组织者。少先队辅导员工作着重培养、发展少先队员自我教育的意识和能力。

第二节　少先队活动的概述

少先队活动可以促进少先队员自主发展，对培养少先队员未来竞争力、促进少先队员全面发展及个性成长都具有重要意义。学校及少先队辅导员应充分结合自主发展内涵及少先队员身心发展需求，围绕少先队员培养目标、少先队主题活动、激励机制及保障机制等内容，有效探索科学合理的少先队活动实施策略，为少先队员的自主发展提供良好的平台与支撑。①

一、少先队活动的基本内容及特点

少先队活动是以少先队为单位，在辅导员的指导和帮助下，由少先队员自己组织并开展的活动。少先队活动是对少年儿童进行共产主义教育的主要途径之一，也是少先队员全面发展的重要途径之一。

相对于少先队大队活动和小队活动，以班级为单位开展的少先队中队活动最为普遍。少先队活动的基本内容包括基础的共产主义教育、劳动教育、科学教育、体育和美育活动等。

少先队活动有以下特点：

(1) 教育性。教育性原则是少先队活动的首要原则。少先队开展的一切活动都是为达到教育和自我教育的目的。少先队活动应当有利于少年儿童德智体美劳全面发展，这是培养未来社会主义建设者和接班人的需要，

---

① 吴洁萍：《以自主发展为导向的少先队活动实施策略探析——以广州市海珠区赤岗小学为例》，《教育观察》2021 年第 11 期。

也是少年儿童自身成长和发展的内在规律的需要。

（2）自主性。自主性也称主体性，其活动须发挥少先队员的主体作用，是少先队活动的基本特征之一。少先队活动须由少先队员自己出主意、想办法、订计划、做事情，自己管理自己，自己教育自己。少先队辅导员应给予少先队员充分的信任并提供宽松的环境，指导少先队活动的开展，充分发挥少年儿童的主观能动性。

（3）组织性。少先队活动的根本特性是少先队的组织性。少先队是按照队的组织系统，用队的组织形式来开展活动，有严格的组织规范要求。

（4）趣味性。趣味性是指在开展少先队活动过程中，要遵循少年儿童的年龄特点，赋予少先队活动知识性、活动性、群众性、新颖性、竞赛性、游戏性、趣味性等，满足少年儿童的兴趣和爱好，从而激发他们对活动的主动性、积极性和创新精神。

（5）实践性。少先队活动与中国特色社会主义现代化建设、全面建设小康社会相结合，通过活动，少先队员与大自然、社会、现代科学技术和人文艺术亲密接触，在接触中有所学习，在实践中得到锻炼。

（6）创造性。在设计和开展少先队活动的过程中，辅导员应鼓励少先队员充分发挥创新精神，运用创造性思维和创造性技能让少先队活动具有新思想、新内容、新形式、新方法，以达到良好的教育功能和创新效益，从而逐渐培养少先队员树立创造的志向，培养创造的才干。

二、少先队活动的类型

按照《少先队活动课程指导纲要（2021版）》的规定，少先队活动课程的类型主要包括组织生活、队课、仪式教育、实践活动、协同教育等形式。

1. 组织生活

组织生活是少先队员在少先队组织中进行教育与自我教育、管理与自我管理、监督与自我监督的重要形式。主要包括组建少先队大、中、小队和红领巾小社团，设立服务岗位；选举少先队小骨干并轮换任职，建设和管理活动阵地；参加大、中、小队会和队委会，集体讨论决定重要事项；选树和学习榜样，开展队的奖励，开展批评与自我批评。

组织生活的关键要素：规范组织程序，营造组织氛围，遵守组织纪律，注重民主体验。

2. 队课

队课是少先队组织对少年儿童开展党、团、队基本知识教育、时事教育等的主要形式。主要在辅导员或高年级队员的指导下，引导少年儿童在活动情境中，通过讲动结合、讲议结合、讲践结合的方式，学习习近平总书记对少年儿童的希望要求，学习少先队的章程和基本知识，开展时事教育、团前教育。

队课的关键要素：明确队课主题，制订教育内容，设计互动内容，融入组织文化。

3. 仪式教育

仪式教育是系列化、程序化的少先队集体礼仪教育。主要在少年儿童成长过程的重要时间节点，在国家节庆日、纪念日，少先队建队纪念日和其他有教育意义的时间节点，举行入队仪式、初中建队仪式、离队仪式、升旗仪式、颁章仪式等。

仪式教育的关键要素：营造庄重氛围，规范仪式程序，规范使用标志标识，注重情感体验。

4. 实践活动

实践活动是少年儿童通过各种实践进行学习和自我教育的活动。主要开展参观、访问、野营、旅行、研学、故事会、岗位体验、小课题、小研究、小志愿者及假日小队、夏（冬）令营活动等，开展文化科学、娱乐游戏、军事体育等各种有意义、有趣味的活动，组织队员参加“争做新时代好队员”“红领巾讲解员”“少年军校”“少年警校”“少年科学院”等主题活动，参加力所能及的志愿服务、公益劳动和社会实践等。

实践活动的关键要素：利用社会资源，注重教育内涵，自主实践体验，重视交流分享。

5. 协同教育

协同教育是少先队组织与学校、家庭、社区和社会联建共育的方式。主要结合相关学科实践教学、相关主题教育活动、校园集体活动、课后服务和假日托管等，开展跨学科、跨领域实践活动；鼓励学校少先队组织、校外少先队组织协同少先队实践教育营地（基地）、博物馆、少年宫、科技馆等各类校外场馆（所）开展丰富多彩的实践活动。

协同教育的关键要素：融合教育目标，多元主体参与，整合教育资源，形成教育合力。

第三节　少先队活动的制订

一、少先队活动主题的确定

（一）少先队活动主题的确定依据

少先队活动的开展要主题明确、形式丰富多样，富有教育意义。少先队活动的主题可以通过如下几个方面来确定：首先是根据学校少先队的计划和安排。学校少先队大队每学期、学年初都会根据上级部门的计划和安排，结合本校少先队大队的工作来制订少先队活动计划，各中队的少先队活动要根据学校大队会的计划安排确定中队的活动主题。其次是从少先队员的实际出发。根据少先队员的学习生活情况，确定贴近其生活的主题，让少先队员在队活动中有所学习和收获，好好学习、天天向上。最后可以根据节日或特殊纪念日开展少先队主题活动，如国庆节、清明节、建军节、国家公祭日、国家安全教育日等。

（二）少先队活动主题的设计原则

小学少先队主题活动在设计主题时需要遵循一定的原则，这些原则不仅反映了少先队主题活动设计过程中的客观规律，而且也是少先队确定活动内容、选用活动方式时应注意的基本要求。

1. 方向性原则

为贯彻《中国少年先锋队章程》和《少先队辅导员管理办法（试行）》，少先队基本特征中的政治性是方向性原则的依据。少先队是党创立和领导的，是少年儿童学习中国特色社会主义和共产主义的学校，具有鲜明的政治属性，要让队员从小树立建设社会主义宏伟目标的远大理想和志向。因此，少先队活动主题的选择要以此为参考方向。

2. 教育性原则

少先队活动是团结、教育少年儿童的一种活动形式，通过开展各式各样的主题活动，能满足少年儿童身心发展的需求。可以说，少先队主题活动是少先队组织引导少先队员全面发展的一种途径，是配合学校教育更好地贯彻理论联系实际的一种方式，因此在制订队会主题时要考虑教育性原则。

3. 自主性原则

《中国少年先锋队章程》中规定："队员是少先队组织的主人。"因此，自主性是少先队组织的鲜明特征，自然也是开展少先队主题活动所必须遵循的原则。少先队员是少先队主题活动参与的主体，他们在开展活动时强化少先队员的小主人意识和参与能力，在组织中发挥主动精神，以主人翁的姿态组织开展各类各项活动。

4. 趣味性原则

由于少先队活动的参与对象是少年儿童，少先队活动主题的确定要考虑到少年儿童的生理、心理方面的特征和发展规律，以实践育人，活跃少先队组织生活。小学低年级的学生以形象思维为主，对概念的理解需要借助具体、直观、生动的形象、动画或情景，尤其要重视趣味性原则。因此少先队活动主题设计应贴近小学生的认知，符合他们的兴趣。围绕着有趣生动的主题才能设计出有感染力、有吸引力的主题活动，寓教于乐，提高活动参与度、兴趣度。

5. 创新性原则

少先队活动主题的确定要敢于突破，要勇于创新，一些不符合时代发展的主题不适用于现在的少先队活动开展。少先队是一所从小学习创造的大学校，少先队主题活动在设计和实施时要充分运用创新性思维[①]。少先队辅导员必须具有教育的敏感性，时刻寻觅少先队活动主题的教育契机，偶发情况也能引发教育灵感，转化为别出心裁、极具创意的教育主题。

二、少先队活动的设计流程

少先队活动的设计与实施直接影响少先队教育成果，因此中队辅导员要实施好少先队活动课程，首先要对活动进行精心设计。2021 年，全国少工委印发了《少先队活动课程指导纲要（2021 年版）》（以下简称《指导纲要》），将少先队活动课程化，倡导利用每周 1 次的少先队活动课，实施少先队活动课程，对少先队活动进行了指导和引领。

少先队活动的设计流程具体如下：

① 谢金土、连榴英：《优秀少先队辅导员的八项修炼》，北京：中国轻工出版社，2010，第 96 页。

（一）依据文件，明确目标

少先队活动的开展，首先应当明确少先队活动课程的总体目标和阶段目标。《指导纲要》从“政治启蒙”“组织认同”“道德养成”及“全面发展”四个模块，分别明确了小学一到六年级各学段的少先队活动课课程目标，以及相应的课时安排、活动思路及实施建议。

《指导纲要》关于少先队活动课程的课程目标四个模块的具体表述如下：

1. 政治启蒙。政治启蒙的目标是教育少年儿童从小牢记习近平总书记的希望要求，按总书记要求做；认识到祖国建设的伟大成就和今天的幸福生活归根结底来源于党的正确领导、来源于革命先烈的英勇牺牲、来源于人民群众的艰苦奋斗、来源于我国社会主义制度的优越性；明白共产主义社会是值得追求的最美好的社会形态，认识到祖国和民族的未来归根结底要靠一代又一代人亲手去创造，树立为共产主义事业奋斗的远大理想；发自内心地热爱中国共产党、热爱祖国、热爱人民，发自内心拥护中国特色社会主义。

2. 组织认同。组织认同的目标是帮助少年儿童认同并践行少先队组织的章程和文化，向往和积极参与少先队组织生活，增强少先队员光荣感和组织归属感；引导少先队员理解党、团、队特殊而紧密的政治关系，树立“入队、入团、入党”的成长目标。

3. 道德养成。道德养成的目标是培育和践行社会主义核心价值观；传承中华传统美德；继承党的优良传统和革命道德；弘扬新时代公民道德；养成规则意识、纪律意识；在集体中学会团结协作、学会服从大局、学会奉献；培养集体利益高于个人利益的意识，为形成公私分明、先公后私、公而忘私、大公无私的共产主义道德奠定基础；坚持人民至上，牢记人民的利益高于一切，培育全心全意为人民服务的精神。

4. 全面发展。全面发展的目标是通过丰富生动的少先队活动，培养少年儿童的奋斗精神和创造精神；形成尊重劳动、崇尚劳动、尊重普通劳动者的意识；培养价值体认和理解辨析能力、问题解决与辩证思考能力、自我管理和自我约束能力；在锻炼中锤炼意志、增强体质；提升审美趣味和格调；提高媒介素养等。

（二）研究对象，确定主题

为实现少先队活动课程的目标，在开展具体的少先队活动时，需要根据少先队员的年龄特点和发展需求确定少先队活动的主题。少先队活动主题的确定可以通过如下几个方面：

1. 根据学校少先队工作的主要内容确定。比如《指导纲要》中的道德养成模块就要求传承包括“懂得感恩”在内的中华传统美德。因此，中队辅导员可以将少先队中队的某次具体活动确定为“我为妈妈分担家务”主题，通过了解“母亲节”的来历、回忆和母亲生活中相处的点点滴滴，知道母爱的伟大；通过为母亲分担一些力所能及的家务劳动，体会父母的辛苦并形成一定的劳动意识和劳动能力。整体活动可以增强少先队员的感恩意识，增强其对家庭和社会的责任感，培养他们健康的心态和塑造健全的人格，让他们学会感恩。

2. 根据少先队员的实际成长需要和生活实际确定。根据少先队员的生理和心理特点，以及少先队员的学习习惯、遵守纪律、维护卫生等实际情况，确定相应的主题。比如，当少先队员的纪律比较散漫、态度不端正时，可以开展“做遵纪守法的红领巾”主题活动，帮助少先队员认识纪律的重要性及必要性。

3. 根据节庆确定活动主题。以我国传统节庆为主题，可以加深少先队员对传统节庆风俗的认识，传承中华传统美德等。比如清明节，可以确定“缅怀革命先烈，珍惜来之不易的生活”主题，使少先队员认识到今天的生活来之不易，祖国建设的伟大成就和今天的幸福生活归根结底来源于党的正确领导、革命先烈的英勇牺牲及人民群众的艰苦奋斗等。再比如重阳节，可以确定“九九重阳节，浓浓敬老情”的主题，组织队员到社区开展敬老活动以培养少先队员敬重老人、关心老人的良好品质，弘扬中华民族尊老敬老的传统美德。

（三）根据主题，选定形式

在确定少先队活动主题之后，再根据主题选定活动形式。《指导纲要》在课程形式中明确指出：本课程主要通过组织生活、队课、仪式教育、实践活动、协同教育等形式开展，可以一种形式单独开展，也可以多种形式相结合开展。

（四）撰写方案，进行准备

少先队活动的方案一般由活动目标、活动准备、活动时间、活动地点、参与人员、活动要求（如穿好校服、佩戴红领巾等）、活动过程等组成，可适当补充活动其余事项（如活动主持、活动评价）。辅导员应当指导并给予少先队员充分锻炼和发挥的机会，共同进行活动方案的设计和撰写，让整个活动在少先队员的脑海中进行一次全面、完整的模拟，注重各个环节的细节，并且流程应符合少先队活动的规范。方案设计好后，要进行活动的准备，包括人员的准备、设备的准备（如音响、多媒体设备、舞台道具等）、场地的布置（如舞台搭建、横幅、队旗、队徽的准备等），每项准备工作做好详细分工。少先队活动课程有其自身的活动特点，譬如少先队组织特有的仪式。在活动设计和撰写上，除了特有的形式规定之外，一般来说少先队活动方案与主题班会活动方案的撰写有类似之处，在实践中，主题班会活动与少先队活动都由实践者在实践中完成，因此可以相互借鉴。

对点案例

“桥”见中国[①]

活动课地点	☑学校课堂　□校内其他场所　□青少年宫　□社区 □校外实践教育营地（基地）　□校外其他企事业单位、部队等
活动课目标	本次活动课，让少先队员通过国家的桥梁建设，了解祖国桥梁技术世界顶尖的情况，懂得在中国共产党领导下祖国基础建设取得的伟大成就，以及给人们带来的幸福生活。引导少先队员牢记习近平总书记的教导，听党话、跟党走，为建设社会主义现代化强国时刻准备着。
背景分析	当前我国已全面建成小康社会，经济持续高速增长，综合国力不断增强，国家的基础设施建设也如雨后春笋般拔地而起。其中，中国的桥梁建造技术世界顶尖，中国大大小小的桥梁为祖国经济发展贡献了力量。根据习近平总书记“今天做祖国的好儿童，明天做祖国的建

① 贾雅楠：《“请党放心，强国有我”——“桥”见中国》，全国少先队辅导员网络集体备课平台官网，访问日期：2023 年 2 月 13 日，https://beike.k618.cn/rms/web/course_detail.html?courseId=2026。

续表

背景分析	设者”的要求，结合《少先队活动课程指导纲要（2021年版）》“了解我们国家的发展成就”的活动目标，上周，四（1）中队的队员们围绕家乡莲池大桥的建成，以“‘桥’见家乡新幸福”为主题开展了中队活动。活动中，贵州籍队员杨紫萱的一句话——“我的家乡有世界上最高的桥！”——让大家顿时沸腾起来。“什么桥？”“有多高？”“中国还有哪些厉害的桥？”带着这些问题，队员们决定对祖国各地的桥进行了解。他们结合自己的特点，经过自主讨论设计，确定了少先队活动课主题——《“桥”见中国》。 在一至三年级的少先队活动课学习过程中，队员们已初步具有热爱党、热爱祖国、热爱人民的朴素情感，随着四年级学生认知能力的不断提升，进一步增强政治启蒙、道德养成，理解社会主义核心价值观并主动践行成为这一阶段的需要。
活动课准备	少先队员准备内容： 查阅资料、打印图片、下载视频、绘制桥梁图画；小队合作搜集数据，制作桥梁模型、桥梁机器模型，编排小短剧。 辅导员准备内容： 帮助队员制作演示文稿，指导队员制作桥梁模型，为队员准备制作模型的材料和工具，帮助队员修改小短剧的台词，与队员一起排练小短剧。
活动课形式和主要过程	一、“桥”见不可能 队员们自主搜集资料，分小队准备并展示。 第一小队通过制作演示文稿，分享山上架桥“不可能”的故事。 第二小队通过展示数据，分享空中架桥“不可能”的故事。 第三小队通过播放视频，分享海里架桥“不可能”的故事。 第四小队通过对比国内外图片，分享亏本建桥“不可能”的故事。 队员们了解到，很多中国桥的修建难度较大，对其他国家来说都是不可能完成的任务，但中国人却把不可能变成了可能，把可能变成了现实！

续表

活动课形式和主要过程	二、“桥”见新科技 队员们通过手动模拟建桥技术、制作模型的形式，展示中国桥梁建造的新科技，找到了“不可能的桥”建成的秘密，了解中国桥梁技术在国际上的领先水平。 三、“桥”见大国外交 队员自主编写表演小短剧《中国桥交朋友》，引领大家理解“人类命运共同体”，理解“中国梦是奉献世界的梦”。 四、“桥”见幸福 队员们和桥梁设计师视频通话，听听中国桥的成长故事。通过讨论感受到中国桥带给中国人的幸福，体会到中国共产党为中国人民谋幸福，为中华民族谋复兴的初心和使命。 五、“桥”见未来 队员们分享自己的桥梁梦，开展“2035 桥梁名片展”；向红领巾广播站投稿祖国了不起的桥梁故事；拍摄说唱小视频。他们立志为建设社会主义现代化强国时刻准备着。
思想引导关键点和主要方式	关键点 1：通过探索中国桥梁建设的不可能，体会祖国的强大，感受中国人民的智慧。 引导方式：建议队员根据中国的地形特点分小队合作准备素材、展示。 关键点 2：中国桥梁建设创造了不可能的原因是综合国力的提升，是中国桥梁技术的进步。 引导方式：建议队员自主查阅资料、合作制作桥梁建造机器的模型，手动演示桥梁建造的新科技。 关键点 3：理解中国倡导构建人类命运共同体，中国梦是奉献世界的梦。 引导方式：建议队员编排小短剧，演一演中国桥交朋友的故事。 关键点 4：明白中国桥带给人民的幸福，体会中国共产党为中国人民谋幸福，为中华民族谋复兴的初心和使命。 引导方式：帮助队员联系桥梁设计专家，与专家谈话、讨论。 关键点 5：为祖国的发展贡献力量，为建设社会主义现代化强国时刻准备着。 引导方式：建议队员们开设桥梁名片展、录制说唱小视频。

续表

延伸活动设计	1. 队员们用自己想象的桥、设计的桥的模型、绘画的作品开展“2035 桥梁名片展”。 2. 把祖国了不起的桥梁故事投稿给红领巾广播站。 3. 编写中国桥梁故事的说唱歌曲并录制成小视频。 4. 为下一节课“中国长度中国路”做准备。
辅导反思	1. 内容具体化，立脚点小而精，从队员熟悉的桥梁入手，由小见大，引导队员认识、发现国家的基建水平和先进的桥梁建造技术，鼓励队员为实现家乡发展、祖国发展而接续奋斗。 2. 行动内在化，辅导员适时点拨，让队员们明白祖国发展人人有责。作为强国发展的新力量，新时代的少先队员要牢记习近平总书记的教导，为建设美丽中国，实现党的第二个百年奋斗目标做好全面准备。

本章任务

请自行选择一个年级，设计一个少先队活动方案，并确定活动主题、活动目的、活动内容、活动流程、活动准备等，让此次少先队活动富有教育性、启发性，使该活动方案具有可行性。

第七章　影响学生发展的各类因素协调

思维导图

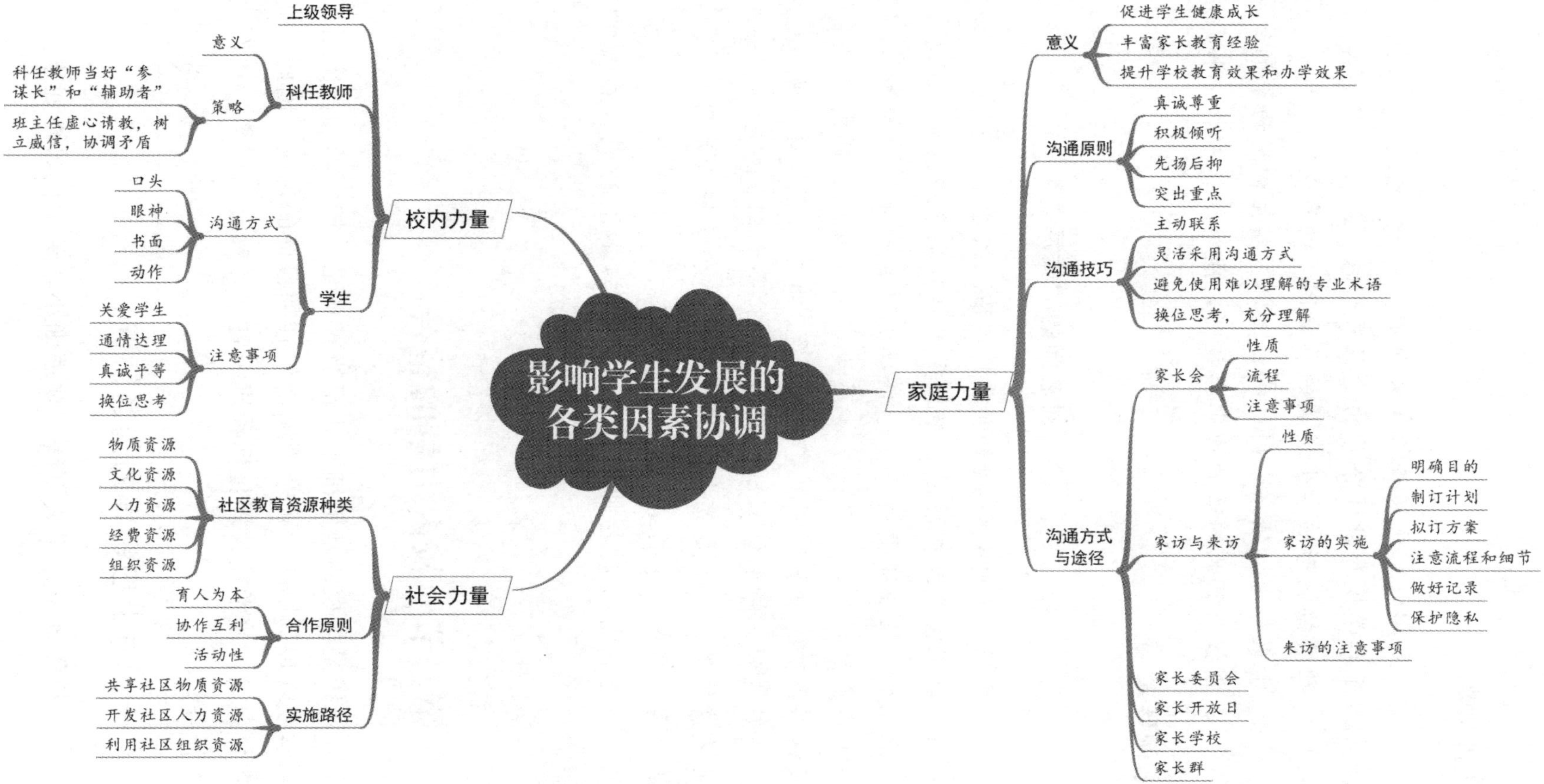

学海导航

1. 了解影响学生发展的各类因素。
2. 了解学校和社区合作的途径及形式。
3. 理解协调影响学生发展的各类因素的意义。
4. 掌握与上级领导部门、科任教师、学生沟通协调的策略。
5. 掌握与家长沟通的原则和技巧，能够组织家长会和开展家访活动。

案例导入

刘老师的“委屈”

班主任刘老师经常把学生家长“请”到学校，从家长进入办公室的那一刻起，班主任就在滔滔不绝地反映学生在学校的不良表现，反映完学生的情况后，又会像教训孩子一样，对家长一阵劈头盖脸地“教育”，家长被训得面红耳赤，但心底里却不能真正接受班主任的“教育”，甚至有家长抱怨：我的孩子如果没有任何问题，我在家都教育了何必还送到学校呢？

对此刘老师也很委屈，她认为学校教育不是万能的，学生的教育不仅是学校的事情，也是家长的事情。学生在学校表现不好，家长是有责任的，需要好好对家长进行“教育”。

你怎么看待刘老师的做法？你认为学生的成长都受到哪些因素的影响？

第一节　校内力量的整合

班级是学校的基础细胞，班级管理是学校管理的一个组成部分，会受到学校管理的影响，也会影响学校管理目标的达成。因此，需要整合校内教育力量，使学校管理目标和班级管理目标互为支撑，从而更好地完成育人任务。

一、与上级领导的沟通协调

班级管理工作千头万绪、烦琐细小，班主任始终处于接受学校各部门各层级的领导指导工作的境况中。班主任应主动与学校领导沟通，领会学校的工作目标，把握学校教育指导方向，积极配合学校工作，落实学校领导精神，并在此基础上进行班级管理，切实提高班主任工作成效。

首先，班主任应尊重学校领导，准确领会领导意图，落实学校的规划。班主任应积极支持和配合领导的工作。如果自己的教育理念和教育方式与学校有冲突，可以多与领导沟通交流，一方面汇报自己的想法，另一方面更多地理解学校的立场与决策，尽可能达成一致。班主任在工作中积极响应学校的要求，尽力完成任务；应在实行的过程中思考领导的决策目的，领会其意图，把握好加入个人意见的分寸，进而达到更好的工作效果。

其次，班主任应主动加强与领导的沟通，与领导建立和发展良好的工作关系。学校的领导一般不止一个，而是一个班子，有的主持学校全面工作，有的负责德育、教学等某个方面工作。要与领导建立和发展良好的工作关系，就要厘清学校各级领导部门架构。班主任工作时要按照领导分管系统向分管领导请示汇报，一般不要越级请示或者汇报工作，以避免造成误会。

二、与科任教师的沟通协调

班级管理工作是否卓有成效，不仅取决于班主任个人，还取决于教师集体及其与班主任的配合程度。正如马卡连柯所言："哪里的教师没有结合成一个统一的集体，哪里也就不可能有统一的教育过程。"促进学生成长需要教师集体的努力。因此，班主任要重视与科任教师的沟通协调，形成一个团结友爱、坚强有力的教师集体。

（一）科任教师参与班级管理的意义

科任教师在班级管理中发挥着重要作用。一方面科任教师可以帮助班主任全面了解学生。在班级中会有部分学生由于敬畏班主任，于是在班主任的课堂上遵守纪律，课后也按时完成作业。但是对待科任教师的课，却没有同样的学习态度，相对懒散很多。班级中还有另一类学生，虽然不擅长班主任所教科目，但可能会在其他科目上表现良好。因此，班主任可以从科任教师那里全面了解到学生的学习情况。另一方面，科任教师分担部分班级管理的工作，可以减轻班主任的工作压力。相对而言，科任教师的工作强度较班主任小，有更充分的时间和精力去思考处理学生的问题。同时，部分学生对班级的直接管理者——班主任存在抵触情绪，更愿意对科任教师敞开心扉，所以科任教师参与班级管理可以起到事半功倍的效果。

（二）科任教师参与班级管理的策略

1. 当好“参谋长”，为班级管理出谋划策

首先，科任教师要主动向班主任反映班级学生的思想动向、课堂表现、作业情况等，以便班主任及时了解本班学生的真实情况，进而能够更有针对性地采取措施和手段去教育和引导学生，及时矫正学生心理上的偏差。其次，科任教师还要充分发挥自己的“智囊”作用，积极为班级管理建言献策。教师要在充分分析班级学生优势和不足的基础之上，针对班级中切实存在的问题，提出合理化的建议和整改措施，帮助班主任清除班级管理中的消极因素。

2. 做好“辅助者”，为班级学生成长保驾护航

首先，科任教师要主动了解所任教班级的发展目标和近期工作重点，在课堂教学中按照班级发展要求，适时地结合学科特点和教学内容对学生进行德育渗透。其次，科任教师作为班级管理的副手，要时刻具有“补位”的意识。当班主任不在时，要能及时上前“补缺”。比如，班主任外出学习或者请假期间，科任教师要主动挑起班级“领头人”的重担，代替班主任出席学校会议、向学生传达会议精神、带领和组织学生参加班级活动等，并将班级运转情况及时转告给班主任，避免班主任不在岗期间班级工作出现重大纰漏。

（三）班主任协调与科任教师关系的策略

1. 虚心请教

鉴于科任教师可能掌握一些班主任所不了解的班级情况，班主任要积极与科任教师联系，获得可贵“情报”。班主任可以通过座谈会的方式，定期将科任教师召集在一起，就班级近期情况进行沟通、虚心请教，征求科任教师的意见和建议，共同思考问题解决办法。班主任在听取反映的情况时，要注意避免出现以下问题：只听赞扬，不听批评；对反映的问题采取应付了事的态度，不认真解决；极为护短，一味袒护学生。否则，班主任不仅不能处理好班级问题，还容易失去科任教师这个“盟友”。

2. 树立威信

威信具有较强的感召力，是做好班级管理工作的有力保证。班主任应帮助科任教师树立威信，使学生对其亲而近之。首先，挖掘、宣传科任教

师的优点。比如，在与学生闲谈时提及“语文老师参加教学比赛得了全市一等奖”“美术老师不仅画画好，还写得一手好字呢”，通过特色宣传使学生对科任教师产生敬仰之情。班主任要特别注意不要议论教师的缺点，在听到学生贬低、诋毁教师时，还应当明确纠正学生的错误评价，切不可推波助澜。其次，做尊师重教的无声榜样。班主任对待科任教师的态度在无形中影响着学生对科任教师的认识。班主任要尊重科任教师，以自己的行动来引导班级形成尊师爱师的风气。比如，在节日时邀请科任教师参加班级联欢活动，在制订班级计划时听取科任教师的意见，为学生创造与科任教师谈心沟通的机会，让学生感受到每个教师都是集体中的重要一员，尊重信赖教师。

3. 协调矛盾

当科任教师与学生之间出现矛盾时，班主任应主动协助处理，做好双方的思想工作。首先，稳定科任教师的情绪。班主任及时与科任教师就矛盾事件进行沟通，观察其情绪，了解其态度。其次，倾听学生的声音。班主任认真倾听学生的诉说，可以有效缓解学生紧张情绪，减轻心理压力。最后，发挥纽带作用。无论主要过错在哪一方，班主任在了解事件的前因后果之后，都应当对双方做出解释，强调学生对教师的尊敬爱戴之心及教师对学生的关心关爱之情，坚持正面说服、耐心劝说、以情感人、以理服人。

对点案例

班主任的“橡皮擦”[①]

对犯错误的学生，班主任要准备好一块“橡皮擦”。

这不，班级日志上写着，晨晨上课被教数学的周老师批评。下午放学，我找晨晨了解情况，他不服气地说：“周老师故意找碴儿，我上课根本没睡觉，她冤枉我了……”我耐心地等他把话说完，然后问他：“你是不是还生周老师的气呢？”他耷拉着头说：“有一点儿。”

何止有一点儿，我看得出，他的抵触情绪还很强烈。如果不及时将他的情绪加以疏导或排解，肯定会影响他的学习。

① 徐社东：《班主任的橡皮擦》，《人民教育》2005年第2期。

怎样让他正确认识和处理这件事呢？我想了想，对他说："其实你也很在乎周老师对你的感觉，不想抵触老师，是吗？"他点了点头，表示接受我的看法。我接着说："那你就要试着和周老师去沟通，说出你的想法。这样吧，你写一张字条，我去交给周老师，好吗？"

他同意了，拿起笔在我办公桌前坐下，写了这样一张字条：

周老师：

上数学课时，我只是闭了一下眼，您却误认为我上课睡觉，还批评了我。我希望您以后能先仔细观察，再下结论。

学生：晨晨

嗬，他的气还没消呢，还是等他冷静下来再说吧。我把字条还给他，说："把字条拿回去，请你爸爸修改一下，明天交给我。"第二天一早，晨晨来找我，笑着递给我修改过的字条，上面写道：

周老师：

昨天是我错了。我前天晚上睡得有点迟，上课时精神不好，勉强撑着，才没有趴下睡着。您的批评是对我的提醒。以后在您的课上，我一定集中精力注意听讲！昨天课堂上还有些问题没弄懂，希望您能多帮助我，谢谢！

学生：晨晨

我很满意。显然在冷静下来以后，通过家长的帮助，他已经能够客观地认识这件事了。我把这张字条拿给周老师，说了晨晨前后态度的变化。她把晨晨叫来，坦诚地向他道歉，说不该草率地批评他。晨晨感动得哭了。我认为让他自己去反思，找出不足，自觉地调整和改善，这比教师多少批评和说教都有效。

给学生一块"橡皮擦"，就是给他们一个改正和完善自己的机会。

三、与学生的沟通协调

学生在班级组织中不仅是教育和管理的对象，也是教育和管理的主体。换言之，学生是自我教育者、自我管理者。因此，在班级管理中，也要借助学生的力量。班主任与学生沟通协调十分重要。

（一）师生沟通的方式

班主任与学生协调沟通的方式很多，其中直接方式是语言沟通，此外还有其他多种方式。按照沟通的媒介，可将其分为以下几种：

1. 口头沟通

和学生口头交流，是最为常见的师生沟通方式。班主任可以抓住各种零碎时间与学生进行口头互动沟通，拉近师生间的距离。早上见面时的一句“你今天真精神”，让学生感受到自信；课堂活动时的一句“老师相信你能行”，让学生感受到来自班主任的期望；放学时的一句“路上注意安全”，让学生感受到班主任的关爱。班主任尤其要主动多和内向或容易害羞的学生进行沟通，以表达自己对学生的关心，了解学生内心的真实想法。

2. 眼神沟通

眼神交流是人与人之间沟通的重要方式。班主任可通过眼神与学生进行信息传递、行为暗示或情感交流等，提高师生的默契度，达到“此时无声胜有声”的效果。学生表现优异时，班主任眼中的赞赏和鼓励能够增强学生的自信心；学生违规犯错时，班主任眼中的警示和责备能够让学生认识到错误并及时改正。通过观察学生的眼神，班主任可以看到学生跃跃欲试时的小心、做错事时的忐忑、注意力涣散时的茫然等，进而以或鼓励或责备的目光进行回应，进行无声的教育。

3. 动作沟通

动作沟通主要体现的是师生间的表情交流，表情包括面部表情、姿态表情及语调表情。人的表情可传递的信息非常丰富，例如，班主任可以通过点头微笑来表达对学生行为的支持与鼓励，当然也可以用摇头、皱眉来表示否定和怀疑。在班级管理中，有一些约定俗成的动作语言，比如竖大拇指表示肯定，食指抵在唇边提醒安静，这样的沟通方式不仅便捷，而且具有感染力和表现力。

4. 书面沟通

书面语言字斟句酌，可以弥补口头语言欠考虑的缺点，也能减少面对面沟通的羞涩和尴尬。此外，书面语言的沟通材料还能长期保存，具有纪念价值。在日常管理中，班主任可以布置学生写日记，写班级中发生的事，写说给班主任的心里话、悄悄话，班主任通过阅读捕捉文字背后的信息，再适时地通过写评语或回复写出自己的想法，引导学生正向发展。另外，班主任还可以根据班级中的实际情况，给班上的学生写公开信，张贴在班级中，让沟通面扩大，让沟通的价值得以更好地发挥。

（二）师生沟通的注意事项

班主任做好班级管理工作，建立良好的师生关系，特别是落实有效的师生沟通，需要注意以下几点：

1. 关爱学生

作为班主任，要让学生感受到教师的爱，爱是信任的基础和前提，师生间有了爱，班级的一切工作都能有序进行。高尔基说："谁爱孩子，孩子就爱谁，只有爱孩子的人，他才可以教育孩子。"爱心是具体的、具有浓厚的感情色彩。其实这也是作为一个班主任最基本的工作，只要心中装有学生，就会处处为学生着想。这样学生才会信任你，才会去和你交流。

2. 通情达理

在过去的班主任工作中，强硬的单方面的"灌输""命令"是常用手段，容易引起学生的反感甚至是逆反情绪。有效沟通应是温情的、双向的，遵循通情达理的原则。班主任只有既讲理又讲情，才能和学生达到心理接触，把话讲到点子上；学生只有真正理解了班主任的话，才能对班主任的要求产生自觉性和责任性。

3. 真诚平等

在与学生的实际接触中，有些班主任有意识地突出自己的地位，站在一个比学生高很多的心理位置去和学生谈话，以维护自己在学生中的权威。其实此种做法是不可取的。小学生大多善良、纯真，对教师怀有尊敬而略有畏惧的心理，教师若还要在学生面前摆架子，而不是以平等的关系去与学生交流，非但不会达到有效的沟通，还会导致师生间的隔阂越来越深。

4. 换位思考

班主任要尝试从学生的角度去理解问题，多关注学生的内心世界，在面对问题时帮助学生分析，给予学生建议，但不强迫学生接受自己的意见。当教师能够深入感受到学生的内心需求，就会很容易与学生建立起亲密的师生关系，由此产生心理共鸣。

资料链接

师生交往的主要渠道①

良好的人际关系的形成是需要时间与机会的。班级管理者除了应充分

---

① 徐长江、宋秋前主编《班级管理实务》，北京：高等教育出版社，2010，第199—202页。

了解学生，平时注意多多参加学生的各种活动之外，还应主动地创设与学生交流的条件。以下一些做法值得教师们参考。

（一）午餐约会

师生之间的接触多发生在多个同学同时在场的情况下，教师往往缺少与学生个别交流的时间与机会。共进午餐可以为师生提供一种私下的非正式交往，更容易拉近师生距离。教师可以有计划地轮流安排与不同组别的学生共用午餐，也可以是一对一或一对二的午餐约会。有兴趣的学生也可以要求教师安排时间与他（她）单独用餐。午餐时不宜讨论学生课业或行为问题，而是讨论较为轻松、非正式的主题，师生可分享个人兴趣，教师可以倾听学生所关心的个人或学校的问题。

（二）谈心时间

教师一周可开辟三四个时段为专门的谈心时间，也可以利用早自习或午休时间，凡有问题的学生都可以和教师预约谈心。教师也可主动找最近表现异常的学生谈心，以了解学生的近况和问题，从而寻求解决的办法，将问题化解于初始状态。

（三）“我有话要说”时间

在班会上可以开辟一个“我有话要说”时间，在此时段内任何人都可以针对班级事务说出心中的感受而不用担心会受到处罚，也就是说大家在这段时间内有言论免责权，可以放心地说心里话。教师可以接受学生的建议，对班级运作与管理方式做出调整；也可以不接受而提出答辩。但任何人都要抱着理性沟通的态度，不能生气。通过这种方式，教师可以及时地化解学生心中的不满，班级事务自然也会较顺利地开展。

（四）互送信函或便条

信函或便条可以使教师与学生之间有一个秘密的沟通渠道，教师也可以通过它来了解班上发生的事情。例如，在学生有进步、生日、生病不能来学校时，教师都可以以便条或信函的方式与学生沟通，同时要鼓励学生在需要时给教师写信，写写自己的感受或者想对教师说的话等，教师根据实际情况，需要回复的就要回复，需要私下沟通的就要找时间沟通，一定要让学生知道教师对他写的信是很重视的。

（五）巧用“三箱”

所谓“三箱”，是指意见箱、建议箱和电子邮箱。意见箱和建议箱可以悬挂在班里最显眼的位置，一左一右，各负其责，上面的钥匙由教师掌管。教师可定期打开查看，及时解决学生所提到的各种问题。此外，电子邮箱也可以成为教师和学生沟通的一条重要渠道。教师如果能时常收到来自学生和家长的电子邮件，对教师及时了解学生情况，与家长形成教育合力会有很大的帮助。

（六）参加运动或游戏

教师应该欣赏甚至加入学生们在运动场上的各种活动，与孩子们共同分享休闲时间，这是密切师生关系的上佳方法。

（七）做生日贺卡

生日对学生而言是个特殊的日子。在这个特殊的日子里，教师可以为他们准备一张温馨的生日贺卡，写上生日的祝福，也可以加上对学生的热切期望，让学生感受到教师的关爱。

（八）“心情故事”

在家校联系簿上开辟一块空间，让学生填写在校或在家一天的心情。今天如果很高兴，就画个笑脸；如果不高兴，就画个哭脸；心情一般，就画一个表情一般的脸。如果他们还想表达些什么，那还可以讲一讲今天的“心情故事”。这为学生们提供了一个敞开心扉，提高自我意识的渠道。教师和家长可以一目了然地了解孩子们的心情变化，在必要时也可以为此与学生及时地进行沟通，对其进行正确的引导。

（九）给教师挑错

向学生表明，教师也是会犯错误的。当学生给教师指出了一个错误时，可以给予其奖励。这样既可以“教学相长”，又可以密切师生之间的关系。

第二节　家庭力量的配合

班级中每个学生大部分时间都生活在家庭中，而每个家庭的价值理念、行为方式都会直接影响学生在班级中各方面的表现。只有获得家庭的配合和支持，才能实现对学生更理想的教育。

一、家校合作的意义

父母是孩子的第一任教师，学生成长深受家庭环境的影响。对于学生的教育，需要家校合作。家校合作是指家庭和学校进行的一种旨在促进少年儿童健康发展的相互配合、相互协调的互助活动。家校合作与学生、家长和教师三方皆密切相关，家校合作的重要性也分别体现在以下三方面：

（一）促进学生健康成长

学生在学校表现出的学业行为、道德表现与其在家庭中的行为有很大的关系。良性的家校合作有助于学校基于家庭背景对症下药，帮助学生端正积极的学习态度，培养良好的道德行为习惯。另外，家校合作对学生出现不良问题有一定的预防作用。家庭和学校互为双面镜，学生在家庭中的行为表现可以作为学校教育成果的考查指标之一，而学生在学校和家庭中行为的表现差异也可以作为学生问题行为发现的信号，有助于学校教育者联系家长及时预防和干预可能发生的问题行为。

（二）丰富家长的教育经验

一方面，由于许多家长不具备专业的教育知识，对于如何教育孩子这一问题把握不当，可能会导致过度严苛或过度溺爱的情况；另一方面，部分家长的教育理念可能比较单一或不够科学，无法对学生的全面发展进行正确引导。家校合作相当于在家长和教师之间建立起了一个沟通的桥梁，使教师可以运用自己专业的教育知识和先进的教育理念去指导学生发展。同时，结合不同家长在不同家庭情境下的教育模式，教师可以因地制宜，针对不同家庭提出不同的教育方案，从而使家长对孩子的教育更加有效。

（三）提升学校教育效果和办学效果

家校合作不仅可以解决单个学生、单个家庭的问题，还可以使学校针对家长所反映的学生共同问题开展有针对性的教育活动，采取相应的教育措施，更高效地解决大部分学生身上存在的共性问题。此外，作为家校合作的方式之一，家长委员会使家长直接参与学校校务管理，有利于学校全面认识自身，努力改进工作，提高教育教学质量和管理质量，提升办学水平。

二、与家长沟通的原则和技巧

在家校合作中，班主任与家长的沟通是合作能否顺利进行的关键。为实现良好的合作效果，班主任要遵循与家长沟通的原则，掌握与家长沟通的技巧。

（一）与家长沟通的原则

1. 真诚尊重原则

尽管在班主任与家长的关系中，班主任起主导作用，但他们在人格上是完全平等的。班主任在与家长交流的过程中必须尊重学生家长，真诚地与之分析问题，提出建议。一方面，班主任对教育过程中出现的问题，要先从自己身上找原因，客观公正地评价学生的表现和家长的家庭教育工作，与家长共同研究解决问题的方法；另一方面，要注意征求家长的意见，比如“您是怎么想的，如果我们采用……方式做孩子的工作，您看行不行”。要多提建设性意见，不要使用“你应该”或“你必须”等命令性的字眼，而应该说“我认为”或“您认为怎样”这些婉转、商量性质的语句。当然也不能过于谦虚，在确定无疑时，语气也应十分肯定。

2. 积极倾听原则

班主任在与家长沟通的过程中，需要积极认真地倾听家长的想法和意见。要做到积极倾听，需要注意以下几点：第一，抱着信任的态度倾听家长的描述；第二，在倾听家长讲述的过程中不要随意打断；第三，不要在言语中表露出强烈否定批判的意思，防止沟通变成争执。只有教师认真倾听，家长才能放心表达；只有家长放心表达，才能一起分析出学生的问题所在，减少误解和错误，增进双方的信赖与合作，提高问题解决的效率。

3. 先扬后抑原则

班主任在与家长沟通孩子问题的过程中，不要只说孩子的缺点，而是要和家长全面地描述孩子的表现。一方面，孩子是家长的心头宝，如果只说缺点不说优点，可能会引发家长的沮丧和抵触情绪；另一方面，每个人都是优缺点并存的，这样能提醒班主任不要过分放大问题学生的缺点，而是全面看待学生的发展。在和家长沟通中，建议先说孩子优点，再说问题，使家长不过分焦虑，而且相信教师是客观公正的，从而更愿意接受教师的建议。

4. 突出重点原则

为了有效解决学生问题，班主任在与家长交流学生问题的时候要重点突出。一方面，不同类型的家长对孩子的关注要点不同，比如有些家长更关心孩子在学校的人际交往情况，有些家长更关心孩子在学校的成绩表现。另一方面，不同学生表现出来的重点问题也不同。因此，班主任需要结合家长特点和学生表现，以家长最为关心的话题为由头，展开沟通，扼要地阐明学生问题，进而再引导家长关注孩子其他方面的教育问题，以保证孩子全面和谐地发展。此外，当学生身上存在诸多问题行为时，教师要记住一次只能重点解决一个问题，不要一次性把所有问题向家长全盘托出，否则只会让家长受挫，甚至对教师的能力表示怀疑。

（二）与家长沟通的技巧

1. 主动与家长联系

有些家长出于对自己孩子的关心，可能会主动与班主任联系，但也有些家长不会主动跟班主任联系。如果家长不积极，班主任必须主动，这是班主任工作的职业要求。班主任不能等孩子犯了错误后才去与家长沟通，找家长告状，在平时就要主动向家长反映孩子的在校情况，谈孩子在校上课、作业、学习、纪律、饮食等方面的表现，以拉近与家长之间的距离，这是每个孩子家长都较关心并十分乐意接受的。

2. 针对不同的家长采用不同的沟通方式

家长之间的差异是客观存在的。由于职业、性格、文化水平等因素的差异，家长的教育观念和教育方法也不尽相同。这就需要教师深入地了解家长，以便有针对性地与家长沟通。比如，在与随和型的家长沟通时，班主任要创造宽松的沟通环境，讲话时面带微笑，多以商量的口吻交谈，鼓励家长多发表看法；在与表现型的家长沟通时，班主任要多注意倾听他们的想法，对他们的积极表现要多加赞赏；在与分析型的家长沟通时，班主任在沟通时要以事实、例子加以支撑，使家长更信服；在与支配型的家长沟通时，班主任的语句要坚决果断，但要注意用词恰当，避免伤其自尊。

3. 避免使用家长难以理解的专业术语

在与家长沟通中，班主任要注意用家长能够理解的语言进行表述。班主任要较少使用家长不熟悉的术语，如非正式群体、行为强化、问题行为干预等，因为这些术语对于不是教育专业的人员，特别是文化水平不高或偏远的农村家长而言，显得高深、空洞，不仅没有意义，而且会加深教师和家长之间的距离感。

4. 会换位思考，充分理解家长

班主任在与家长沟通时，切忌教育家长或指导家长，即便家长不明理，也要以商量的口吻委婉地表述。班主任要注意态度平和、语气委婉，这样便于家长接受教师的意见和建议。当家长做错了，也不要急于批评指正，要换位思考，理解家长的苦衷。只有这样，班主任与家长的沟通才能有效，才能说到家长心里去。

三、家校沟通的方式与途径

家校合作的方式主要包括家长会、家访与来访、家长委员会、家长开放日、家长学校、家长群等。

（一）家长会

1. 家长会的性质

家长会，通常指的是由学校或班主任发起的、面向学生和学生家长的、具有介绍性和互动性的会议或活动。家长会分为日常家长会和专题家长会，日常家长会一般在学期中间举行，班主任针对学生的日常表现与家长展开交流；专题家长会一般在特殊事件发生时举行，如出现校园欺凌，班主任针对学生安全保护与家长展开交流。无论班级采取何种形式举办家长会，目的都是通过学校、班主任、家长相互交流信息，相互理解支持，来共同教育学生。

家长会的特点主要体现在三个方面。第一，班主任的主导性。家长会的主题和内容一般由班主任发起和制订，主要内容一般为班主任准确、及时地向家长通报学生在校表现情况、学校教育教学的情况等。第二，家长反馈的必要性和辅助性。家长会虽然多由教师主导，但家长反馈也是家长会必不可少的环节。班主任通过家长的反馈可以了解学生在家庭中的学习和生活情况，以及家长对子女的教育情况，在此基础上采取不同的教育方式。第三，班主任与家长、家长与家长之间的互助性。家长会为集体之间的便捷交流提供了平台，班主任与家长、家长与家长之间都可以相互交流学生表现。比如，优秀学生家长分享自己教育孩子的成功经验，供其他家长学习借鉴，帮助家长提高家庭教育水平，解决家庭教育中遇到的难题和困惑。

2. 召开家长会的流程

（1）会前准备。①制订计划。班主任应根据学期的班级管理任务，确定好召开家长会的时间和次数。由于家长的时间精力有限，家长会不宜多开，这就对家长会的效果提出更高的要求。在每次家长会召开前，班主任还应制订一份详细的计划，根据计划做好会前准备。②明确目的。家长会作为班级管理工作的一个方面，必须目的明确。一般而言，学期初的家长会，目的是帮助家长了解本学期的教育任务；学期中的家长会，目的是反馈并交流学生半个学期来的情况，及时矫正问题；学期末的家长会，目的是总结与展望，以便班级和学生在新学期获得更好的发展。③邀请家长。班主任精心制作邀请函。邀请函可以是纸质的，也可以是电子形式的。邀请函上写明家长会的时间、地点、目的，必要时写明家长参会时的准备工作，比如参会时要带黑色签字笔等，以及注意事项，如校内禁止停车等，并对家长表示热烈的欢迎。注意要提前两周左右将邀请函送达给家长，便于家长安排行程。④准备材料。根据家长会的活动需要准备相应的材料。常见的会议材料包括家长签到表、签字笔、演示文稿、暖场视频、讲话稿，以及作业本、德育积分表、成长记录袋等学生个人成长材料。⑤布置教室。教室布置工作烦琐，班主任可与学生共同完成。这些工作包括：做好教室卫生，将物品摆放整齐；教室墙面粘贴班级奖状、学生优秀作品；黑板写上欢迎词；课桌可摆放成圆桌式，桌上摆放矿泉水、学生成长材料等。⑥安排人员。根据家长会的活动设置，班主任可提前安排人员做好相应准备。比如，科任教师的发言、优秀学生家长的教育经验分享、楼层学生引导等。

（2）会议进行。①提前到班。班主任和科任教师提前到达教室，一方面可以进行最后的会前检查，另一方面可以和早到的家长进行个别交流。②家长签到。家长到达时在签到表上留下相应记录，使班主任对到会人员做到心中有数。③开场发言。第一，班主任对家长表示欢迎和感谢，介绍到会的教师；第二，介绍家长会的议题、目的、程序、结束时间等；第三，汇报工作，包括班情分析、学情分析、校规班规等；第四，表达对家长的期望，比如对家长教育孩子给予观念、方法、技巧上的指导；第五，进行总结。④相互交流。科任教师、家长代表、学生代表等发言，互相交流关心的问题。⑤其他活动。班主任在家长会上可以安排一些活动环节，比如请家长给孩子写一封信，请家长为学校发展建言献策等。通过这些活动形式，让家长更深入地参与孩子的成长与发展中。⑥结束发言。班主任对家长会进行简单总结，和家长共同展望美好的未来。最后提醒家长回去路上注意安全，而需要个别交流的家长可以单独留下。

（3）会后总结。①整理材料。将所有材料进行整理归档，复原教室桌椅的位置，做好清洁卫生工作。②联系家长。对照签到表情况，及时联系未到会的家长，向其传达会议内容，并就孩子的表现进行沟通。③总结反思。班主任对此次家长会进行总结反思，同时征询家长委员会的意见。一段时间后还可以召开学生代表座谈会，了解家长对子女教育的变化。

3. 家长会的注意事项

（1）反映班级情况应全面准确。班主任可在家长会上对某个时期以来本班整体表现情况进行评价，既肯定学生所取得的成绩和进步，又指出其存在的问题和不足。班主任在逐一评价时要注意两点：一是“全”，即全面评价学生，既包括评价所有学生，也包括从多个角度评价学生；二是“准”，即班主任必须准确了解全班每个学生的表现情况，否则就难以对学生进行准确的、合理的评价，而评价不当的后果是显而易见的。

（2）对学生的评价应点面结合。家长会上除了全面介绍或评价本班全体学生的表现情况，还应有重点地介绍本班所取得的主要成绩，或有重点地表扬一部分学生，或有重点地说明学生存在的主要问题等。这时班主任要注意以下三点：一是在照顾“面”时不可面面俱到，流于空洞或烦琐杂乱；二是要把握到点子上，不能把非重点问题当成重点问题，而忽略了对重点问题的介绍或评价；三是对表扬的学生可以提及姓名，对于需要改进的学生尽量不要提及姓名。

（3）家长会的形式应追求创新。如果家长会的形式一成不变，势必会让家长觉得枯燥没有新意，影响家长参会的积极性，更会影响家长会的效果。班主任可以根据不同的家长会内容和主题，选择适宜的家长会形式，让家长会更加多元化。除了常见的介绍型家长会和讲座型家长会外，班主任还可以组织以下形式的家长会：沙龙型家长会，提前收集家长的问题和案例在会上讨论、分享；体验参与型家长会，引导家长参与组织者精心设计的每个流程，通过游戏、操作、测验、体验等让家长反思自己的教育观念和教育行为；门诊式家长会，安排每个家长与每个主要科目任课教师进行5—10分钟的交谈，一个教室里可同时进行多场这样的对话，让教师和家长在短时间内完成家校间的一对一交流与沟通；颁奖式家长会，将每个学生的优点和表现都一一概括出来，然后设立相应荣誉称号，由学生自己撰写颁奖词，将“家长会”开成“颁奖会”，使每个学生所具备的优点都得到肯定，帮助学生和家长增强自信心。

对点案例

家长会形式大盘点[①]

一、教师主角式家长会

教师主角式家长会不是教师唱独角戏，可由学生主持，班主任和科任教师汇报本班各方面情况，准备好学生平时的试卷和作业本，供家长翻看。这种传统形式的家长会要避免开成“告状会”，只要精心准备，组织得当，效果也很不错。

二、学生主角式家长会

学生主角式家长会是在班主任的指导下，从准备到召开全由学生负责，主持人由大家推荐，发言代表也由大家决定。从内容到形式集思广益，精心设计，往往可以达到意想不到的效果。比如，在一次家长会上，学生每人事先写好一封致家长的信，摆放在课桌上，家长来了之后第一件事就是拆开信看。看完之后，有的家长被感动得热泪盈眶，反省自己平时对自己孩子了解太少。这种形式的家长会既加强了孩子与家长的沟通，又锻炼了学生的组织能力。

三、家长主角式家长会

开好这种形式的家长会，前提是先要组建好班级家长委员会，由家长委员会负责组织和主持。一次家长会上，家长委员会拟定了如下话题：怎样让温室中的孩子刻苦学习？如何关注孩子们的心理成长？如何帮孩子戒除网瘾？等等。家长们交流心得，各抒己见，甚至有家长主动提出为班级做点事，以家长为主角的家长会效果不言自明。

四、成果展示式家长会

要成功召开成果展示式家长会，需要教师，特别是班主任平时多开展以提高学生素质为目的的课外活动和班级竞赛评比活动，在丰富多彩的活动中注重积累学生活动的素材，并建立好学生的成长档案。家长会上，班主任首先向家长汇报本班素质教育的情况和取得的丰硕成果，然后家长自由观看学生展示的成果（学生成长档案、写作、书法、绘画、摄影、手抄报、班级荣誉、学生荣誉等），家长和学生们自由交谈，共叙心得体会。

---

① 吴永红：《家长会大盘点》，《班主任之友》2007 年第 4 期。

成果展示式家长会能增强家长的育人意识，增强学生的自信心，也能使教师、学生、家长之间的关系更加和谐。

五、专题讲座式家长会

针对家长对家庭教育的重视程度不同或方法缺乏等问题，班主任可组织家庭教育专题讲座形式的家长会，邀请心理学专家、家庭教育专家做报告。这种家长会的特点是报告主题明确，理论有权威性，具有明显的教育和导向作用，容易取得较好的效果。但是在组织这类家长会时，班主任要能了解家长的思想动态，选择家长最关心的问题和渴望解决的困惑；还要选择好主讲人，因为这类家长会的效果在很大程度上取决于主讲人的专业水平和影响力。

六、咨询答疑式家长会

家长对学校、班级、教师了解得越多，越有利于他们配合学校和教师的工作。家长们有很多问题需要与学校和教师沟通，平时除了与班主任有交流机会外，很难与学校领导及任课教师交流。针对这一问题，可以召开以咨询答疑为主要形式的家长会，邀请任课教师、学生代表、学校领导或心理学和教育学的专家学者为答疑的人选，答疑人根据自身的经验、了解的情况和掌握的理论进行解答，帮助家长消除一些误解和困惑，可以增进家长对学校和教师的信任和理解。

七、亲子联谊式家长会

重大节日到了，班级组织形式新颖、娱乐性强的主题班会，邀请家长参加，就成了亲子联谊式家长会。为开好家长会，学生各自准备了拿手节目，也动员家长做准备，形式有小品、合唱、独唱、诗歌朗诵、乐器演奏、舞蹈等，并穿插一些轻松活泼的游戏，一次别开生面的家长会就大功告成了。这种形式的家长会有助于增进家长和孩子的感情，也有助于增强班级的凝聚力。

八、座谈交流式家长会

这种形式的家长会，教师与家长都是主角，家长为班级管理献计，教师为家庭教育支招，家长之间交流经验，大家相互借鉴，取长补短，只为让班级管理上台阶，让孩子们健康成长。家长会前可以请几位素质较高、育子有方的家长做些准备，在家长会上做经验介绍，教师也可准备几个家长关心的家庭教育问题让大家讨论。

九、分类分层式家长会

班级学生根据成绩和行为可分为若干层级和类别，各层级和类别的学生都有共同的特性。优势层学生最受瞩目和关注，但往往对失败充满恐惧；边缘层最受孤立，他们处处感到低人一等，自卑感强，常以抵触情绪抗争；中间层最易被忽视，他们往往学习方法欠缺，学习动力不足。根据这些特点，可以考虑分类分层召开临时的小型家长会。这种家长会主题明确，目标具体，针对性强，作用明显。

十、网络媒体式家长会

有条件的学校可以利用网络媒体组织家长会。家长可以在家通过互联网与学校或教师进行网络互动。这种家长会信息量大，反馈及时，操作方便，家长之间、家长与教师之间随时可以交流，不足之处是可能存在语义传达不准确的情况。

（二）家访与来访

1. 家访与来访的性质

家访是家庭访问的简称，通常指的是教师出于更深入了解学生的家庭生活情况、家庭教养方式等情况的目的，到学生家庭与家长进行会谈。家访是进行个别家庭教育指导的一种常用的有效方式，主要是解决儿童、青少年的个别的家庭教育问题。家访有助于教师充分了解学生的情况，并在此基础上采取有针对性的教育策略。

与家访对应，来访是家长来学校访问的简称，通常指的是家长为更深入了解学生在校情况和表现，主动或受邀到校，与教师进行会谈。

2. 家访的实施

（1）明确家访目的。在现实的班级管理中，部分班主任将家访变成了“告状会”，或者在自己教育无力时通过家访将责任推卸给家长。这样的家访不仅对于解决问题无益，反而会激化家校矛盾，产生消极影响。家访的目的应在于与家长的真诚沟通交流，取得家长协助，为学生的发展创造良好的环境和条件。

（2）制订家访计划。班主任在新学期开始时，应当制订家访计划，从而在学期过程中按照进度表实施家访。班主任应事先将家访计划告知学生和家长，让学生和家长感受到教师的用心和关心，从而对家访持欢迎态度。在实施家访前，班主任还应当提前和家长约定好时间，选择家长方便的时机上门，不搞“突然袭击”。同时，家访方式应根据实际，尊重家长意愿灵活确定，也可以考虑线上家访与线下家访相结合的方式。

（3）拟订访谈方案。访谈方案包括家访的具体日期、访谈主题、访谈对象、访谈时长、访谈注意事项等。班主任可以拟订访谈主题，避免家访时冷场。拟好访谈主题的前提是做好充分的准备。第一，备学生。班主任可以通过日常观察、学生登记表、作业本、科任教师评价、同学评价等多种渠道了解学生的课堂表现、学习习惯、人际交往等方面的情况。第二，备家长。家长的背景复杂，风格各异，家庭情况各不相同，班主任可以通过学生档案或通过学生间接了解家长。第三，备方法。根据了解到的学生和家长情况，班主任要思考谈话时的方式和侧重点。此外，预设可能遇到的问题，想好对策。

（4）注意流程和细节。班主任家访时应注意着装和仪表，得体之余体现专业，赢得家长信任。在家访时，班主任首先进行自我介绍，说明来意，消除双方之间的陌生感；其次，向家长汇报学生的在校表现，并向家长了解学生的在家表现。这里要注重汇报学生的长处和优点，并将学生的进步归功于家庭教育的结果，使家长和学生感到愉悦，也为后面反映学生的不足进行铺垫。再次，双方围绕学生的主要问题进行分析探讨，班主任向家长提出建议，共同努力教育好学生。最后，向家长礼貌告别。切记不可接受家长的礼物或宴请。

（5）做好家访记录。家访记录是学生成长档案的组成部分，记录着教师与家长合作育人的点滴，是做好学生工作的基础。教师要及时整理家访记录，并通过多种形式对家访效果进行持续追踪，评估家访效果是否明显、改进措施是否落实，以及时调整和改进培养方案。家访记录需与反馈相结合，努力实现家访高效化、实效化、科学化。

家访记录表

学生姓名		性别		班级	
家长姓名		家访时间		家访教师	

续表

学生基本情况	
家访目的	
谈话内容	
转变措施	
后续持续观察记录	

（6）保护隐私。家访是教师与家长相互分享和了解学生情况的途径，对于学生身心疾病、家庭收入、父母职业和职务、父母婚恋情况、家庭成员违法犯罪情况等相关隐私必须严格保护，不得在任何场合随意议论，在作为家访案例介绍或典型经验交流时要隐去。

3. 家长来访应注意的问题

家长来访可能有两种情况：一是班主任约请家长来访，二是家长主动来访。约请家长来访，往往是在班主任与家长的线上交流不能完全充分沟通的情况下进行，并且常常可能是针对学生的特殊问题而做出约请。班主任约请家长应注意以下问题：第一，非特殊重要情况不约；第二，理智、冷静地与家长交流情况；第三，感谢家长的来访以及对班主任工作的支持。

家长主动来访往往是因为非常重视子女的教育，希望得到班主任的特殊帮助。班主任处理家长来访时应注意以下问题。第一，家长主动来访可能比较随意，班主任应能妥善应对，热情接待。第二，家长主动来访可能具有较大的功利性，如为孩子调换座位、当选班干部等。班主任应正确指导家长的行为。对家长不合理的要求，应以恰当的方式回绝。特别是对送礼者，应坚决拒绝。

（三）家长委员会

家长委员会是由学生家长代表组成，代表全体家长参与学校和班级的民主管理，支持和监督学校和班级做好教育工作的群众性自治组织，是学校联系广大学生家长的桥梁和纽带。为了便于管理，家长委员会可以进一步分为班级家长委员会、年级家长委员会和学校家长委员会三个不同层级的组织。家长委员会在促进学校、家庭、社会之间教育力量的深度整合，促进学生全面成长方面，具有重要作用。

1. 增进家校沟通

家委会是由家长推选的代表，介于学校和家长之间，被看作是家长的“自家人”，是家校沟通的桥梁和纽带。一方面，出于种种原因考虑，家长的有些意见不便直接向学校反映，这时可通过家委会向校方提出。另一方面，学校在处理问题时，往往会基于自身立场和实际情况采用不同的处理方式。在这种情况下，由家委会协助向家长解释说明，有助于增进家长和学校之间的相互理解和信任。

2. 拓宽教育渠道

学校的主要任务是教书育人，有着一定的行业特性和独立性，平时与社会各界打交道也比较少。家长来自各行各业，这就为学校活动开展提供了很好的资源优势。比如，通过家委会组织学生到消防大队、气象站、农科院、电视台等参观学习。

3. 参与学校管理

学校应把家长引入学校管理，向家长借智、借力，让家长参与学校工作的各个方面，如通过家长志愿者的形式充分发挥家长各自的特长，从不同侧面为学校献计献策、做出贡献，推动学校工作顺利开展。

家长志愿者服务工作是家长参与学校管理的重要途径，主要分为教学服务类、互助宣讲类、安全保障类。

（1）教学服务类。有不同专业知识和技能专长的家长志愿者可以为学生开设丰富多彩的选修课程，丰富学校的课程资源。如会乐器的家长可以帮助学校开设乐器第二课堂活动小组；喜欢手工的家长可以教学生各种手工的技巧和方法；擅长体育的家长可以协助学校开运动会、当裁判员或业余教练员。校园里的家长志愿者不仅丰富了学校的教育资源，同时，他们在参与学校的活动中，在与孩子和教师的互动中，也更加理解了学校教育，成为学校教育的有力助手。

（2）互助宣讲类。家庭教育需要“传帮带”，教子有方、教女有术的优秀家长可以现身说法，通过讲座、沙龙为其他家长提供家庭教育经验。此外，学有专长、术有专攻的家长也可以扬其所长，帮助教师、其他家长提高素养。比如从事法律相关工作的家长可以宣讲教育法律法规，提高教师和家长的法律意识，做到依法治教、依法带娃；当医生的家长可以为学校提供医学常识讲座，帮助教师、家长掌握急救技能，当遇到危急情况时可用于自救和施救。

（3）安全保障类。安全是校园的头等大事，可以利用家长的力量保障学生人身安全。这类家长志愿者的主要任务是负责疏导上学、放学时校门口的交通，保障学生安全；在学校组织校外活动时，协助教师维持秩序并减少安全风险等。

（四）家长开放日

家长开放日，指的是由学校发起和组织开展的一项面向学生家长的活动。形式一般是分期邀请学生家长莅临学校，深入课堂听课，感受学校组织的学生活动，参观学校环境等。

通过举办家长开放日活动，一方面让家长走进校园、走进课堂，了解学校的管理与发展趋势，了解课堂教学和课改动向，从而更好地配合学校，促进孩子健康成长。另一方面展示学校良好的校风校貌、素质教育的丰硕成果，使社会各界广泛了解学校的办学状况，进一步支持学校办学目标的实现。

对点案例

校园公开日①

一提到上课，大部分人的眼前都会浮现出这样的画面：老师在讲，学生在听，或者师生在互动。但在世纪路小学的校园公开课活动中有这样一节“特殊”的课：六年级（3）班的教室里，坐着一些家长代表，他们此时的角色是学生。课堂上，家长们认真地听讲，回答问题，跟孩子们一起

---

① 魏晓红主编《中小学班级管理典型案例》，天津：天津大学出版社，2016，第126页。

讨论，一起提问，一起解决问题。下课后，家长们跟老师相互交换了意见。有的家长还感叹道："当老师真不容易啊！我的孩子在这样的学校学习，我真的放心啦！"之后，班主任发给每位家长自己孩子的作业，让大家检查孩子们的作业完成情况。家长们非常认真地批改学生的作业。这一上午，家长们过得很快乐，不仅当了学生，还当了老师。

（五）家长学校

学校开办的家长学校是以学校为阵地，以学生家长为对象，主要由具有合格资质的教师传授家庭教育的科学知识和方法，从而提高家长素质及家庭教育质量的有计划、有组织的成人业余教育机构。目前，随着人们对家庭教育的重视，家长教育从自发经验的形态向科学理性转变，许多家长都需要科学指导，家长学校应运而生，各地出现了许多"空中家长学校""网上家长学校"。

家长学校的培训指导形式主要有家长课和家长活动等。常见的家长课包括讲座式、探讨式、互助式等形式，学校通过家长课向家长宣讲教育政策法规、青少年心理健康知识、安全保护与急救知识等，用理论武装家长头脑。家长活动则主要表现为亲子活动，学校通过组织丰富多彩的亲子活动增进亲子关系，引导家长关注孩子的成长与教育。

（六）家长群

家长群，指的是由班主任创建，用于发布班级或学校重要通知的涵盖所在班级学生家长成员的微信群或QQ群。家长群为班主任与家长之间的沟通提供了一个高效便利的途径。教师可以在家长群发布学校通知，关于学生的共性问题也可以在群里更高效地表达；家长可以在家长群内及时了解到孩子的学校安排及孩子在校情况，方便与教师进行交流和沟通。但是，家长群也存在着弊端，即加重了教师和家长的压力。教师需要时时关注家长群消息的动态，无形中增加了工作量；一些家长在群内有不当的言论，使得部分家长受到不良影响。

由此可见，建立家长群的弊端有时甚至超过建立家长群的优势。因此，为了充分发挥家长群的优势，班主任可以制订一套明确的规则和管理办法，以规范家长群的使用，将家长群打造为一个更高效、实用的信息发布和沟通平台。

第三节　社会力量的融合

社会对儿童的影响广泛深刻，学校必须与社会密切联系以发挥教育的整体功能。社区作为一个社会实体，学校在教育实践中趋向于与社区合作。

一、社区教育资源的种类

社区教育资源主要分为以下五类：物质资源、文化资源、人力资源、经费资源及组织资源。物质资源以具体事物的形态存在，包括自然资源和场地设施，如山川河流、图书馆、博物馆、纪念馆、文化馆、体育场、电影院、公园、文化广场、阅报栏等；文化资源是某个特定区域的文化及其氛围，包括社区文化取向，特色的语言、建筑、民间艺术，当地风土人情等；人力资源主要指社区内在知识技能方面有特长、具有一定社会影响力的、可以协助学校开展教育活动的各类人员，包括专家学者、教育工作者、家长等；经费资源主要指在社区内获得的各种捐助、经费支持等；组织资源指社区各企事业单位、党政机关等机构组织为办理教育事业提供的政策、经费、人力、物力等方面的支持。

二、学校与社区合作的原则

为了构建和谐的学校与社区合作关系，发挥社会教育力量，应遵循如下合作原则。

（一）育人为本原则

学校和社区合作的根本目的在于促进学生发展，因此引入的社区教育资源与采用的合作方式应具有教育性。第一，有利于少年儿童的社会化。合作的主要内容包括基本生活技能的教导、社会规范的训练、生活目标的指点、社会角色的培养等，同时拓展交往的范围和频率，促进儿童社会化发展。第二，有利于德育工作一体化。统筹学校、家庭、社会三方面的教育优势，形成合力，共同作用于青少年的思想政治工作。第三，有利于学生的个性化发展。在合作中以适应和满足少年儿童个性化的学习需要为出发点，积极构建学习型社会，鼓励人人参与有意义的学习，从而发展人的个性。

（二）协作互利原则

协作互利原则要求学校与社区协力合作，实现双方互利互惠、各取所需、同发展、谋利益。一方面，学校应积极与社区进行沟通、交流，争取社区的支持，全面地、充分地利用社区中的资源，如积极与社区管理者协商，获得开展校外活动的场地等资源。另一方面，学校应主动为社区提供服务，增加社区居民的教育知识，解决社区居民的教育困惑，支持社区发展。

（三）活动性原则

大部分的社区资源都存在于社会生活之中，与学校生活有着一定距离。教育者若关起门来，是没办法让学生直接接触到社区资源的，更难以有切身感受。若只有好的社区教育资源，缺乏良好的教育方式和教育方法也是徒劳。因此，学校应当以活动为依托，用活社区资源，即充分地将资源引进来，组织学生走出去，切实发挥社区教育资源的效用。

三、学校与社区合作的实施路径

引入社区力量，共同协作的途径和形式主要有以下几种。

（一）共享社区物质资源，丰富班级管理的内容和形式

首先，社区的基础设施是班级活动的重要场所，如科技馆、博物馆、图书馆、体育馆等，为班级提供了广阔的活动空间。学校可以定期组织学生前往这些场馆参观学习或进行文体活动，既丰富了学生的课外生活，也使学生接受了相应的文化熏陶、美育浸润，提升综合素质。

其次，社区的自然资源，如公园、山川河流等可以拓展学生的学习空间，在大自然中培养学生对生命的尊重和对生活的热爱，对美的追求，以及通过对自然环境的保护，增强学生的社会责任心，从而有利于提升学生对班级的责任心，加强对同学的关爱。

（二）开发社区人力资源，增强班级管理的力量

每个社区都有一些热心青少年教育事业的先进人物、专家学者、能工巧匠，以及具有各种专业特长的居民。这些都是班级管理可以利用的宝贵人力资源。学校可以通过多种形式聘请这些人才给学生开讲座、做报告、任兼职教师、当校外辅导员等，运用他们的智慧、学识、技能、经历开阔学生视野，增长学生见识，培养学生正确的三观。

（三）利用社区组织资源，为班级管理提供组织保障

学校与社区合作中经常会利用到社区组织资源。首先，在社区内以居民委员会、村民组织等为依托，因地制宜建立学校、社区、家庭三方结合的多功能社区少年活动站。这可以在很大程度上弥补一些地区文化设施不足的缺陷，为社区教育活动的开展创造了有利条件。

其次，利用社区内所辖单位建立校外活动实践基地。学校以外的工厂、部队、企业等也都是学生学习的天地，可以让学生走出校门走进各实践基地广泛参与社会实践活动，如社会调查、社会考察、社会公益劳动、工农业生产劳动等，帮助学生更直观、更深刻地接触社会、了解社会，提升学生的社会适应能力。如，学校可以组织学生前往工业园区开展实践活动，让学生了解工厂先进的设备和技术，感受工厂员工奋发进取、不惧辛劳、团结协作的精神，激励学生努力学习科学技术，培养爱岗敬业的职业态度。

对点案例

“行知中山，探寻社区”方东学生社区实践指导方案[①]

上海市松江区中山街道方东居委　徐　瑜

一、活动背景

学生暑期生活即将开始，为进一步贯彻落实《中共中央、国务院关于进一步加强和改进未成年人思想道德建设的若干意见》和《关于加强青少年体育增强青少年体质的意见》通知的精神，方东居民区为引导青少年过一个“安全、健康、快乐、有益”的暑假，努力为青少年的健康成长创造一个良好的育人环境。

此次，由多所学校联合举办了主题为“活力社区，快乐假期”的第五届社区节。社区整合了各个学校的资源，为学生的暑期生活准备了丰富多彩的活动。

二、活动目标

通过“活力社区，快乐假期”的第五届社区节系列活动探索“学校、

① 《行知上海　探寻社区》编委会编：《行知上海　探寻社区——上海市学生社区实践指导站优秀案例荟萃》，上海：上海科学普及出版社，2015，第32页。

家庭、社区”三方联动的未成年人思想道德教育新机制，使学生在参加社区实践活动中，开阔视野，增长见识，更好地融入社区和社会。

三、活动准备

1. 加强领导、统一思想，增强做好暑期学生工作的责任感和使命感。

成立由居民区主任任组长，分管领导任副组长，其他有关人员为组员的暑期工作领导小组，形成主任亲自抓，分管领导具体抓，志愿者教师配合，齐抓共管的暑期工作格局，并细化分工，具体分派专人负责各项社区暑期活动，上下及时沟通活动开展情况。

2. 科学筹划，精心安排，切实安排好广大学生的各种暑期活动。

我们首先召开领导小组会议，对整个暑期活动的开展进行安排，做到思想早发动，计划早制订，网络早建成，资金早落实，场地早开放，使学生的暑期活动全面有序开展。同时具体落实几项工作：制订工作计划，开好动员会和表彰会，建好一支教师志愿者队伍，搭建好暑期活动平台，营造一个健康活动氛围，并进行认真细致的检查，扎实推进暑期工作。

四、活动过程

主要通过动手制作、体育竞技、讲座辅导、户外拓展与志愿者活动等四类项目，让学生度过一个快乐、充实的假期。

（一）动手制作类

1. 开展布贴画制作课程，锻炼学生观察力、想象力和创造力；

2. 开展手工制作课程，加强学生动手制作能力；

3. 开展废旧物品改造DIY活动，培养学生环保意识。

（二）体育竞技类

1. 开展“小精灵成长乐园”活动，让学生在游戏中体验成长、培养他们团队协作能力和创新能力；

2. 开展弄堂小游戏——方东社区第五届踢毽子比赛，促进同龄人之间的互动与交流。

（三）讲座辅导类

1. 开展趣味数学讲座，提高学生学习数学的兴趣；

2. 开展红十字急救培训讲座，提高自我救护能力；

3. 开展暑期安全知识讲座，增强安全意识；

4. 开展青少年生理、心理健康讲座，培育健康身体、健全人格；

5. 大学生志愿者走进方东社区，为学生们提供作业辅导、游戏互动等服务。

（四）户外拓展与志愿者活动

1. 参观松江科技馆，开阔视野，增强成长体验；

2. 参观军营，体验军队生活，学习军人信念坚定、听党指挥、素质过硬、英勇顽强等品质和作风；

3. 通过观看红色电影《鸡毛信》，开展爱国主义教育及禁毒教育；

4. 开展“清洁家园”社区卫生整治活动，营造整洁、卫生的社区环境。

在学校、社区、家长相互的支持、配合和参与下，结合方东社区自身实际，我们为前来参加活动的学生们准备了内容丰富、形式多样的社会实践活动菜单，让他们能各展所长，各取所需，过上多姿多彩的暑期生活。

五、活动成效

通过活动，社区初步形成了“学校、家庭、社区”三方联动的未成年人思想道德教育新机制，学生真正有所收获。学生在社区实践活动的过程中激发了爱国热情、增强了在实践中奋发成才的使命感和责任感。这次的活动得到了家长、学生的普遍欢迎和赞扬。社区实践活动让家长感到放心，让学生感到开心，让社区教育工作者感到安心。

社区是距离学生最近的小社会，社区的力量也是学生天天都能看到、感受到的。合理地引入社区力量，利用社区各种资源进行班级协作管理，能更有效地促进班级文化生成，促进学生成长。

本章任务

调查一所小学，了解该校家校合作的情况，写一份调查报告。

第八章　班级管理的综合评价

思维导图

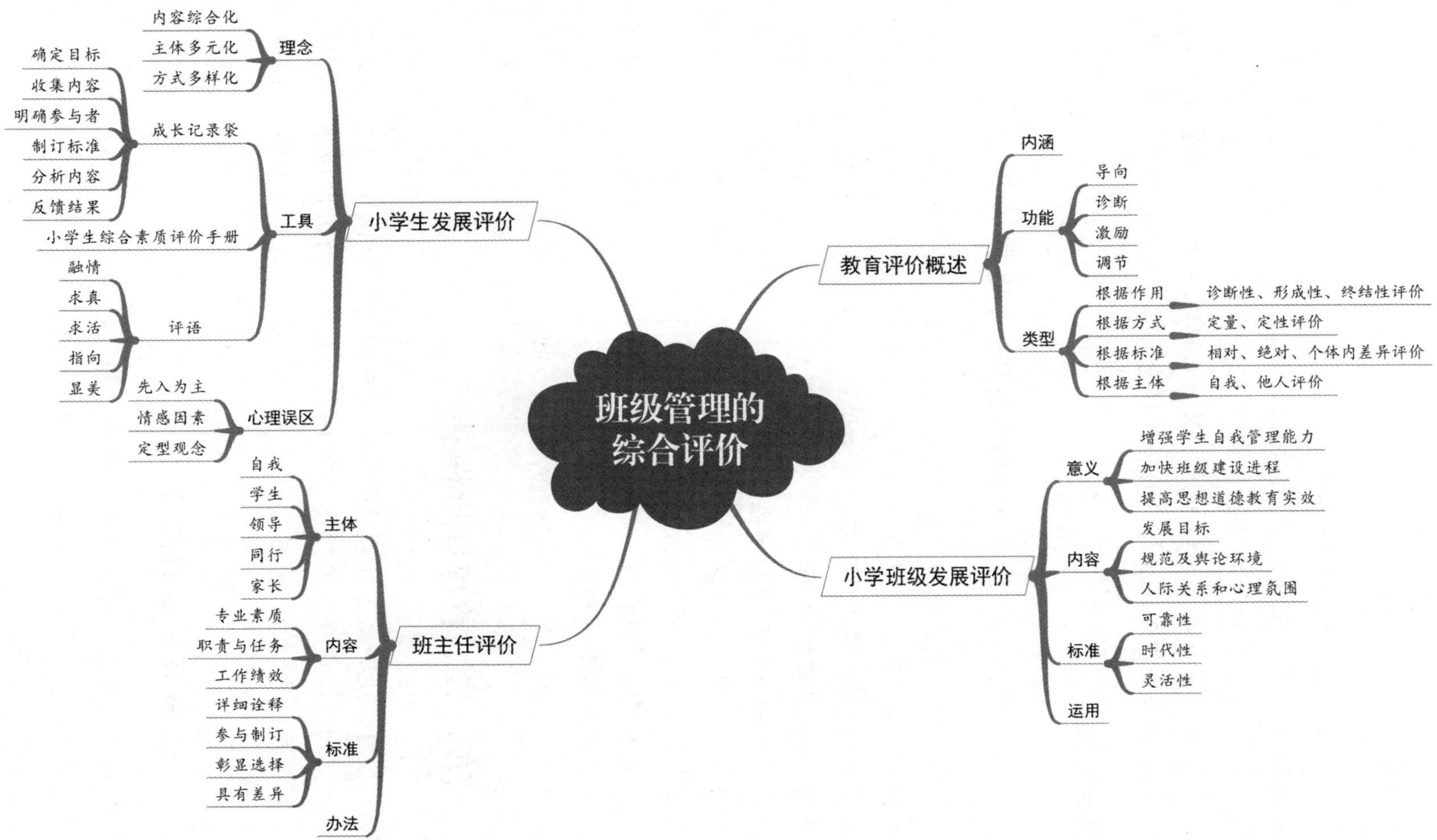

学海导航

1. 了解班级评价的内容和标准。
2. 了解班主任评价的主体和内容。
3. 知道教育评价的功能和类型。
4. 能科学地进行班级评价，将评价结果运用于班级管理。
5. 树立小学生发展评价的科学理念，正确使用小学生发展评价的工具。

案例导入

一张白纸还是一个黑点

李老师走进二年级（1）班教室时拿着一张画有黑点的白纸，问他的学生："孩子们，你们看到了什么？"学生们异口同声地喊道："一个黑点！"老师非常沮丧，严肃地对学生说："难道你们谁也没有看到这张白纸吗？"教室里鸦雀无声，气氛一下子变得很尴尬。李老师课后反思，觉得自己不应当这样去评价学生，于是在二年级（2）班的课上他以同样的问题问学生，学生的回答和二年级（1）班的学生是一样的，此时李老师微笑着和学生说："孩子们，太好了。你们观察得很仔细！"

从案例中可以看到，面对同样的问题和回答，教师的关注点不同，那么做出的评价就截然不同。上述案例给你什么启示？

第一节　教育评价概述

教育评价的概念和理论首先在美国出现，于20世纪60年代后蓬勃发展并受到普遍重视。虽然迄今为止，教育评价尚未形成统一的科学定义，但对于教育评价的价值已形成共识，即可以为实现理想的教育目标起到促进和保护作用。

一、教育评价的内涵

教育评价是评价者根据一定社会确定的教育目标和价值标准，对教育活动满足社会与受教育者需要的程度做出的判断活动。要理解教育评价，需把握以下几点。

1. 评价本质

“评价”是评定价值的简称，也就是说教育评价的本质是一种价值判断活动。这里的判断包括事实判断和价值判断两个过程，它是根据美国学者格朗兰德提出的教育评价公式延伸而来：评价＝测量（量的记述）或非测量（质的记述）＋价值判断。其中，测量指的就是事实判断，比如一个班级制订了班级公约，一个学生掌握了九九乘法表；而价值判断则是在事实判断的基础上做出好与坏、善与恶的判断，比如一个班级班风良好，一个学生成绩优异。

2. 评价依据

做出价值判断需有一定的价值标准，而教育评价的价值标准主要是教育目标。只有牢牢把握住教育目标，才能保证教育评价不偏离正确的方向。每一个具体的评价都有对应的价值标准，这个价值标准应以教育目标为依据，即价值标准是教育目标的具体化。

3. 评价过程

教育评价不是一次性的活动，而是一个连续的、动态的过程。一方面，随着人们对教育评价研究的不断深入，评价理论在不断完善，评价的理念、标准、工具等更切合实际。另一方面，评价对象也在不断地发展变化。只有针对评价对象使用合适的评价方式进行持续的、系统的价值判断才是教育评价。

教育评价的范围很广，大体可以分为学校各项工作的评价、学校领导集体的评价、教师评价、学生评价。每一范畴中又包括多个评价对象，其中小学班级发展评价、小学生发展评价和班主任评价是本章的重点内容。

二、教育评价的功能

教育评价的功能是指教育评价活动本身所具有的，能引起评价对象变化的作用和能力。教育评价的功能是多方面的，可主要概括为以下几个功能。

1. 导向功能

教育评价的导向功能是指教育评价可以引导评价对象朝着既定目标前进。在评价活动中，评价对象为了追求好的评价结果，会致力于满足评价标准的要求，在评价内容规定的范畴内做出努力。可以说，评价标准和评价内容在一定程度上扮演着“指挥棒”的角色。比如，在学生评价中，如果行为习惯是评价标准之一，那么学生就更有可能在日常生活中注意讲文明、懂礼貌，以获得较好的评价。

2. 诊断功能

教育评价的诊断功能是指教育评价可以对评价对象的客观情况特别是存在的问题进行诊断，为进一步改进提供支持。通过评价，教师和家长了解学生的学业情况，学校了解教师的教学情况，教育行政主管部门了解学校的办学情况。教育评价要发挥好诊断功能，前提是真实客观地反映教育情况，使“下情”准确地“上达”。

3. 激励功能

教育评价的激励功能是指合理有效地运用教育评价，激发和维持评价对象的内在动力，调动评价对象的内部潜力，提高其工作的积极性、创造性，从而达到教育管理的目的。人具有自我实现的需要，会为了更好的评价结果而努力。因此，评价成为积极刺激和有力推动，促使评价对象改进和完善工作。如各班为了争取流动红旗，会自觉做好教室卫生，遵守课堂纪律等。一旦获得了流动红旗，这种满意的评价结果又会反过来成为新的激励，促使学生们表现更好去取得新的成就。

4. 调节功能

教育评价的调节功能指的是调节教育教学，使问题得到解决、错误得到纠正，不断改进、提高、完善和优化教育过程。这种功能表现在两个方面：一是评价者为评价对象调节目标和进程。如教师为班级设定体育优秀率为90%，而实际结果只有60%，这时教师就要根据评价结果降低目标使之符合班级的实际情况。二是被评价对象通过评价了解自身的长短、优劣，进而调整自己的工作、学习方式，克服弱点，发挥优势，以接近目标或达到更高目标。可以说，教育评价调节功能的发挥是基于诊断功能的基础之上的，通过客观评价信息分析问题，避免主观因素给工作带来失误。

三、教育评价的类型

根据不同的划分标准，可以将教育评价进行不同的分类。

1. 按照评价作用划分

根据评价的作用，可以分为诊断性评价、形成性评价和终结性评价。诊断性评价一般在教育活动开始前进行，主要是为了了解教育活动中存在的问题、教育对象的条件和需要，进而确定教育活动的形式、内容和过程等。形成性评价是在教育活动过程中进行的，目的在于了解活动的得失，为改进活动及时提供反馈信息。终结性评价是在某项教育活动告一段落时进行，侧重于对教育活动的成效做出鉴定。如，在入学时进行的摸底考属于诊断性评价；教师为了了解学生的知识掌握水平而在日常进行的课堂提问、课后作业属于形成性评价；教师为了评定学生的学业水平而进行的期末考属于终结性评价。

2. 按照评价方式划分

根据评价的方式，可以分为定量评价和定性评价。定量评价是预先设定操作化的评价内容，收集并量化评价对象的信息，运用数学方法做出结论的评价。简单来说，定量评价是运用数量来显示评价对象的性质。如，评价一个班级的发展状态，可以使用学生出勤率、出操率、体育锻炼达标率、参加班级活动人数比例等数据来反映。

定性评价是指采用观察、访谈、调查、查阅文字资料等方法获取评价对象各方面的信息，对评价对象的状况做出描述、分析与总结。它通常表现为书面的“鉴定”或“评语”，有利于了解评价对象的整体状况，但不利于评价对象间的精确比较。如，一位班主任对班级的评价：本班级团结活泼，经常组织活动来丰富同学的课余生活，增进同学之间的感情；在学习上更是紧抓不放，学习氛围浓厚，学风良好。

3. 按照评价标准划分

根据评价的标准，可以分为相对评价、绝对评价和个体内差异评价。相对评价是指根据评价对象的整体状况设定标准的评价。它以评价对象中的某一个或若干个为基准，通过把评价对象与基准进行对照比较，判定出每个评价对象在这一集体中所处的位置。如，成绩排名就是典型的相对评价。

绝对评价是以既定的目标为参照，目的在于判断个体是否达到这些目标。它不受团体的影响，可以直观地表示被评价者与客观标准的距离。等级表示法和分数表示法都是典型的绝对评价。

个体内差异评价是将个体的过去和现在相比较，或将同一评价对象的若干侧面互相比较。这种评价可以使评价者了解评价对象的进步情况，同时也能对评价对象有全面的了解。如，把学生现阶段的学习水平和前一阶段的学习水平进行比较，将学生各科学习水平进行比较。

4. 按照评价主体划分

根据评价的主体，可以分为自我评价和他人评价。自我评价是评价对象对自己进行的评价，这里的“自我”既可以是组织也可以是个体。自我评价将评价者与评价对象合二为一，有利于发挥自我这一主体的自主性和积极性，可以促进评价对象的自我认识、自我调控、自我发展。

他人评价是评价对象以外的他人进行的评价，同样地，这里的“他人”既可以是组织也可以是个体。对班级来说，校领导对其建设发展情况的评价是他人评价；对学生来说，教师对其综合素质的评价也是他人评价。相对于自我评价而言，他人评价可以从不同角度认识评价对象，客观性更强。

对点案例

量化评价，精细管理①

金阳小学四年级（2）班的班主任陈柳老师虽然年轻，但在班级管理上却独具匠心。她根据学生的平时表现、学习成绩等采用“量化积分制”的方式，把班级管理得井然有序。

在评价学生的平时表现方面，陈老师实行的是“小组积分制”，即与学生们共同把诸如自觉遵守学校纪律、文明礼貌、互助友爱、认真值日、积极参加班级活动等平时表现细化，并给出分值。在学习方面，采用加分规则，凡是课上认真听讲、积极发言、与同学积极合作完成学习任务、单元测试成绩好或者有进步的学生均加1～5分。陈老师把50名学生分为每五人一个小组，小组成员轮流当小组长，小组长每天给本组成员记分，小组成员每周五下午一起计算每人本周的总分，然后写在教室后面的“我是最棒的!”墙报栏上。纪律委员在班委会的协同下，每个月合计一次每位同学的分数和各组的平均分数，只要分数超过90分就给该小组插上一面小红旗。在这一制度的鼓励下，全班同学自觉地规范了个人行为，他们相互鼓励，共同进步，逐渐形成了积极向上的班风。

第二节　小学班级发展评价

小学班级发展评价是指对学生班级整体在活动中的表现及成绩的评价，既可以是对班级的全面评价，也可以是对班级在某项活动中表现的评

① 魏晓红主编《中小学班级管理典型案例》，天津：天津大学出版社，2016，第106页。

价。评价是伴随着班级发展全程的，通过评价促进班级管理的调整和发展，加快班集体建设。

小学班级发展评价的主体具有多元性，包括领导评价、同行评价、家长评价、学生评价等，本节所讨论的主要是班级管理者对自己所开展的班级管理活动结果进行的评价。

一、班级评价的意义

在班级教育管理过程中，科学运用评价手段具有以下多方面的意义。

（1）增强学生自我管理的能力。班级评价有利于培养学生的自主管理意识，促进学生合理个性的发展，增强学生自我约束力，规范自身言行，促进学生健康成长。班级评价要求学生及班级按照学校的教育要求和规章制度完善自我，激发自身潜能，全面要求自己，提高综合素质。

（2）加快班级建设的进程。班级评价对班级的发展目标、优秀班集体的标准等做出了明确规定。为了取得理想的评价结果，班主任及班级同学必然要了解班级组织发展目标，制订班级发展计划，并将发展目标反映在班级管理中，不断对照优秀标准建设班级，从而加快班级建设，提升班级整体实力。

（3）提高思想道德教育的实效性。班级评价有利于加强小学生思想道德教育的实效性。通过班级评价，将其评价结果与奖励挂钩，可以调动学生发展自我的积极性并提高对班集体的关心度，增强责任感，促进思想政治教育的发展，有利于学生教育管理工作的顺利开展。

二、班级评价内容

对班级发展状况进行诊断应从多方面着手，主要包括班级发展目标、班级规范及舆论环境、班级人际关系和心理氛围等。

1. 班级发展目标

班级发展目标是班级发展的导向性因素。通过班级目标的分解与明确的表达，使班级中的个人对自我应承担的责任和义务有全面客观的了解，并朝着这个共同的目标前进，即将组织目标与个人需求相结合。对班级目标的评价主要从班级目标的全面性、针对性及可行性来衡量。

2. 班级规范及舆论环境

班级规范及舆论环境是班级发展的重要条件。健全的班级规范可以约束学生的行动，倡导良好的操行和习惯。良好的舆论环境可以通过集体影响个人，在潜移默化中引导学生形成正面积极的思想观念。对于班级规范和舆论环境的评价，主要是关注班级是否制订了健全的班规，学生对班规的接受和认同程度如何，班级舆论环境是否发挥了积极作用等。

3. 班级人际关系和心理氛围

人际关系和相应的心理氛围是班级发展的重要标志。良好的班级心理氛围表现出积极活跃、协调融洽的特征，它是基于亲密友好的班级人际关系而产生的，有利于提高和优化学生的思想水平、行为方式和心理品质。对于班级人际关系和心理氛围的评价，主要是关注班级师生关系、生生关系的和谐程度，班级是否有民主、宽松、包容的心理环境。

三、班级评价标准

科学地评价班级必须有所遵循，即班级评价标准。班级评价标准要结合学校、班级的实际情况进行具体化操作，这里仅提出一些班级评价标准的择定原则。

1. 评价标准的可靠性

班主任在对班级各项工作进行评价反馈时，要有可靠的依据。如学校对班级各项常规工作的量化结果、班级参加各项活动的名次、学生各个科目的考试成绩等，都能比较客观地反映班级的情况。此外，班主任在日常工作中还要注意多渠道搜集信息，如学生对班级的期望、各科教师对班级的评价等。班主任应综合多元信息，对班级进行客观评价。

2. 评价标准的时代性

班主任对本班工作进行评价时，要体现现代教育的要求。社会对教育的期望随着时代的发展而不断变化，评价标准必然要与时俱进。当前各项文件集中指向全面实施综合素质评价，因此班主任对班级工作的评价不能局限于各项常规工作，班集体的密切合作精神、积极参与社会实践的行动等都要纳入评价标准中。班主任要及时更新评价标准，以此对班集体进行正确的价值引导。

3. 评价标准的灵活性

评价标准应根据班级实际情况灵活调整。班级建设在不同阶段有不同的任务，班级之间也是情况各异，若采用同样的评价标准，则无法最大程度发挥评价的功能。班主任可以根据班级中普遍存在的问题，有意识地确定评价重点，使班级评价工作既全面又突出重点。

同时，制订的评价标准要粗细结合。对于一些具体的操作性强的行为可以制订详细的评分标准，如出勤率大于98%，身体素质综合评分达到年级前两名。对于内隐的抽象的项目，应根据不同年级学生的认识水平，运用概括性的语言进行表述，如班级目标明确，班级总结内容翔实、切合实际，班委会机构健全、分工合理、协作良好。这样制订的评价标准除了具有可操作性之外，也给学生的自我约束和班级整合留下弹性空间。

四、班级评价结果的运用

一个评价只有辅助形成有效的决策，才能充分发挥它的功能，成为一个有价值的评价。班级发展评价绝不仅仅是为了获得一个对班级发展情况的价值判断，更重要的是要从评价中发现班级管理需要解决的问题，通过采取措施实现班级评价的根本目的——促进班级及学生个体的发展。

班主任要重视班级评价工作，通过评价结果认识到班级发展中的成绩和进步、缺点和不足，同时将评价结果反馈给班级学生、学生家长、学校领导，组织各方力量共同完善班级建设。在评价结果分析过程中，班主任还要进一步引导学生按照评价标准参与班级活动并进行班级管理，努力将评价标准的要求落实到班级活动的过程中。

总而言之，班主任应正确看待班级发展评价结果，针对反映的问题提出改进措施与计划，积极纠正管理中的不足，提升班级管理水平。

对点案例

幸福班级星级评价标准①

总分：60★

评价内容（评价人）		评价标准		得分
班级文化（13★）（班级、家长、德育处）	班名	有班名	★	
		班名能体现班级幸福特色和培养目标	★★	
	班级格言	有班级格言	★	
		班级格言能体现班级的共同愿景	★★	

① 杨英友、刘巧艳主编《构建区域幸福教育体系的实践研究》，武汉：华中师范大学出版社，2016，第223—225页。

续表

<table>
<tr><th colspan="2">评价内容（评价人）</th><th colspan="2">评价标准</th><th>得分</th></tr>
<tr><td rowspan="10">班级文化（13★）（班级、家长、德育处）</td><td rowspan="2">班训</td><td>有班训</td><td>★</td><td></td></tr>
<tr><td>班训能体现班级幸福的追求</td><td>★★</td><td></td></tr>
<tr><td rowspan="2">班风</td><td>有班风</td><td>★</td><td></td></tr>
<tr><td>班风能反映班级正气和幸福的氛围</td><td>★★</td><td></td></tr>
<tr><td rowspan="3">班徽</td><td>有班徽</td><td>★</td><td></td></tr>
<tr><td>班徽能突出班级特色和幸福的基调</td><td>★★</td><td></td></tr>
<tr><td>班徽为原创</td><td>★★★</td><td></td></tr>
<tr><td rowspan="2">环境布置</td><td>有图书角，黑板报更新及时</td><td>★</td><td></td></tr>
<tr><td>有凸显班级幸福氛围的特色栏目</td><td>★★</td><td></td></tr>
<tr><td rowspan="9">和谐结构（9★）（德育处）</td><td rowspan="2">班委</td><td>班委有分工</td><td>★</td><td></td></tr>
<tr><td>班委团结合作、朝气蓬勃，威信高</td><td>★★</td><td></td></tr>
<tr><td rowspan="2">小组</td><td>齐心协力，生机盎然，活力强</td><td>★</td><td></td></tr>
<tr><td>小组活动效果好</td><td>★★</td><td></td></tr>
<tr><td rowspan="2">管理制度</td><td>有值日、阳光锻炼、早读安排等各项常规管理制度</td><td>★</td><td></td></tr>
<tr><td>各项活动落实到位</td><td>★★</td><td></td></tr>
<tr><td rowspan="3">管理评价</td><td>每周及时上交“六美”班级自评表</td><td>★</td><td></td></tr>
<tr><td>管理评价落实</td><td>★★</td><td></td></tr>
<tr><td>在学校“六美”班级评比中效果好</td><td>★★★</td><td></td></tr>
<tr><td rowspan="5">积极心理（5★）（科任教师、德育处、家长）</td><td rowspan="2">认知与情感</td><td>班级学生熟记社会主义核心价值观</td><td>★</td><td></td></tr>
<tr><td>班级学生好人好事多</td><td>★★</td><td></td></tr>
<tr><td>人际关系</td><td>师生关系、生生关系融洽</td><td>★</td><td></td></tr>
<tr><td rowspan="2">家校共建</td><td>家长能配合本班建设、参与孩子的成长及评价</td><td>★</td><td></td></tr>
<tr><td>家长积极配合本班建设、积极参与孩子的成长及评价</td><td>★★</td><td></td></tr>
</table>

续表

评价内容（评价人）		评价标准		得分
快乐成长（11★）（科任教师、德育处、家长）	自我管理	班级学生积极参与班级活动	★	
		班级学生积极参与班级及学校日常管理活动	★★	
	“尚美”德育养成教育系列	有学校“尚美”德育养成教育活动记载	★	
		每周落实学校“尚美”德育养成教育活动	★★	
	班级荣誉	每获1项荣誉得1★，最高累积得3★	1★～3★	
	班级品牌	有班级特色品牌	★	
		班级特色品牌鲜明，有一定的影响力	★★	
	校内外荣誉	校内好评，师生以班为荣	★	
		校内好评，师生以班为荣，家长满意，社会好评	★★	
幸福课堂（20★）	学生中心、寓教于乐	学生是学习主人，能激发学生学习兴趣	★	
		学生是学习主人，能激发学生学习兴趣，教学基本功扎实	★★	
		学生是学习主人，教学基本功扎实，综合素质高，深受学生喜欢	★★★	
	学习兴趣	学习兴趣浓厚	★	
		学习兴趣浓厚、习惯好	★★	
		学习兴趣浓厚、习惯好、学习主动且自信	★★★	
	高效课堂	会指导、会点拨答疑	★	
		会指导、会点拨答疑、善于应用信息教育技术等多种教育手段	★★	
		会指导、会点拨答疑、善于应用信息教育技术等多种学习手段，效果好	★★★	
	“双分”七步小组学习范式	学生能积极参与学习中	1★～2★	
		学生能积极参与学习中，会合作、会倾听、会质疑、会分享	3★～5★	

续表

评价内容（评价人）		评价标准		得分
幸福课堂（20★）	学以致用	能够在生活中应用所学	★	
		能够将所学东西运用到生活中	★★	
		能够将所学东西运用到生活中，重视学科核心素养养成	★★★	
	学测一体	学习内容能当堂落实	★	
		学习内容能当堂落实，有开展学科周质量调研	★★	
		学习内容能当堂落实，有开展学科周质量调研，期末检测获得好成绩	★★★	
幸福课外（10★）	学科延伸	学生在各项学科检测活动中每获一项荣誉得 1★，最高累积得 4★	1★～4★	
	社团活动	班级学生积极参与社团活动	★	
		班级学生参与活动效果好	★★	
		班级家长积极参与社团活动	★★★	
	社会实践活动	班级学生积极参加学校组织的寒暑假等社会实践活动	★	
		班级学生参与活动效果好	★★	
		班级能利用课余时间自发组织社会实践活动	★★★	

注：每学年度由各层面结合日常评价汇总后算出班级得星数，达到 48★以上为幸福班级。

第三节　小学生发展的评价

小学生发展评价是在一定教育价值观的指导下，根据一定的标准，运用现代教育评价的一系列方法和技术，对小学生个体成长发展情况进行判断的活动。小学生发展评价涵盖学生成长的各个方面，包括学生学业情况和非学业情况、智力因素和非智力因素、发展结果和发展过程等的评价。

一、小学生发展评价的理念

教育评价理念是指贯穿教育评价活动的总的指导思想。为了实现促进小学生发展的评价目的，在评价过程中应树立科学的评价理念。

1. 评价内容综合化

随着国家教育体制改革的深入推进，学生综合素质评价越来越受到重视和认可，也成为基础教育课程改革的一项重要内容。小学生发展评价内容应围绕学生综合素质展开，可以从思想道德、学业成就、身心健康、审美素养、个性发展等五方面入手，促进小学生的综合发展。具体评价指标如下表：

小学生综合素质评价指标①

一级指标	二级指标	关键指标
思想道德	道德品质	学生在爱国情感、孝敬父母、尊敬师长、文明礼貌、自尊自信、自律自强、热爱劳动、勤俭节约等方面的认知和行为表现
	公民素养	学生在遵纪守法、诚实守信、关心集体、团结友善、维护公德、环境保护、珍爱生命、社会责任感等方面的认知和行为表现
学业成就	知识技能	学生掌握各学科基础知识和基本技能水平，在相关学科和实际生活中表现出的应用水平
	学习能力	学生综合应用知识分析和解决问题能力、实践能力、合作学习能力，以及信息素养等方面的发展水平
	学业情感	学生在学习过程中表现出来的学习态度、学习兴趣、学习习惯、创新意识等方面的认知和行为表现
身心健康	体育锻炼与卫生保健	学生掌握体育锻炼方法和技能、卫生知识和保健方法，养成良好的体育锻炼习惯和卫生保健习惯的情况
	体质健康	学生的身体形态、身体机能、身体素质等达到《国家学生体质健康标准（2014 年修订）》的情况
身心健康	自我认识与调控	学生认识自我，熟悉自己的情绪，调控自己行为的能力；关心、尊重他人，学会与教师、同学和家长沟通与交往情况
	适应环境的能力	学生应对和克服学习、生活困难，适应学习环境、社会环境的能力

① 北京市教育委员会：《北京市教育委员会关于印发〈北京市小学生综合素质评价方案（试行）〉的通知》，北京市教育委员会官网，访问日期：2022 年 5 月 15 日，http：//jw.beijing.gov.cn/xxgk/zxxxgk/201602/t20160224_1445678.html。

续表

一级指标	二级指标	关键指标
审美素养	感受美	学生感知、识别生活、自然、艺术中美的能力
	欣赏美	学生的审美情趣和赏析美的能力
	表现美	学生在生活中展示美、表达美的能力
个性发展	兴趣爱好	学生在学习生活中对某些事物或者事情专注和喜好的表现
	特长	学生在学科素质及科学、艺术、体育技能等方面的突出表现

2. 评价主体多元化

关于小学生的发展评价，要坚持自评和他评相结合。在多主体多元评价中，促进学生在德智体美劳等方面主动发展。

学生。学生既是评价的对象，也是评价的主体。自我评价是对学生个体差异的尊重，也是学生获得自我认识的重要渠道。学生在自评过程中，反思自己的学习、纪律、行为习惯等，实现自我发展、自我成长。同时，鼓励学生之间的互评。互评有助于学生在对比中发现优势、找出差距，更清晰地认识自己，也在审视他人的基础上认识自我。小学生年龄较小，对于自评和互评的意识较为薄弱，班主任可引导他们从两方面进行自我评价：一是对比“曾经”和“现在”；二是对比期望和实际收获。让学生，尤其是后进生发现自我的价值，建立自信。

任课教师。任课教师通过教学等途径对学生的了解也较为深刻。他们会站在教师的立场上审视学生，从而做出相对客观的评价。此外，任课教师主要负责教学，对于学生的评价可以侧重于课堂表现、学业水平、智能发展等，这恰是学生评价的重要方面。

家长。家长应一起参与和见证孩子的学习和成长，实现亲子评价。家长可以更多地评价学生在家中的表现，使班主任了解在学校生活之外的真实的学生。班主任应定期召开家长会、邀请家长来访、与家长电话联系等，及时掌握学生的居家表现，同时提醒家长关心子女，必要时指导家长的教育工作，以保证评价工作的稳定性和教育性。

社区。由于自控能力较弱，部分小学生在离开教师和家长的视线范围后会出现打架、损坏公共财物等偏差行为。邀请社区人员适当地参与评价活动，有助于班主任全面深入地了解学生的品行发展。此外，社区是一种重要的教育资源，社区评价可以争取社区对学生的更多关注和支持，为学生提供社会实践机会，实现学校教育和社会教育的有机结合。

班主任。作为班级管理者，班主任是传统的评价主体，对学生发展的评价发挥主导作用。学生评价、教师评价、家长评价、社区评价都是班主任评价的重要信息来源，班主任应当根据自己的观察了解再结合这些信息对学生做出恰如其分的评价。值得注意的是，小学生自主性较弱，一般以他人的观点和意见来勾勒自己，而班主任是学生成长中的“重要他人”，对学生的影响深远。因此，班主任要尽量对学生做出积极评价，激励学生进一步努力，促进学生的发展。

3. 评价方式多样化

传统的学生发展评价往往采用量化方式，比如传统的纸笔测验。这种纯量化的评价方式忽略了学生的情感、思维和品质等方面的表现，而质性评价能够补充这一劣势，全面、深入、真实地反映学生的个性特点和发展趋势。新时代教育评价改革强调评价方式的多样化，定量与定性相结合，根据不同的评价对象和评价内容选择不同的评价方法，使评价更具全面性、适宜性和有效性。在实际操作方面，除了作业、测验、考试外，还有观察、访谈、问卷、自我报告、评语、成长记录袋等多种科学有效、简便易行的方式。

二、小学生发展评价的工具

新课程倡导评价方法的多样化，尤其强调质性评价方法的运用。本节介绍几种常用的小学生发展质性评价工具，用于与量化评价工具结合，以有效描述学生全面发展的状况。

（一）成长记录袋

1. 成长记录袋的含义

成长记录袋，也称成长档案袋，是用来显示学生学业成就或持续进步信息的一连串表现、作品、评价结果及其他相关记录和资料的汇集。这是一种多元、开放、动态的评价方式，详细记录了学生在某一时期的一系列成长“故事”，真实地再现了其发展过程。

通过对成长记录袋制作过程与最终结果的分析，班主任能够全面、详尽地了解学生，客观、准确地评价学生，有针对性、发展性地教育学生，还能够利用记录袋的形式发展学生收集和整理信息的能力、反思的能力、动手的能力等。

2. 实施成长记录袋评价的步骤

（1）确定成长记录袋评价目标。

确定明确、具体的评价目标，是使用成长记录袋的首要前提。评价目标越明确，收集的内容就越有针对性和方向性。需要提醒的是，成长记录袋的作品内容一般具有一定的创造性，所以教师应该更多关注无法很好用纸笔测验测量的认知结构、问题解决策略、组织能力等智能发展情况。

（2）收集成长记录袋的内容。

成长记录袋的内容关系到其评价目标是否能实现。收集的内容可以是课程作业、小测纸、成长日志、教师评估、荣誉证书、社会实践报告单、体检表、违规记录等。

在成长记录袋中保存的材料可被称为“作品”。为了保证作品选取的有效性，可以按照下面的程序进行。

确定作品的类型。首先根据成长记录袋的评价目的确定作品的基本类型：要寻找学生进步的依据，则可以选择不同时期不同水平的同类作品；要展示学生成果，则要挑选最佳作品。

考虑作品的适当性。根据确定的作品类型挑选出具体的作品后，还需考虑选择的作品是否合适。如难度是否太大？是否会挫伤学生的积极性？是否具有可比性？思考后保留符合所有条件的作品，剔除不符合要求的作品。

确定选择作品的数量。原则上作品涵盖面越广越好，但若符合条件的作品数量较多，则无法全部选入成长记录袋。这时可以依据作品反映所测内容的程度水平由高到低进行排列，再根据时间、精力和需要加以选择。

（3）明确成长记录袋的参与者。

成长记录袋制作的主体是学生自己。学生在收集作品的过程中可以进行反思和自我评价，认识到自己的进步和不足，并知晓未来努力的方向。作为教育者和评价者，家长更了解孩子的个性和校外发展情况，也应参与其中。小学生的能力有限，关于成长记录袋的收纳、整理、编排、保管还需家长的协助。教师也要发挥指导作用，指导学生和家长如何设计封面、收集资料、做好备注、定期整理等。

（4）制订评价标准。

成长记录袋评价标准包含两方面：一是成长记录袋整体的评价，包括设计呈现和内容完整性等；二是成长记录袋内每一内容领域的评价，比如书写的评价、绘画的评价等。为了保证评价的公正性和一致性，制订的评价指标必须简明合理、操作性强，并向学生和家长解释清楚。

成长记录袋“作文”的评价标准①

指标	水平一	水平二	水平三	水平四	水平五
描述情况	表达的意义十分模糊，缺乏对书写、标点、语法、句子结构等方面基本要求的了解	在书写、标点、语法、句子结构等方面出现了不少错误，影响了意义的表达	虽然在书写、标点、语法、句子结构等方面出现了一些错误，但不影响意义的表达，大部分比较清楚	在书写、标点、语法、句子结构等方面只出现了个别小错误，表达比较清楚	在书写、标点、语法、句子结构等方面没有出现什么错误，表达十分清楚
构思情况	没有经过构思	结构有些混乱，思路不是很清晰	构思基本清楚	结构比较清楚，思路较清晰	构思新颖，思路清晰
修改质量	没有认真修改	多数修改意见都没有采纳，与上一稿相比没有什么进步	采用了一些修改意见，比上一稿有点儿进步	采用了很多修改意见，比上一稿有一些进步	考虑各方面提出的意见，比上一稿有明显的进步

（5）分析成长记录袋中的内容。

在确定了评价标准后，教师要对成长记录袋中的内容进行评价，分析判断学生的发展状况。比如学生在成长记录袋中放进了一篇修改前和修改后的作文，教师根据评价标准经过对比，认为这名学生虽然一开始在语法和句子结构方面出现了错误，但是构思新颖、思路清晰，而且能够综合各方面的意见，修改出一篇质量上佳的文章，说明该学生具有良好的作文写作水平。

（6）反馈评价结果。

评价的主要目的是促进学生的发展，因此班主任要将评价的结果及时反馈给学生，引导学生正确对待评价结果。学生要认真反思自己的发展和

① 谢巍：《优秀教师该如何对学生进行合理评价》，长春：吉林人民出版社，2018，第 89 页。

不足，总结取得的进步和存在的问题，并在教师和家长的帮助下制订下一步发展计划。

3. 运用成长记录袋的注意事项

（1）适度使用成长记录袋。

成长记录袋评价的优势突出，但评价的主观性较强，并不是所有的评价内容都适合这种评价方式。同时，成长记录袋评价工作量大、耗时长，教师应根据实际需要理性选择、灵活运用。

（2）与教育教学活动相结合。

成长记录袋评价应与教育教学活动紧密联系，收集学生在活动过程中自然生成的各种作品和资料，用以评价学生在某一目标领域中的努力、进步与成就，使它成为促进学生发展的一个手段。换言之，成长记录袋评价不能独立于教育教学活动之外，以免出现形式主义的倾向。

（3）给予教师和学生足够的自主权。

在成长记录袋的使用过程中要充分尊重教师、学生的个体差异，由教师和学生自主决定是否在日常评价中使用，在哪些领域使用，使用时收集哪些内容，如何制订评价标准等具体事宜。若学校对此做出过多的统一要求，反而会压抑使用者的创造性，不能发挥成长记录袋的实质作用。

（4）实施电子化评价。

实施成长记录袋电子化评价是教育信息化发展的必然趋势。一个班级几十位学生，其纸质成长记录袋的存放与取用往往成为问题。当学生转学时，这些宝贵的材料就很难被继续使用。电子化则可以很好地解决这些问题。在电子化评价的实践中要避免复杂操作和烦琐程序，真正做到评价的高效便捷。

对点案例

成长记录袋——成长的足迹，进步的点滴[①]

1. 颜色

学校根据小学阶段的六个年级，将成长记录袋设计成黄、橙、红、

① 严育洪编著《新课程评价操作与案例》，北京：首都师范大学出版社，2004，第128页。

绿、蓝、紫六种不同的颜色，表现孩子成长的不同阶段。

2. 封面

教师允许学生采用自己喜欢的方式装饰，有的学生设计了小树苗，有的学生设计了智慧树，有的学生设计了小舟，然后起一个好听的名字，如“文海拾贝”“小脚丫”“智慧泉”等。

取好记录袋的名字后，学生可用一句话说说自己。有的学生吐露爱好，有的学生写上喜爱的名言，有的学生提出奋斗目标……

3. 内页

第一张记录卡“瞧瞧我吧”，是学生个人基本资料，包括学生的爱好、气质、性格等项，并附学生近照；

第二张记录卡“芝麻开花”，记录学生各科成绩；

第三张记录卡“天生我材必有用”，记录学生最擅长的课程或暂时成绩较差的课程，并写出自己对这门学科的想法；

第四张记录卡“尝尝我的金苹果”，记载学生的成功体验，包括学习、文体和其他方面的获奖情况及收获；

第五张记录卡“小帆起航”是每月“四心相连式”评语，包括学生的自说自话、同学的真情告白、教师的鼓励和学生家长的期盼。

4. 附件

教师可以指导学生把自己认为有纪念意义的、有代表性的作品放在里面。比如，针对学生作业潦草的情况，教师指导他们从不同的角度收集作业，包括：你认为最差的作业；你认为最好的作业；教师认为你写得最好的作业；还可以找来班上同学的作业，通过比较，引导学生发现不足，确立进步目标。

5. 封底

配有同学的合影，以及学校的联系电话和网址。

（二）小学生综合素质评价手册

1. 小学生综合素质评价手册的含义

小学生综合素质评价手册一般由地方教育行政管理部门制订、力求对一个学期中学生各方面的发展过程和发展状态进行全方位评价的小册子。

它全面反映了学生成长的细节，是班主任实施评价的一个有效工具。

综合素质评价手册的核心理念是“一切为了学生的发展”，评价标准主要包括基础性发展目标和学科学习目标。前者包括道德品质、公民素养、学习能力、交流与合作能力、运动与健康、审美与表现等，后者包括学科课程标准中列出的学习目标和各个学段学生应该达到的目标。

2. 小学生综合素质评价手册示例

北京市《小学生综合素质评价手册》包括“我的自画像”“思想道德”“学业成就”“身体健康”“心理健康”“个性发展”和“我的收获”七部分内容。首页突出了爱国主义内容，有“校训”“班训”等内容；“我的自画像”设计为一个粉红色的信封，学生可以贴上自己的小照片，并用文字、绘画等形式填写；“学业成就”除了各门课程（包括综合实践活动）的单元练习成绩，还包括对学生的情感与态度以及关键能力（或行为表现）的多维度评价；“心理健康”主要评价学生自我认识、人际关系、适应环境的能力等方面。每一部分的评价都包括体现发展过程的形成性评价和学期终结性评价两种性质的评价，且都分为自评、互评、教师评等几种途径。在学生的自我评价中，既有用红星表现的“我知道”，又有用笑脸展现的“我做到”；有亲身经历的“我记录”，展现个性发展的“我的擅长本领”实物展示；还有“我的荣誉”“我可以做得更好”等板块。①

（三）评语

1. 评语的含义

评语是班主任对学生一学期全面发展情况做出的评价，是教育过程中的一个重要手段。撰写评语是班主任的一项重要工作，目的有三：一是教育学生，在评语中肯定学生的优点，指出其不足，并表达期望，鼓励其积极上进；二是帮助学生家长较全面地了解学生的在校情况，密切学校和家庭的关系，更好地处理“学校—家庭—学生”三边关系；三是发挥鉴定作用，对学生思想品德、学习、文体、劳动、社会实践等综合素质做出描述和鉴定。

---

① 苏琬婷、陈甦甦、路丹主编《小学班级管理工作实务》，上海：上海交通大学出版社，2021，第202页。

对点案例

原来我也被关爱[①]

这半学期，我有了很大进步，与以前比真是天壤之别，这都是老师的功劳。可我总觉得我与老师之间隔着什么，老师对我好像有些冷淡，因此对于素质报告单上的评语，我有很多不好的猜想。没想到老师并不像我想的那样草草了事，竟然连我的发言次数多了这样小小的变化都知道。原来老师在一个我并不知道的角落里，仔细地观察我的一举一动。现在我才知道，原来我也被关爱着。

2. 评语的撰写策略

在实践中，班主任评语的撰写易陷入抽象化、模式化、空洞化、教条化的思维误区，失之于客观、具体与真实，难以发挥其应有的教育价值和意义。为了避免这些问题，班主任在撰写评语时要力求内容切实、表达精美。

（1）融情。工作中，一些班主任将撰写评语看作烦心事，往往敷衍了事，采用“先德后智再体美，先优后缺再希望”的固定模式，字里行间缺乏感情，态度冷漠，多以“该生……”开头，“再接再厉”结尾。这类例行公事、千篇一律的评语，在无形之中拉大了师生间的心理距离，当然也无法起到良好的教育效果。评语是师生情感交流的渠道，班主任应用爱去书写，句句真情，字字真切。正如全国优秀教育工作者李镇西老师所言：“把冷峻的评判变成亲切的对话，把严肃的鼓励变成殷切的叮咛。”这样才能做到动之以情、晓之以理。

（2）求真。客观真实是评语的生命力所在，如此才能帮助学生全面认识自我、积极主动地发展自我。然而，部分班主任撰写的评语与实际存在着不小的偏差。一种是以主观好恶来代替客观评价。对于自己满意喜爱的学生，大加褒扬，对其缺点轻描淡写或忽略不计；对于自己厌恶的学生则加以贬低，看不到其闪光点。另一种是为了“讨好”学生和家长，对其缺

① 齐学红、黄正平主编《班主任专业基本功（修订版）》，南京：南京师范大学出版社，2014，第153页。

点闭口不谈。

教师客观公正的评语才能让人信服和认可，而客观公正是建立在掌握事实情况的基础上，避免凭依个人感受、经验、印象撰写，造成评语的失真。具体而言，小学生课程修习情况、参与活动的典型性行为表现、代表性作品、奖惩等，均是评语撰写的事实依据。这就要求班主任平时注重观察学生，对典型事例加以记录并认真分析，同时多与任课教师交流，听取他们对学生情况的反映，在此基础上勾勒学生画像，凸显评语的真实性和说服力。如一位班主任给学生的评语："你是一个小小钢琴家，在联欢会上弹奏快乐的音符，在演讲时介绍贝多芬和他的曲子，给同学们带来了艺术享受。"

（3）求活。评语要突出学生的个性，要使学生认识到自己的独特，感受到班主任对自己的关爱和期望，从而引起学生内心的震动和共鸣。班主任在撰写评语时常会遇到这样一种困难，即平时多关注"先进生"和"后进生"，针对特征突出的他们的评语写起来往往得心应手，而中等生平时接触少、印象浅，评语常流于形式："该生思想……学习……劳动……希望今后再接再厉，争取更大的进步。"

撰写个性化评语，关键是抓住学生的特点。这样学生在读评语时可以明确意识到这是在说自己，而非其他同学。比如，给一个意志力薄弱的学生的评语："你勤奋认真，但不能抓紧时间；你宽容正直，但这不意味着就可以随波逐流；你的基础很好，但更需努力才能有所进步。希望你能坚毅一些，对自己、对身边的每一件事都更加严谨，这样才能走向成功。"抓住学生特点的前提是对学生的深入了解。班主任对学生了解得越多越深，撰写评语时才能做到有的放矢，体现学生鲜活的个性。

（4）指向。评语中要有指导性的话语，让学生找准努力的方向。班主任应以发展的眼光看待每一个学生，对一贯优秀的学生肯定成绩并提出更高的要求和希望，对进步较慢的学生鼓励发扬优点并针对问题提出良策。具体而言，评语除了肯定学生的优点，指明学生的缺点外，还要教给学生正确的做法，以及这么做的原因。如对过分内向的孩子的评语："在我的印象中你似乎没有主动找我谈过话，这让我难以走入你的内心。但我想它是极其丰富、极其充实的。为什么不去试着交换一下思想？这样在交流中你就会获得两种思想。"

（5）显美。班主任撰写评语时不管在内容上还是形式上都应精心设计，给人以美感和启迪。首先，文笔要清新活泼。班主任可以借用比喻、夸张、排比等修辞手法增强感染力。如，“你像小蜜蜂一样勤劳，像太阳一样温暖”。即使在指出学生不足时，巧用修辞，也能使学生欣然接受劝诫。如，“你大胆聪慧，拥有千里马的潜能，若能像马一样吃苦耐劳，相信你一定会成为一匹真正的千里马。祝马到成功!”其次，文体形式要多样。班主任可以使用散文、诗歌、对联等，使学生耳目一新。如，“尊师守纪爱集体，勤奋学习好榜样。成绩优异列前茅，劳动积极正能量。”最后，呈现要用心。班主任可以挑选漂亮的纸张手写评语，或者加上一些简笔画。学生在看评语时犹如欣赏艺术品，更愿意朝着教师指引的目标前进。

对点案例

小学生评语实用参考①

序号	特点	寄语
1	暴脾气得罪人	语言这把刀子一旦插进人心，愈合后也会留疤
2	迷茫	让成长带你穿透迷茫
3	个子小	没有人因为拿破仑矮小而小觑他一分
4	有梦想，不努力	当你的才华还撑不起你的梦想，请脚踏实地地努力
5	努力了但成绩不见上升	方法比努力更重要
6	焦虑的懒惰者	把压力变成动力的唯一途径是努力
7	想得太多	做一个通透的人，理解复杂，选择简单
8	大气	你的大气，终会变成你的福气
9	偷懒且沉迷游戏	别在最该奋斗的年纪选择安逸，别让未来的你对现在的自己报以遗憾
10	动力不足	不拼一次，怎么知道自己到底有多优秀

① 张玉石《期末评语写什么？快来试试这个做法吧!》，张玉石名班主任工作室微信公众号，访问日期：2022年12月29日，https：//mp.weixin.qq.com/s/l4fVekZs6r5WwEt1－9iIrQ。

续表

序号	特点	寄语
11	有梦想但没行动	当梦想不付诸行动，它永远只是个梦。愿你眼中有光芒，活成你想要的模样
12	没有梦想	最怕你一生碌碌无为，还安慰自己平凡可贵
13	学习努力	你越努力，就会越幸运
14	默默无闻	孤独的，也是自由的
15	爱比较	心里感到疲惫，一半源于学习，一半源于攀比
16	女汉子	水一样的女子，以柔克刚亦为强
17	安静，没有存在感	我们需要英雄，也需要在英雄凯旋时坐在路边鼓掌的人
18	消极心态，忧郁	心中没有阴霾，天天都会阳光明媚
19	过分依赖，内心脆弱	所有人都是生命里的过客，唯有独立生长才会给自己真正的安全感
20	过分活泼	持续沸腾的水，自己会烧干，别人也用不上
21	爱笑	爱笑的女孩，运气不会差
22	乐观开朗，善解人意	真正的富有，是你脸上的微笑
23	爱看书	你的气质里，藏着你读过的书
24	心态不好	真正打败你的，不是别人，而是你自己的心态

三、小学生发展评价的心理误区

一个中肯的评价是教师送给学生弥足珍贵的礼物，它可以激励学生奋发向上，甚至让学生终身受益。然而，班主任在评价学生时却常常存在种种误区，给学生带来消极的影响。因此，在学生评价的实践中，班主任非常有必要消除一些可能出现的心理误区。

（一）“先入为主”的心理误区

所谓“先入为主”，是指班主任在接触学生前和接触学生的最初阶段所形成的第一印象。这个印象好就会产生正向优先效用，对他施以厚爱和信任；反之，这个印象不好，则会产生负向优先效用，对他疏远和排斥。班主任在刚接手一个班级时，对全班学生都不太了解，往往会去查阅学生以前的记录和评语，或到前任班主任那里了解学生的思想品德和学习情况。有的班主任仅据此印象选用班干部，委以重任，结果大失所望，这就是“先入为主”的心理误区造成的影响。因此，一个班主任在接手新班级时，切不可操之过急，必须在对全班学生有一定的了解后，方可对学生进行正确评价。

（二）“情感因素”的心理误区

“我心情好的时候，看见路边的小草也特别美丽，特别亲切。心情不好的时候，看见什么都别扭，看哪个学生都不顺眼”，这就是心理学上所说的良好心境和不良心境。在不同的心境下，班主任对学生的评价会受到影响。如果学生犯了同样的错误，在教师心境好的时候，他会耐心亲切地对学生进行教育，态度也很亲切，学生自然也会乐意接受教师的教诲；而在教师心境不好的时候，他往往会流露出烦恼、愤慨的情绪，甚至有的教师会把怒气转嫁到学生头上，语言自然也严厉、尖刻、缺乏理性。在这种情况下，不但对学生的教育失去意义，而且会引起学生的反感。因此，班主任在对学生进行评价时必须保持良好的心境，体现良好的师表形象。

（三）“定型观念”的心理误区

班主任容易在头脑中形成对某个学生的刻板印象，对学生的个性发展变化认识不足，把学生看成一个一成不变的个体。如班上有个同学被其他同学故意绊倒了，班主任在没有调查清楚事实的情况下就认定是班上一个调皮捣蛋的男生所为，甚至在其他同学指出犯错者是一个日常表现良好的学生时，还予以否认：“这不可能。他那么优秀，怎么会故意给同学使绊子呢?”这就是由于定型观念的心理误区产生了错误的评价，这种定型评价不但会扼制后进生的上进心，同时也会使先进生的心理得不到全面的发展。因此，班主任要本着客观公正的原则，用全面发展的眼光看待每一个学生。

第四节　班主任评价

班主任评价是对班主任进行管理的重要环节之一，为学校对班主任的选拔、任用、培养、晋升等提供科学依据。通过构建班主任评价机制，对班主任工作进行反思或监督，确保其工作方向的正确性。同时，该机制旨在激励班主任更好地完成工作，突出优秀班主任的示范效应，引领其他班主任向其学习。

一、班主任评价主体

班主任工作对象广泛，工作内容繁多。为了更客观准确地评价班主任，要采用多元主体评价。评价主体一般包括班主任自己、学生、领导、同行和家长。

1. 自我评价

班主任的自我评价在实施上一般是由班主任根据评价指标要求写出自评报告，填写有关量表和自评分值。自我评价区别于传统的以领导为主的评价，将班主任置于主动的地位。一方面有利于班主任角色的内化，加深对职务的认识和理解；另一方面可以拓宽评价信息的搜集渠道，提高评价的准确性和可靠性。

2. 学生评价

学生是班主任工作的主要对象，他们对班主任的日常状态最为了解，对班主任的工作成效有最深刻的体会，也应该参与班主任评价。但是学生由于知识能力不足和心智不成熟，在评价过程中可能会出现片面不公的情况。为了尽量避免此类情况的发生，在评价前应由学校向学生做动员，说明评价的目的、意义、标准、方法等，并采用匿名的方式进行投票和反馈。

3. 领导评价

领导评价小组的成员通常是校级领导、德育处工作人员、年段长、班主任代表等。他们作为教育教学的决策者和执行者，可以在与班主任沟通互动的评价过程中渗透学校发展目标，促进班主任将个人发展与学校发展相结合。领导参与评价也是对班主任的一种监督和约束，鞭策班主任努力工作。

4. 同行评价

同行是指与班主任从事同一工作和相近工作的班主任、教师和辅导员等。他们对业务熟悉，可以对班主任做出专业客观的评价，为班主任工作的改进提供切实可行的意见和建议。其实，同行评价具有多方面的价值：

第一，相互认同，由于同行之间相互熟悉认可，评价的结果更易被班主任接受；第二，相互学习，同行评价可以增强班主任之间的交流合作，让班主任在团队中获取信息、吸收经验。

5. 家长评价

对于服务质量的评价最有发言权的是服务对象。没有家长的满意与认可，班主任的工作价值就无法完全体现。家长对于班主任的判断和评价是客观存在的，家长参与班主任评价，有助于促进班主任反思习惯的形成和反思能力的提高，同时也建立起真正意义上的“教育共同体”。

二、班主任评价内容

班主任工作包含的内容相当广泛且复杂，单一角度的信息无法完整地反映一名班主任的教育表现和综合素质。因此，班主任评价内容应较为全面，才能得到符合班主任实际的评价结果。

1. 专业素质

班主任专业素质是班主任做好工作的基础和条件，包括政治思想、职业道德、业务能力和心理品质等方面。具体而言，班主任要正确对待班主任工作，有较强的工作责任心，热爱学生、关心学生，始终以热情、诚恳的态度面对学生；时刻关注学生的思想动态和心理状况，及时给予沟通和帮扶。同时，班主任要精通班主任工作的理论和方法，并能学以致用，针对班级和学生的特点进行卓有成效的教育。班主任还应具备多方面的能力，如敏锐的观察力、良好的组织管理能力、较强的沟通表达能力等。

2. 职责与任务

班主任所承担的职责和应完成的任务是班主任评价的重要内容。《中小学班主任工作规定》中详细描述了班主任工作的职责与任务，主要包括以下方面：全面了解学生、做好班级日常管理、组织指导开展班级活动、组织做好学生的综合素质评价工作、协调各方面的教育力量。班主任是否全面履行以上工作职责是评价班主任工作优劣的关键，即职责与任务的完成情况是班主任评价的核心。

3. 工作绩效

班主任工作绩效是评判班主任工作质量的重要指标，指的是班主任工作的效果与效率。不同于职责与任务侧重班主任工作的内容和过程，绩效强调的是结果。工作绩效一般从学生全面发展情况和班级组织建设情况两大方面进行考查。此外，工作绩效还有一些附加指标，如班主任的科研成果、班级的集体荣誉等，可对此给予特殊的鼓励和表扬。

三、班主任评价标准

班主任评价标准是班主任价值认识的反映，它表明了班主任工作的重点和注意事项，具有引导班主任向何处努力的作用。无论是哪种类型的评价，都要有明确的评价标准。对于评价标准的制订和使用要注意以下方面。

1. 对班主任评价标准进行详细的诠释

在制订班主任评价标准时，每一条标准都要有相应的指标和示例。这样可以为评价者和本人开展评价提供很大的方便，使他们能够准确地理解和运用标准，不会出现歧义或模糊的问题。因此，在评价之前将标准的内涵界定清楚，并举出适宜的范例，对于提高评价结论的效度和信度是非常重要的。

2. 班主任参与评价标准的制订

在制订班主任评价标准时，要让班主任参与讨论，并在讨论中达成共识，确立共同遵守的标准。评价标准的制订若脱离班主任工作的现实，生硬、教条，会导致班主任与班主任工作评价分离，评价标准与班主任的认识分离。在实施中，班主任往往并不认同评价标准和评价结果，导致评价结果很难促进班主任的专业发展。因此，只有班主任参与评价标准的制订，达成了共识，才能保障评价的有效性。

3. 班主任评价标准应彰显选择性

许多学校在选择、培养、使用和评价班主任时往往遵循单一的模式，制订一个标准，提出统一要求，剥夺了班主任的选择权利，限制了班主任的发展空间。班主任的专业发展过程，应是一个有选择的过程。班主任应该在多种专业发展的范式中选择适合自身实际的，才能获得真正的专业发展。就价值实现的角度而言，班主任专业发展应有人格示范型、学科专家型、学习指导型、教育引领型、经营管理型等多种范式。班主任评价应在倡导选择意识、建构选择机制、鼓励多样发展方面“有所为”。

4. 班主任评价标准应具有差异性

目前中小学班主任评价的一个突出弊端是评价标准的绝对统一性。大多数学校仍然采取“一表通用”的评价模式，对所有班主任使用完全相同的评价表。由于这种评价没有考虑到班主任的年龄、学历、专业背景、教育年限和班级差异等因素，用一把尺子衡量不同的班主任，往往导致评价结果不能令班主任信服。班主任在不同发展时期需要与其相适应的评价标准，如果用同一套标准来实施评价，势必反映不出班主任与班级的特点，也发现不了班主任在专业成长中的特殊需要，长久如此还会使班主任一味追求统一固定的评价指标，压抑个人的创造潜能，扼杀独特的教育风格。学界应当集合一切可能的研究力量，对现阶段我国中小学班主任必须达到的专业标准进行深入探讨，对不同年龄和学年段的班主任应当具备的专业能力提出明确的要求，以此构建起能够激励每一位班主任成长的个性化评价标准。①

对点案例

中小学班主任工作综合评价表②

一级指标	二级指标	三级指标	评价标准	分值	等级分值			得分	
					a	b	c	自评	他评
政治素质	政治表现	1	拥护并遵守党和国家的各种法律法规，认真领会党的教育方针，联系实际开展教育教学工作。坚持参加各项政治学习和活动，写出心得体会。从未间断法律常识考核，成绩优秀	4	4	3	2		
		2	思想道德品质好，有较强的事业心和进取心。努力践行教师职业道德规范，没有体罚或变相体罚学生的行为。不参与各种违禁活动，树立良好的师德形象	4	4	3	2		
		3	作风严谨，诚实待人，尊重领导，敬老爱幼。有团结协作精神，工作过程不闹情绪。与学生、家长之间关系融洽，善于人际关系沟通	4	4	3	2		

① 齐学红主编《班级管理》，北京：北京师范大学出版社，2015，第208—209页。

② 王萌、张春艳主编《教育学》，广州：中山大学出版社，2013，第277—278页。

续表

一级指标	二级指标	三级指标	评价标准	分值	等级分值			得分	
					a	b	c	自评	他评
工作素质	工作态度	4	服从组织安排，主动承担各项任务。有较强的责任心和较高的工作热情，工作不分轻重和内外，不马虎，具有敬业精神	6	6	5	4		
		5	履行教书育人的根本职责，自觉遵守纪律，不旷课，不迟到。关心集体，爱护学生，从不耽误工作，各项任务出色完成	6	6	5	4		
综合能力	文化水平	6	达到国家规定的学历要求，积极参加学历和岗位培训，不断提升专业文化水平和综合素质，适应形势发展。每年继续教育学习不少于90学时	4	4	3	2		
		7	熟悉有关法律法规。具备良好育人心理素质，善于运用教育学、心理学的理论教育学生、培养学生。持之以恒地指导学生开展“养成教育”，教育效果好	4	4	3	2		
	工作能力	8	有丰富的班主任工作经验，班务工作有条理，有沉着应对的工作方法和灵活善变的处事技巧。能独立处理班级或学生出现的问题，无工作失误	4	4	3	2		
		9	育人理念新颖，工作思路清晰，遵循教育规律，善于探索创新。培养了良好的班集体，转化差生效果显著	4	4	3	2		
履行职责	常规工作	10	制订的工作计划切合实际，建立班委会，健全各种班务制度和相关记录。围绕学校中心任务开展班主任工作	5	5	4	3		
		11	深入细致地做好班主任的常规工作，定期举行主题班会，有针对性地组织班级教育活动	5	5	4	3		
		12	坚持家访制度，熟悉学生家庭状况，有家访记录，全期普访一至两次	5	5	4	3		
		13	主动协调科任教师开展好教学工作，班级科任教师配合默契，各学科形成相互促进的良好局面。配合少先队开展正常的队活动	5	5	4	3		
		14	积极参与教育课题研讨活动。善于信息反馈，不断改进工作方法，在治班上有独特见解，创造出有价值的经验	5	5	4	3		

续表

一级指标	二级指标	三级指标	评价标准	分值	等级分值			得分	
					a	b	c	自评	他评
工作实绩	班主任工作	15	全期无乱班乱课现象，后进生转化率达到95%以上，“三好”学生率达25%以上	10	10	8	6		
		16	全学年巩固率达100%，辍学率为零。无乱收费或拖欠费现象	10	10	8	6		
		17	全期无大小安全事故发生，学生无严重违纪或犯罪记录，无家长投诉	10	10	8	6		
		18	较好地完成学校各项任务，组织学生参加校际比赛，团体成绩优秀。所在班被评为校、区、市优秀集体	10	10	8	6		
		19	班级学习风气浓厚，学习态度端正，各学科教学成绩均衡	10	10	8	6		
		20	本人被评为校、区、市、省、国家优秀班主任或班主任工作相关奖项	10	10	8	6		
		合计		125					
自我评分说明	考核人签名：								
学校考核小组意见	学校（章） 年　　月　　日								

四、班主任评价办法

班主任评价没有统一的方案，一般由学校根据实际情况确定本校的评价办法和奖惩措施。尽管如此，可以了解一些常见的班主任评价办法，做到心中有数。

（1）班主任评价内容一般以班级工作的实绩为主，辅以其他评价标准。

（2）班主任评价主体一般以班主任自评为主，辅以学生、领导、同行、家长等人员的民主评价意见。

（3）班主任评价形式一般是平时考核和年终考核相结合。

（4）班主任评价流程一般是班主任汇报工作——年级组长填写评价意见——向学校德育处申报——行政部门综合评价材料撰写评价意见。

（5）班主任评价结果是确定奖励等级及续聘、晋升等人事决定的依据。

（6）班主任评价的结果一般由校长审查批准，记录备案，并在全体教职工大会上通报班主任评价情况。

（7）班主任评价频次一般为每学年一次。

本章任务

请为四年级学生设计一份“成长记录袋”，目的在于评价学生的综合素质发展情况。

第九章　班主任工作计划与总结

思维导图

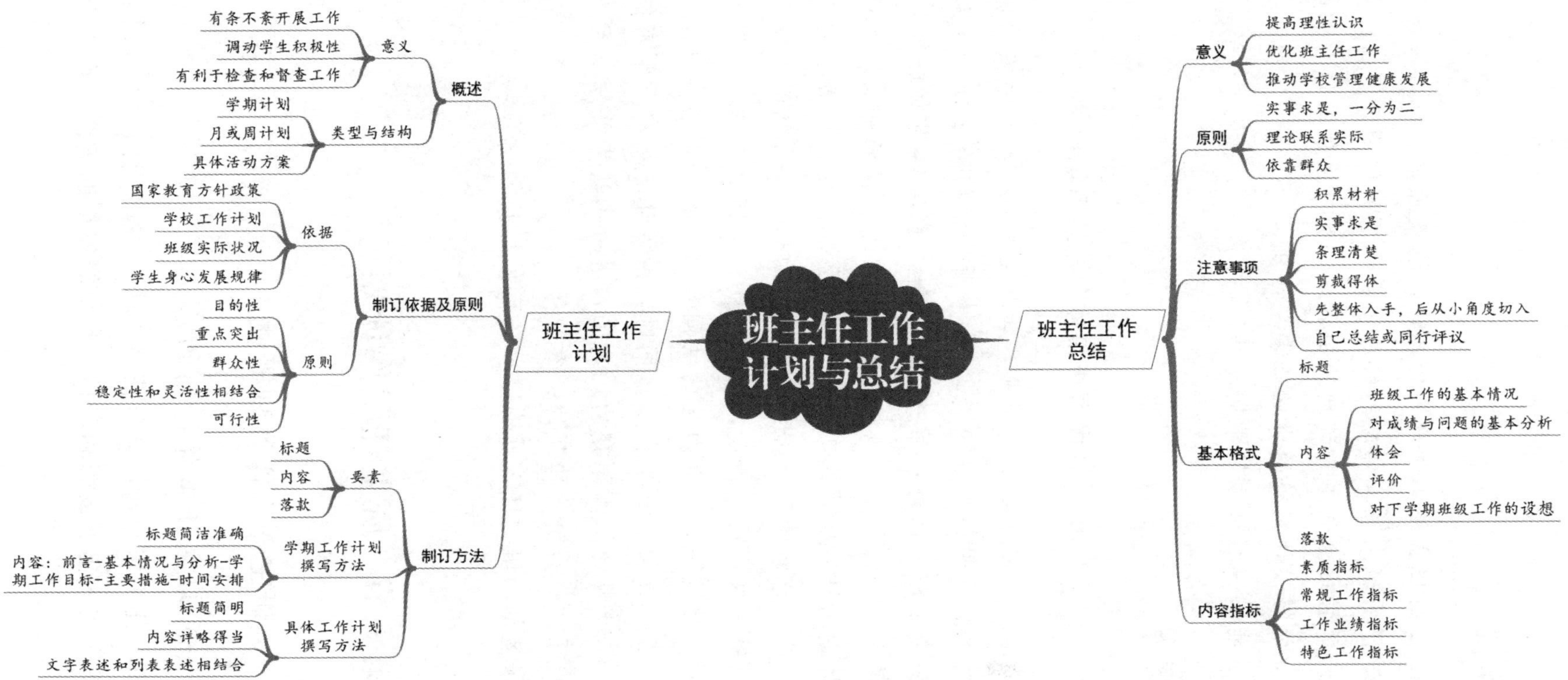

学海导航

1. 了解班主任工作计划的制订依据及原则。
2. 了解班主任工作总结的原则和注意的问题。
3. 掌握班主任工作计划的制订方法和班主任工作总结的基本格式。
4. 能够设计完整的班主任学期计划。
5. 能够撰写班主任学期总结。

案例导入

“优秀班集体”是如何炼成的

随着又一届小学生的毕业，新学期伊始，原六年级的班主任张老师也被重新分配至四年级（2）班，成为新班级的班主任。面对新班级，张老师需要考虑许多问题：第一，如何解决班级学生及班级管理上现存的问题；第二，如何基于班级情况有针对性地制订班主任工作计划；第三，如何在计划制订后有效地实施。为此，张老师向该班之前的班主任王老师详细地打听了班级情况，并结合王老师的建议及自己的工作经验，认真研究了班级每一位学生的情况，结合学校新学期的安排，制订了完整周密的工作计划。通过一个学期师生的共同努力，计划的各项工作得以顺利完成，学生在各个方面也进步很多。同时，为了让班级在下学期能够获得更好的发展，张老师还对本学期的班级工作进行了认真总结。因此，四年级（2）班获得了“优秀班集体”的荣誉称号。

张老师的班主任工作有哪些方面值得我们学习？

第一节　班主任工作计划

一、班主任工作计划概述

（一）班主任工作计划的意义

班主任工作计划是班主任对未来一段时间内班级工作的目标、任务、措施等预先做出的设想和安排，是班级发展的蓝图。班主任制订工作计划对做好班主任工作有着重要的指导意义。

1. 有利于班主任有条不紊地开展工作

班主任工作头绪纷繁，涉及面广，既要实现培养目标，又要妥当处理班级的各种具体事务。班主任开展工作若无计划，难免会在工作中顾此失彼，甚至陷于日常事务而偏离工作重点。因此，在工作前需要进行设计、筹划、安排、准备等工作，从而保证工作有条不紊地进行，这是提高班主任工作质量的前提。

2. 有利于调动学生关心和建设班集体的积极性

班主任工作计划实质上就是班主任教育管理的目标。班主任有了明确具体的工作计划，对班级重大活动进行精心设计、组织安排，并向全班学生公布，全班学生就有了明确的奋斗方向、奋斗措施，从而能有效地调动全班学生关心和建设班集体的积极性。

3. 有利于检查和督促工作

为了提高班主任工作的质量，经常对班主任工作进行检查和督促是十分必要的。检查、督促班主任工作的依据之一，就是看工作是否按计划进行。有了计划，既有利于班主任对自己的工作进行检查督促，也是班主任履职尽责、积极作为的基本保障；还有利于提高班主任工作的质量、效率及透明度，便于学校领导进行检查督促。

（二）班主任工作计划的类型

1. 学期计划

学期计划是指在学期开始前，制订的对整个学期班级管理和教育进行设计的计划，是全学期班主任工作的总纲和班级发展的总思路。这种计划的制订一般由三部分构成：

（1）分析班级基本情况。这部分包括班级的自然状况、现实状况和历史状况的分析。班级的自然状况如：总人数、男女生人数，流动儿童、留守儿童、少数民族学生人数，以及不同年龄学生、队员、班干部、三好学生和后进生的比例等。班级现状分析如：学生的思想品德状况、学习现状，学生的心理特点及身体健康状况，班干部的能力素质，班级学生的人际关系等。班级的历史状况包括班风传统及其形成原因、班级的优势和不足等。分析班级的基本情况是确立教育任务的基本依据。

（2）确定教育任务。这部分建立在班级基本情况分析的基础上，根据教育目的，确定教育任务的要求，明确规定本学期应达到的教育目标。确定教育任务应抓住重点，突出中心任务；同时，确定教育任务还要有针对性，不要过分笼统。

（3）安排具体工作。这部分包括为完成任务而打算采用的方法和时间安排。常见方式有两种：一种是以时间顺序为主线，纵向安排各种具体活动的内容、时间、地点等；另一种是从德智体美劳等多方面横向安排各阶段工作。要注意的是，无论采用哪种方法安排工作，都应考虑计划的可操作性。

2. 月或周计划

班级管理和教育的月或周计划是班主任根据学期目标、阶段性任务，以及学生实际对某月或某周的班级管理和教育进行设计的计划。这种计划可以与学期计划合二为一，但通常会在宏观的学期计划的基础上再完善出一份更为详细、重点突出的计划，它一般包括阶段性的教育目标及相应活动的时间、内容、地点、方式、措施、执行人员等。

对点案例

六月份工作计划

周次	主题	时间、地点、参与人员	主要内容
第一周	对学生进行常规教育	周一班会课、教室、全班学生参与	将近期观察到的班级不良现象，尤其是迟到、不讲卫生等情况跟学生交流，强调行为习惯的重要性。学期末将奖励有明显进步的学生
第二周	做好期末复习指导工作	周四自习课、教室、全班学生参与	距离考试还有半个月的时间，督促学生们制订学习计划、科学分配时间。合理安排复习任务，学期初的学习内容及时复习，避免复习内容轻重失衡。通过加强师生合作，帮助学生在期末发挥出最好的水平。利用晚上时间跟个别学习困难学生的家长单独沟通
第三周	组织班队会开展防骗宣传	周一班会课后、活动教室、全班学生参与	班会重点：通过本次队会活动，学生了解一些基本的防骗知识，增强防诈骗的安全意识，预防各类案件的发生，减少财产损失和人身危险。通过学生自由发言，陈述所搜集到的被盗、被诈骗或者被敲诈的事例引出防骗主题，通过小组讨论等形式掌握防诈骗相关知识和技巧，并学会被诈骗后自我解救的方法

续表

周次	主题	时间、地点、参与人员	主要内容
第四周	召开班干部会议	周一班会课后、办公室、全班班干部参与	总结本月班级情况，与班委沟通，并希望班级整体在卫生习惯培养上能够更进一步，要求班干部在平时发挥火车头的带头作用，为其他学生树立榜样，同时督促其他学生一起进步。1. 带头保护教室环境卫生，不乱扔果皮纸屑，保持公共卫生区卫生。2. 值日班委做好登记，班委要以身作则，做榜样。3. 如果有学生经提醒后仍然屡教不改，班委要如实登记情况并上报老师

3. 具体活动方案

具体活动方案是指对某一项教育活动的开展而做出的细致安排，如某一次主题班会的组织、某一次文体活动的安排等。这种计划要制订得更为详细、具体、明确，包括对活动的准备过程、活动的实施过程，以及活动的延伸等做出详细而具体的设计，以保证活动时的有条不紊。（详见本书第五章）

（三）班主任工作计划的基础

班主任要制订一个有效、合理的班主任工作计划，需要基于每个班级不同的实际情况，才能做到有的放矢。因此，在每次展开更为细致的班主任工作计划之前，班主任必须了解和掌握班级的基本情况、班级学生的情况，并且对自己也要有客观全面的认识。

做好班主任工作计划，首先要了解班级的总体情况。如，班级风气、舆论倾向，不同层次学生的结构，同学之间的关系，学生干部情况等，还有特定年龄阶段的学生的心理特点。班级的人数、特殊学生的具体情况、男女生比例，班级学生总体的特长、爱好和兴趣，班委成员的工作态度、工作能力，班级曾经获得过的荣誉或者处分等基本情况也须掌握。

其次需要了解学生的情况，包括学生的基本信息如年龄、性格、兴趣爱好、身体健康情况等，学习方面的学习态度、成绩情况、学习方法、思维特点、智力水平、思想品德情况，日常人际交往及集体合作方面的集体观念，劳动态度、人际关系、日常行为习惯、日常生活习惯，以及课外校外活动情况。制订计划时一定要考虑到是否符合班级学生的身心发展规律，此外学生的家庭情况也很重要，主要包括学生家庭成员组成，家长的职业、受教育程度，以及家庭教养方式等。

班主任要做好班级工作计划，就要对其自身有清醒客观的认识。班主任要认清自己的性格、兴趣、特长，以及各方面的能力情况，如沟通与表达能力、领导力及观察力等。

二、班主任工作计划制订的依据及原则

班主任工作计划是班主任对班级工作的一种设想与工作思路，直接影响着班级管理的效果及教育目的的达成。俗话说，凡事预则立，不预则废。作为班主任，班级计划的制订与执行情况直接影响着班级管理的成效。班主任制订工作计划，不仅是对自己所管理班级的工作安排，也是班主任工作达到预定目的的重要前提。

（一）班主任工作计划制订的依据

1. 国家教育方针政策

国家的教育政策包括党和国家的教育方针、政策法规，以及教育行政部门的指示和要求等。班主任工作计划要紧跟新时代，体现各部门发布的最新文件精神。

2. 学校工作计划

学校工作计划是在一定的观念和政策的指导下，根据本校的教育目标、办学特色、办学定位，结合本校的办学条件、师资力量、学生素养等情况，为实现学校工作的任务和目标而对学校工作的内容、规则、步骤、资源分配以及方式方法的通盘预先安排。学校工作计划是制订班主任工作计划的直接依据。

3. 班级实际状况

班级实际状况包括学生的人员构成、学习情况、思想情况、体质状况、骨干状况，以及班级特点等。班级状况是工作计划的基础，只有从班级状况出发，才能使班主任工作计划具有科学性、切实性、针对性。

4. 学生身心发展规律

无论班主任的工作计划形式如何，其内容必须遵循学生的身心发展规律，否则不仅会流于形式，而且严重的话还会适得其反，对学生正常的身心发展产生负面作用。因此，班主任的工作计划不能仅靠班主任的预想，还应该根据学生身心发展的实际情况及其规律予以科学有效地制订。

（二）班主任工作计划制订的原则

1. 目的性原则

班主任制订工作计划首先要确定目标，班主任工作计划以最新的教育行政部门文件精神、学校的年度工作计划等作为依据，确定班主任工作计划的总目标，这样下面的各种计划就能做到有目的、有层次。

2. 重点突出原则

在把握总目标的前提下，要突出计划的重点方向，即明确主要突破哪块的工作障碍，解决什么样的重点问题。做班主任工作计划时切忌面面俱到，平均用力，主次不分。无论是计划中非常紧急的任务还是其他临时的工作安排，都应抓住计划的主要方面，结合实际班主任管理过程，详细地进行分析工作重点。

3. 群众性原则

班主任工作计划关系到全班师生计划的设想，所以确定目标、制订措施等都必须走群众路线。整个计划制订过程应征求校领导、科任教师、学生家长的意见，集思广益，群策群力。只有依靠群众的经验和聪明才智，才能制订出科学、可行的班主任工作计划，也才能激发领导、同事、家长及学生对自己工作的理解和配合。

4. 稳定性和灵活性相结合原则

班级工作要井然有序，班集体要稳定团结，计划的稳定性和连续性是基本保证。然而计划会受到周围环境的影响，客观情况的突发性则又要求计划具有灵活性，能适应新情况。在环境发生剧烈变化的情况下，原本制订的计划就需要做出调整，或者说为环境变化预留出一部分变化空间，以保持组织对环境的适应性，这就是计划的灵活性。与此同时，计划也是为了从事某些工作预先进行规划好的详细方案，起着指明方向、预测未来变化的重要作用，其本身就已经具有指导性和灵活性，可以应对一定程度上的环境变化，而保持原计划的稳定不变。所以，即使是在未来极不确定，周围环境始终处于不断变化之中，计划仍可以通过遵循一些基本不变的规律而保持其自身的稳定性。

5. 可行性原则

班主任工作计划不能停留在理念层面，必须围绕建设优良班集体开展活动，活动任务要具体明确，而且要层层落实，任务到人，这样才能使工作计划易于贯彻执行，便于检查督促。在制订计划时，避免设立过低或过高的目标。有的班主任会迫切地将工作计划执行完成，将目标设置过低，班主任工作的实际成效低；有的班主任想提高班级整体水平，将工作计划目标定得过高，结果事与愿违。总之，在制订具体行动的时候，要考虑自身的实际情况，尽量让自己每一次行动都是可以达成的，这样才能推进到最终的目标。

三、班主任工作计划的制订方法

学校教育工作开展的好坏取决于班级的管理，班级管理的好坏取决于班主任工作开展的情况，班主任工作做得好坏取决于班主任工作计划的执行情况。只有班主任将工作计划制订得科学、具体、切实可行，学校教育工作才能顺利进行。因此，掌握工作计划的制订方法对于每位班主任都至关重要。

（一）班主任学期工作计划的拟订方法

班主任在撰写学期工作计划时没有严格、固定的格式，一般包括以下三大要素：

1. 标题

即计划的名称，标题要写在第一行正中，字数不宜过多，能一句话简洁且准确地概括班级的名称、计划的主要内容、计划的时限等。如：《××年级××班 202×—202×学年度×学期班主任工作计划》。

2. 内容

即计划的正文。正文一般分为以下五个方面的内容：

（1）前言。简单阐述出计划制订的依据，在理解贯彻上级教育行政部门的最新教育方针、政策等，以及结合学校本学期教育计划要求的基础上，简要、准确地指出制订本班工作计划的指导思想。文字表达应简明、扼要，切忌将文件、会议内容照搬照抄，一定要结合班主任自己的理解。

（2）本班的基本情况与分析。本班的基本情况包括：学生的分类情况如总人数，男女生、特殊儿童、队员、班干部、三好学生和后进生的人数和比例等。还包括班级学生的思想品德状况、学习现状、学生的特点、班干部的能力素质、班级学生的人际关系，以及学生家长的基本情况等。本班情况分析主要包括：班风传统、形成班风的原因、班级的优缺点等。做好分析工作的关键在于多方了解，细致观察，深入调查。面对纷繁复杂的班主任工作，没有主次，不加区别，眉毛胡子一把抓，是做不好工作的。

分析问题时，班主任要有全局观，对各种矛盾做到了然于胸，抓住问题的主要矛盾，才能找到解决复杂问题的重点，达到纲举目张、掌控全局、以点带面、事半功倍的目的和效果。

（3）本学期的工作目标。目标的提出，应根据上述原则，再以上级部门教育方针政策、学校的教育目标、班级的实际状况等为依据，针对本班目前的问题解决及发展任务要求提出目标。

（4）主要措施。措施即实现目标时采取的手段。措施要具体，即详细地说明问题如何解决，什么时候解决，解决时有哪些注意事项，有什么样的预期效果。措施要符合学生的年龄特征和心理特点，采取学生喜欢，能够接受的形式，最好是能吸引学生兴趣，发挥学生的主观能动性；同时要注重教育效果，不搞形式主义，不做表面文章。

（5）时间安排。班级的活动安排需要考虑到教师和学生的工作学习负担，一般中型活动一周不宜超过一次，大型活动一个月不宜超过一次。各项教育活动之间应协调开展，相互配合、相互衔接。时间安排要有预见性，如，要在十月召开少先队代表大会，班级前两周应安排对应的准备活动。时间安排既可用文字表达，也可以列表表述。表格内容一般包括：周次、起止日期、参与人员、地点、教育活动内容、每个环节的准备工作、完成情况、备注等。

3. 落款

主要包括计划制订人姓名与制订日期，依次分行写在正文下方。

（二）班主任具体工作计划的撰写方法

班主任具体工作计划与学期工作计划相似，其基本结构如下：

1. 标题

标题应简明地表达计划的主要内容和主旨，一般有四个部分：计划单位的名称；计划时限；计划内容摘要；计划名称。

2. 内容

内容即计划的正文。具体计划的正文一般包括以下几个部分：

（1）计划目的：简单概括工作计划的目的。

（2）计划内容：可以分点或列出表格，将计划的具体内容表述出来，注意做到详略得当，突出重点内容。

（3）时间安排：列出整个计划及分计划的起止日期。

（4）活动准备和要求：活动中每个步骤会涉及哪些人员，哪位负责人对接，需要准备哪些物资，有何具体要求及特殊需求。准备过程中可能存在哪些困难，以及解决方案。

3. 落款

落款说明计划制订人姓名与制订日期。

具体工作计划要简明扼要，可以提纲挈领地写；既可用文字表达，也可以列表表述。表格内容一般包括：活动内容、教育目的、时间安排、活动准备与要求、完成情况、备注。

对点案例

六年级×班202×—202×学年度×学期班主任工作计划

一、班级基本情况

本班共有____名学生，其中男生____人，女生____人，少数民族____人，团员____人，队员____人，班干部____人，先进生和后进生的比例分别是____和____。由于学校位于城乡接合部，留守儿童较多，很多学生家长在外务工，对学生的学习监督有限，本班学生整体上学习目的不太明确，大部分学生在学习习惯养成上还有待提升，部分学生的人际交往也出现问题，以及男生打手机游戏的情况较为普遍。但是本班较团结，在遇到集体活动如运动会时，往年都取得较好成绩。针对本班的实际情况，制订以下工作计划。

二、基本工作目标

1. 要求学生严格遵守学校规章制度，尤其是不允许学生带手机进学校，端正学习态度，明确学习目的，激发学习兴趣，使学生从被动学习转化为主动学习，提高学习成绩。班内有一部分同学平时沉迷手机游戏，在学习方面不抓紧，家长疏于监督，学习成绩跟不上，导致期末考试成绩不理想。针对上学期期末的考试成绩，要求成绩不理想的学生进一步端正学习态度，多看、多做、多问，向优秀生学习；要求日常表现不佳的学生在学期初确立目标，并努力达到要求。

2. 鼓励学生大胆创新，在平时勇于表现自己，多参加学校班级的活动，如运动会、绘画、歌唱等比赛。我班有几位同学在文娱方面表现突出，鼓励他们在学好功课的同时，多参加校内外活动，活跃班级气氛。

3. 发掘学生特长，培养德智体美劳全面发展的人才，增强学生动手、动口能力，为他们即将升入中学就读打好基础。计划在本学期多开展主题班会，特别是演讲朗诵等文体式主题班会。

4. 培养学生良好的行为习惯，做到有礼貌、讲文明、守纪律、讲卫生。在校内要尊重教师，主动打招呼；在公共场合要注意班级风貌，保持安静，遵守纪律。

5. 健全班委会，明确分工，提高学生的管理能力。在学期初，对原有的班委进行调整，要求每位班干部都认真写好工作计划，带动全班同学认真学好每一门功课，办好各项活动。

三、具体措施

1. 抓好班级一日常规，杜绝迟到、旷课现象，严抓纪律，提高学习效率。

2. 提高板报、墙报质量，营造良好的学习氛围，培育良好的班级文化。

3. 利用校园刊物对学生进行思想教育，发挥学生的主观能动性，激励学生。

4. 通过组织集体观影、游学等班级活动，培养学生的集体观念，增强班级凝聚力。

5. 定期开展学习活动，培养学生良好的学习习惯。

6. 开展有益的文体活动，促进学生的身心健康发展。

7. 定期分批与学生谈心交流，了解学生的思想动态，及时疏导学生出现的各类心理问题。

四、班级主要活动内容与时间安排

（一）九月份活动关键词：礼仪、尊师

1. 根据学校德育工作计划，制订班主任工作计划及班级制度。

2. 组织学生学习《小学生日常行为规范》，强化安全、卫生、进餐、乘车等纪律教育，进行早餐集会、乘坐公交车等情景模拟，做到安全文明、秩序井然。

3. 布置教室，建立好读书角、学习园地等活动阵地。

4. 举办“老师，我想对你说”的活动，鼓励学生利用绘画或者写信的方式向教师表达自己的情感。

5. 召开一次主题班会，以“我最喜欢的同学”为主题，让学生找到自己的优点。

（二）十月份活动关键词：爱国、爱党、团结

1. 组织观看爱国主题电影《长津湖》。

2. 利用建队日，对学生进行少先队知识的教育。

3. 举办一期以庆祝建党××周年为主题的黑板报评比活动，传承爱国爱党的情怀。

4. 开展“骗子就在你身边”的主题班会，增强防范意识，学会自我保护。

（三）十一月份活动关键词：诚信、互助、安全

1. 举行以“消防安全”为主题的班会活动。尽量安排在 11 月 9 日消防安全日当天。联合县消防部门在学校操场举办的校园消防疏散演习，由消防员为学生普及消防安全常识。

2. 举办“阳光运动会”，配合学校举办秋季运动会，鼓励有运动特长的学生积极报名，文字功底好的学生积极投稿，其他学生做好后勤工作，全班一起分工配合，再创佳绩。

3. 以“诚信互助”“我读书　我快乐”为主题，召开两次主题班会。

（四）十二月份活动关键词：新面貌、迎新年

1. 举办一期以“迎新年”为主题的黑板报评比。

2. 以“我劳动　我光荣”“我最喜欢的职业”为主题，召开两次主题班会。

3. 参与学校统一组织的元旦晚会活动。

（五）一月份活动关键词：表彰、迎考、总结

开展期末复习工作，进行“三好生”“优秀学生干部”等各项评奖评优活动，在学期结束后的一周内开展一次家长会，做好学期总结工作。

班主任：×××

202×年 8 月

第二节　班主任工作总结

一、班主任工作总结的意义

班主任工作总结是班主任将一定时期班级工作实践中片段和零碎的材料集中起来，使之条理化、系统化，上升为对事物的规律性认识的文字材

料。它不仅是对一定时期班级工作实践的回顾，还是一定时期班主任工作中成绩、经验和问题的概括。班主任工作总结具有重要的意义。

（1）工作总结是回顾前段时期班主任工作情况，提高理性认识的需要。班主任工作是一项重要的育人工作，需要经常对已做过的工作做认真的回顾。回顾的目的在于从中提高认识，找出规律，以指导今后的工作。只有通过总结，全面、系统地回顾一下前段时期的班主任工作情况，从中认真分析成功或失败原因之所在，优点和正确的要发扬光大，缺点和错误的要加以改正；如此反复，才能认识到班主任工作之规律，进而提高对班主任工作的理性认识。

（2）工作总结是提高班主任工作能力，不断优化班主任工作的需要。班主任工作能力的强弱直接关系到班主任工作的质量和效率。每一位班主任都希望把自己的工作做好，而不断地提高其工作能力是前提。提高班主任工作能力的重要途径之一是实践。实践出真知是马克思主义认识论的核心，理论联系实际也是广大教师从事教学工作的指导方针。思维从实践中训练，能力从实践中培养，成功从实践中获得。[①] 班主任通过总结，可以对前段时期班级活动的组织、实践过程和效果等情况进行一次集中思考，从而有利于在新的班级工作实践中把以往效果好的活动组织得更好，尽可能避免无效活动或效果较差的活动，进而不断优化班主任工作。

（3）工作总结是推动学校管理健康发展的需要。学校领导要把学校管理好，主要依靠广大教师，其中班主任是一支最重要的力量。班级是学校的基本组织单位，把班主任工作抓好了，学校管理工作就成功了一大半。学校通过对班主任工作总结进行认真的审阅，研究班级工作的经验与教训，确立学校管理的目标、原则和措施，从而推动学校管理的健康发展。

二、班主任工作总结的基本格式及内容

班主任工作总结是班主任对自己一定时期内的工作加以总结、分析和研究，肯定成绩，找出问题，得出经验教训，摸索事物的发展规律，用于指导下一阶段班级管理工作的一种书面文体。它的类型有很多，班主任可根据自己的工作实际内容进行选择，以下班主任工作总结的基本格式及内

① 王怀亮、郭文平：《班主任成长途径探索之——在实践中成长》，《中国校外教育》2014 年第 23 期。

容可供参考。

（一）班主任工作总结的基本格式

1. 标题

标题即工作总结的题目，如《×年级×班××学年度××学期班主任工作总结》。

2. 内容

（1）班级工作的基本情况。

基本情况包括：班级的班风、学风，学生的学业成绩、学习习惯、品德、心理状况等，学生与家长的关系等，已经开展的教育活动，班级已经取得的成绩，班级整体的优缺点，共性问题和个别问题等。

（2）对成绩与问题的基本分析。

对工作中取得的成绩和出现的问题，应当端正态度，客观分析。对已经取得的成绩要做出肯定，总结成功的因素，在今后的工作中继续保持并发挥这些因素的积极作用。对工作中尚存在问题的地方，不回避这些问题，也不给自己找借口，要从中总结原因，归纳出解决这些问题的措施和方法，及时纠正自己的错误，改进自己的班主任工作，在以后的工作中去实践，不断完善和提升自己的班主任工作能力。

（3）体会。

在对班主任工作进行规律分析的基础上，更需要进行反思，书写心得体会。心得体会包括以下几个方面：首先，简单介绍自身的工作背景、基础、成绩、效果等，并且对于自身工作进行一个整体性评价，可以利用很多的做法、事例、数据等来印证。其次，心得体会比较注重主观认识和感受，往往紧抓一两点，充分调动和运用叙述、描写、议论和说明甚至抒情的表达方式，在叙述工作经历的同时，着重介绍自己在工作中的体会和感受。它追求感受的生动性和独特性，而不追求其是否全面和严谨，甚至在有些情况下，可以只论一点，不计其余。

（4）评价。

对班主任工作内容的评价，可以是自己对自己的评价，也可以请年级长、教导主任、科任教师等其他同事或领导对自己的班主任工作内容进行评价。在进行评价时注意要实事求是，不夸大也不过分隐藏自己取得的成绩，不回避犯下的错误和不足。评价是对实际工作和活动的真实感受的反映，不能扭怩作态，故作高深，更不能虚假浮夸，造成失实。

（5）对下学期班级工作的设想。

通过对班级前一阶段工作的分析、体会及评价，根据下学期的实际情况及学校的工作要求，有针对性地提出下一阶段班级工作的设想，如应突出抓好哪几项教育活动，在班主任工作中应注意什么问题，等等。

3. 落款

内容一般为个人姓名和时间，格式为右对齐。

如：

姓名：×××

时间：××××年××月××日

（二）班主任工作总结的内容指标

1. 素质指标

素质指标主要是从班主任所应具备的思想道德品质、科学文化素质和心理素质等条件而确立的评价指标系统。

2. 常规工作指标

常规工作指标主要着眼于班主任的教学科研工作、德育工作、指导学生学习的工作，班级的组织与管理，课外活动的组织与指导、协调诸方面的关系，个别教育与指导，以及班级日常工作等诸多方面。

3. 工作业绩指标

工作业绩指标主要是着眼于班主任各项工作效果的角度确立的。一般着眼于学生的德智体美劳诸方面的实际成绩和班级整体面貌等方面来确定。常规工作指标侧重于内容与过程，而业绩指标则侧重于结果。工作业绩指标是班主任工作的出发点和归宿。

4. 特色工作指标

班主任在工作中敢于打破惯性套路，主动进行探索创新，才有可能总结出特色亮点，为工作“加分添彩”。如，通过不常用的方法有效地解决本班实际问题，针对某一特定类型的学生提供了实质性的帮助，在本校的班主任工作中有闪光点、创新精神等。

对点案例

×年×班202×—202×学年度××学期班主任工作总结

弹指一挥间，一学期已经过去。回顾这一学期的班主任工作，我取得了一些成绩，也从一些失误中吸取了教训。我班在学校领导的统一组织、同事的支持、家长与学生的大力支持和配合下，各项工作都得以较为顺利地开展。下面，我将本学期的工作总结如下：

班级情况分析：我班这学期共有学生×人，其中男×名，女×名。我们班大部分学生学习成绩较为理想，虽然部分学生暂时学习没跟上，但是相对而言也有不少的进步。在班干部的带领下，我们班班风和学风都比上个学期好了很多。我们班的学生劳动能力和生活自理能力都较好。通过与家长的沟通，我了解到，我们班很多学生已经能在家帮助家长一起干活，在学校积极参与各项劳动，集体荣誉感也较强。

一、班级管理方面

作为一名班主任，管好一个班是最基本的任务。这学期，在班级管理方面，我做了如下工作：

1. 继续抓好对学生各项常规的培养

经过了一个学期，学生一下子长大了许多。研究发现，儿童自我意识的发展在小学五年级到六年级期间处于第二上升期。随着抽象逻辑思维的逐渐发展和辩证思维的初步发展，儿童的自我意识更加深刻。他们渐渐地有了自我意识，做事情喜欢以自我为中心，搞“个人主义”。这虽是学生个性的体现，但是有的时候却不利于整个班集体的发展。因此，继续抓好班级的凝聚力，仍然是班务工作的重头戏。我把我班分成五个学习小组，每组挑选一名责任心强、在学生中威信较高的学生，将他们搭配起来，每天一组轮换。每组每周都设定一个学习任务，每周五下午互相比拼哪个小组的学习任务完成得最好，积分最高的小组会有奖励。一个学期下来，积分排行榜首的是第一小组。期末表彰时，同学们都将掌声送给了他们，同时我也有礼品相送，这是对这个小组良好的学习氛围、强烈的集体合作意识的褒奖。

2. 配合学校安排，积极组织学生参加学校举行的各项活动

如：在校秋季运动会期间，学生兴致高涨。我们班的运动员是所有班级中人数最多的，获得奖项也是最多的。本届运动会的成功举行，是对学校体育工作的一次大检阅，运动会既是广大师生展示体育特长、凝聚集体力量的平台，激发了师生体育锻炼兴趣，增强了团队合作意识；也是学校打造“和美校园”，实施规范化管理，丰富师生校园文化生活的重要举措。我们班将乘着本次运动会的东风，继续发扬和谐奋进、顽强拼搏、争创佳

绩的精神，为各项工作迈上新台阶而努力奋斗！

二、培养学生的良好习惯

进入高年级，很多学生思想比以前更成熟了，学习上更用功了，也比以前更自觉了。通过从其他科任教师那里了解到的信息，我们班学生的课堂纪律是最好的，家长也纷纷表示自己的孩子这个学期更懂事了。我觉得培养良好习惯的关键是要培养学生的习惯意识，使他们做到教师在与不在一个样。如果一个班级形成了良好的班风，学生就会在各方面得到提升。所以，我尤其注重培养学生良好的习惯，无论是学习习惯、上课习惯，还是卫生习惯。我根据五年级孩子的特点来引导他们。一方面，以比赛、竞争、开展火炬接力赛等方式来激发他们的好胜心；另一方面，作为教师我以身作则，每次进教室都往地上看一看，捡一捡，整一整，让孩子们看在眼里、记在心里，为他们养成良好的习惯创造了好的氛围。在日常学习中，时刻注意调动学生的积极性，逐渐培养他们形成课上认真听讲、认真作业，课后好好休息、讲文明、讲礼貌的好习惯。

三、培养小干部，发展孩子的能力

本学期的班干部由全班民主评选选出。我对他们的培养分成三步走。第一步是“一起走”。因为小学阶段，学生的理解能力和领悟能力都较弱，这就是考验教师们的耐心的地方，同一个问题，可能需要教师们反复讲，他们才能心领神会。这个阶段，教师们切忌没有耐心。走好了第一步，小干部们在以后的班级管理中发挥的作用就越来越大。第二步是“带着走”。经过一段时间的耐心辅导和培养，班干部们逐步掌握了一定的经验方法后，教师们可以选择在一些小事情上慢慢地对班干部们放权，在一些具体工作之前，让班干部自己提前准备、独立组织和管理。比如班里组织校内外活动，班主任可以让班干部们讲讲如何安排、需要准备什么、应该注意哪些安全问题等，这样经过班主任的引导和帮扶，班干部们成熟的速度就会加快。第三步是“自己走”。待班干部有了一定的工作经验后，教师们就可以“放手培养”，让他们大胆地去开展工作。当然，“自己走”并不代表教师们对班干部的工作“不闻不顾”，小学生的心理不成熟，容易在班级管理工作中产生“优越感”“包庇”等问题，这就需要教师自己观察，通过民主调查及从其他科任教师那里了解班干部的工作情况。

四、加强与家长的联系

家庭教育，是大教育的组成部分之一，是学校教育与社会教育的基础。2022年1月1日，《中华人民共和国家庭教育促进法》正式实施，这表明家庭教育被置于更重要的地位，但并非说明学校教育并不重要，反而说明家庭教育和学校教育是密不可分的，尤其是班主任工作，更加需要家长的理解和支持。因此我特别注重和家长建立良好的关系，基本上每天都在QQ群与家长沟通，说明班级情况。一学期以来，我和每位学生的家长都进行了交谈，告诉他们孩子一个学期在学校的表现。孩子有了什么进步、孩子这段时间学习状态不佳等情况我都会及时与家长沟通，使家庭教育和学校教育同步，双方共同努力，更好地促进了孩子的健康成长。

五、积极抓好后进生的转化工作

后进生的教育和管理历来是班主任工作的难点，很多班主任都对后进生的管理颇为头疼，往往费力不讨好。后进生又是影响班级整体教育教学质量提高的至关重要的一环，有的时候个别后进生甚至能影响一整个班级的学风。每个学生都享有受教育的基本权利，关注后进生是尊重学生享有这些权利的重要体现。第一，我做到了以正确的态度对待他们，深入调查摸底，搞清原因，及时对后进生加强心理疏导。第二，我还创造条件和机会让后进生表现其优点和长处，及时赞扬他们，及时让他们品尝到成功的欢乐和喜悦。对于屡教不改的学生，一方面对其进行耐心的教育。班主任坚信这一点，并努力实行，转化后进生才会有成功的转机。根据心理学的教师期望效应，一名教师希望学生发展成什么样子，学生就会发展成什么样子。如果教师都不相信后进生会变好，学生也会越来越无力。另一方面，发动班上所有学生的力量加入帮扶后进生的队伍，如让每一个后进生都坐在先进生旁边，以及两名中等生前面，并组成一支小队。这样后进生就得到很多人的关注，而且只要稍稍努力就可能摆脱队里最后一名的情况。自己的成败也事关小队的成败，使后进生更有了要转好的动力。整个学期下来，后进生帮扶工作还是取得了一定成效，整队学生的学习成绩均得到了提高。

我的工作在以上几个方面确实取得了一定的成效，但是由于性格原因或者经验的欠缺，在许多方面还是存在着不足。

1. 管理过严

由于这个班级是我新接手的，我想短时间内让班级有新的改变，因此平时我十分重视学生在学校的全过程管理。从教室内到教室外，从课前到课后，我基本上都会留意观察，对表现不好的学生会马上谈心谈话。然而我发现心急吃不了热豆腐，教育效果并不是很好。因为有的时候我的观察可能比较片面，有的时候只了解到事情的部分真相就妄下结论，严厉批评学生，不给他们辩驳的机会。事后有的学生会感到委屈，感觉自己没有受到足够的尊重，会跟其他学生诉说，我也从班上的学生的评价反馈那里了解到我的管理过于严厉。

2. 意志力不够

我的性格比较急躁，工作也是雷厉风行，事事都想很快有成效。本学期给学生布置了阅读任务，一个月读一本名著。我想着对学生提出要求，他们就马上能实施，没有想到要求发下后自己都没能够完成。在工作中一些其他任务也容易松懈下来，前面干劲很足，后面没有好好坚持到底，这是我自己要好好克服的问题。我内心十分清楚，我们班的学生年龄尚小，思想没有成熟，也有自己的习惯，想一下子改变他们已有的不良行为，必定要通过他们自己不断的思想斗争，内化成自己的思想，然后改变自己的行为，这无疑需要较长的时间，因此我更要有宽容之心，更要有改变他们的持久之心。

经过一个学期的摸索前进，在校领导的关心与指导下，在各位家长的配合下，在各位学生的共同努力下，我的班主任管理工作效率有所进步，也提高了一些管理技巧。总之，我相信只要我们怀揣着“一切为了孩子，为了孩子的一切”这样的教育理念，我的班主任工作就能在不断的磨炼中得到提升。

×××

××××年××月××日

三、班主任工作总结的撰写原则及注意事项

班主任工作总结是班主任工作实践反思的书面报告，写好班主任工作总结，对于教师积累育人经验、提高管理水平和教育成效具有重要意义。班主任工作总结是班级工作过程的最后一个环节，它既是对工作计划执行情况的检查，也是对工作质量的全面评估。班主任通过撰写工作总结，总结经验教训，不断改进工作方法，提高工作效率。班主任工作总结并非平时工作的简单复述，要有事实、有分析，善于把感性经验上升为理

论，不断探索班级教育的规律，为今后进一步做好班主任工作打下良好基础。

（一）班主任工作总结的撰写原则

1. 实事求是，一分为二

班主任必须严格按自己完成的工作实际情况及效果进行客观的总结和分析，既要看到成绩，又要找出不足；既不夸大，也不缩小。总结自己的工作时要有全面的观点，既要看到工作的各个方面，又要分清主干和细节，分清问题的主要矛盾和次要矛盾。只有这样才能发扬优点，吸取教训，以利于今后工作。

2. 理论联系实际

有的班主任在总结中，罗列了大量事实、数据，缺乏具体的分析，更缺乏理论的升华；有的班主任在总结时，引经据典，却看不出工作效果。写总结时应贯彻理论联系实际原则，最主要的是要正确处理好理论知识和现实工作的关系，关键在于保证理论知识的主导作用；同时在理论知识指导下，班主任工作总结能够从实际出发，通过事实调查，运用数据调查、逻辑分析等方法检验自己的总结是否合适、合理。

3. 依靠群众

班级工作不是班主任一人完成的，而是在班主任与科任教师、全班学生的共同努力与相互配合下才能完成的。因此，在总结工作时，班主任不能“闭门造车”，要通过个别征求意见，或召开不同形式的座谈会等形式，广泛听取领导、同事、家长和学生的意见。班主任要树立正确的群众观，就必须在做班主任总结工作时认真分析工作中有没有不符合学生思维的做法，为学生树立正确的榜样，增强领导、同事、家长和学生间的感情，做好自己的各项工作。只有这样，班主任工作才能真正得到领导、同事、家长及学生的认可，班主任的工作能力和工作效益才能发挥得淋漓尽致，班主任的良好形象也才能真正树立起来。

（二）班主任工作总结撰写的注意事项

（1）要注意积累材料，材料尽量客观，经得起推敲，有理有据，必要的时候附上佐证材料。

（2）要实事求是，学生成绩不夸大，班级缺点不缩小，更不能弄虚作假。这是分析、得出经验和教训的基础。

（3）条理要清楚。总结不仅是给自己看，也是要给别人看，条理不清，人们就看不下去，即使看了也不知其所以然，这样就达不到总结的目的。条理清楚也有利于提高自己辩证思维的能力，分清问题的主要矛盾和次要矛盾，班主任工作才能有的放矢。

（4）要剪裁得体，详略适宜。总结中的问题要有主次、详略之分，该详的要详，该略的要略。

（5）评价先从整体入手，如班级学生整体分布情况，再从小角度切入，如特殊学生的教育问题、德育工作、心理健康工作等。

（6）自己总结或同行评议。反思自己的班主任工作，对自己做得较好的部分总结成功经验，对于自己做得不够到位的部分分析原因和教训。也可以先请他人提建议，再基于班级的实际工作情况采纳具有可行性的建议。

本章任务

参考“班主任学期工作计划表”，设计一份完整的班主任学期工作计划。

班主任学期工作计划表

班级情况					
总人数		男生数		女生数	
少数民族学生					
流动儿童学生					
留守儿童学生					
特殊学生					
家长委员会（学生） 家长委员会（家长）					
班级情况分析（包括学业成绩、学习习惯、品德、心理状况等）					

续表

班级情况	
班级建设目标	
工作内容	
基本措施与管理	

第十章　小学班级常见突发事件

思维导图

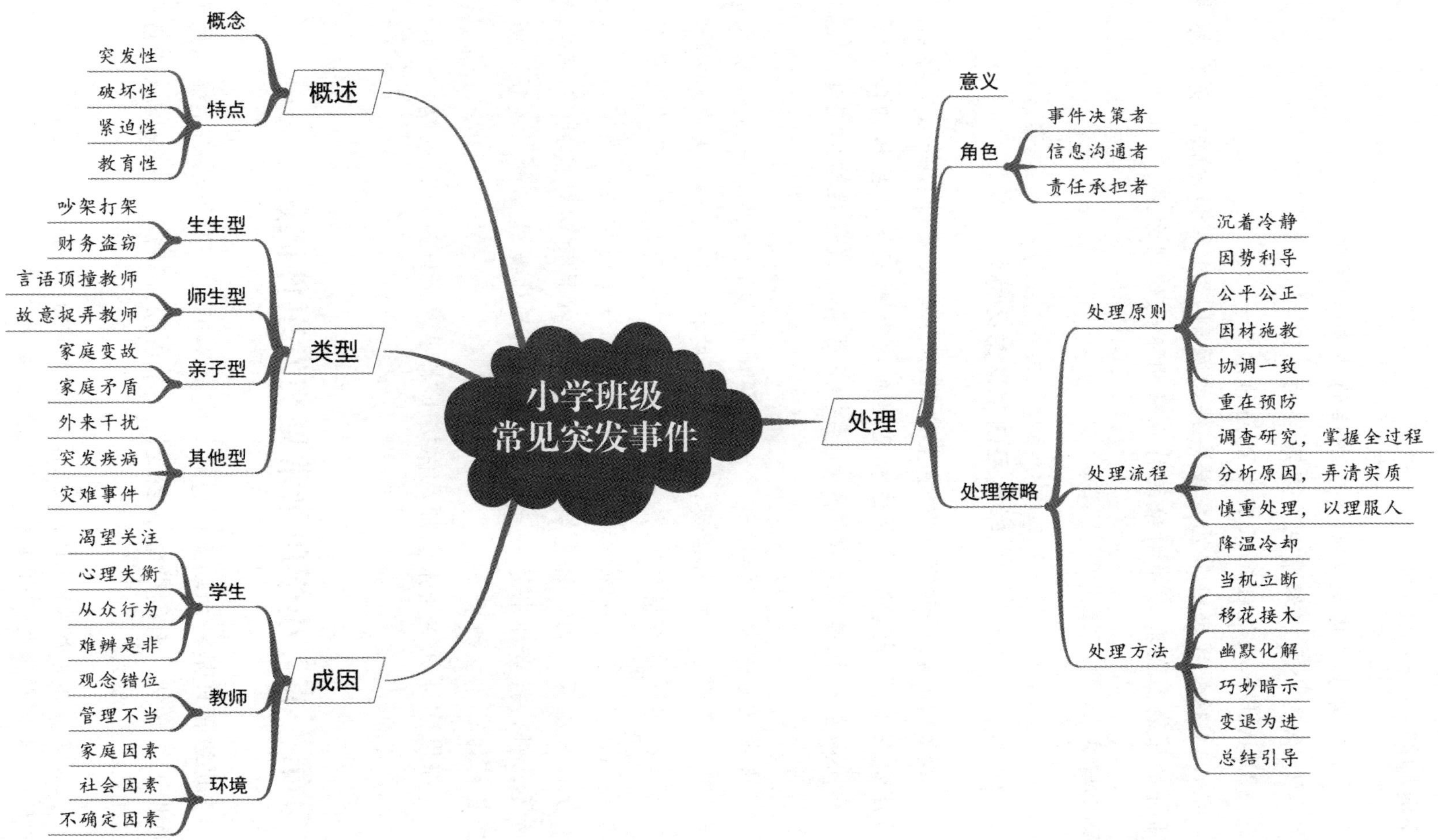

学海导航

1. 了解小学班级常见突发事件的特点和类型。

2. 知道小学班级常见突发事件的成因。

3. 认识正确处理班级突发事件的意义。

4. 掌握处理班级常见突发事件的原则、流程和方法，并能根据突发事件的紧急程度和涉事对象的特点采用不同处理方法。

案例导入

学生晕倒了该怎么办？①

上课时间，突然有一位学生跑到办公室来喊班主任张老师："老师，吕洁晕倒了！"张老师马上往教室里跑去。教室里，吕洁两眼紧闭，嘴巴也紧闭，浑身软塌塌的，两位女生扶着吕洁，喊着吕洁的名字，尽量让她保持清醒。

班主任张老师刚接手这个班，在她眼里，吕洁是一个高挑漂亮的女生，平日里看起来生动活泼，不像患病的样子。于是，张老师问学生，吕洁怎么会出现这种情况？有一个学生说："这是吕洁第三次晕倒了，一次是在上学路上，一次是在操场，她不能进行剧烈运动。还有，天气突变的时候，气压变化大，她也会发晕，前两次都是同学救醒的。"听完学生的情况说明，张老师出了一身冷汗，没想到吕洁竟然晕倒三次了，万一有个三长两短该怎么办？

如果你是班主任张老师，你接下来要怎么处理这件事情？

第一节　小学班级常见突发事件概述

班级管理是一个动态的过程，它面对的是一群鲜活的生命，所以班级管理工作必然具有复杂性、多变性、不可控等特点。这些特点体现在具体

① 刘令军、方庆：《中学班主任的72个临场应变技巧》，北京：中国轻工业出版社，2012，第108—109页。

层面上，就是班级中的一个个突发事件。

一、小学班级突发事件的概念

突发事件亦称偶发事件，顾名思义，指的是事先未预料到的、突然发生的、使人意外的事件。小学班级突发事件可定义为：受到自然、社会或人为因素的影响，在小学校园突然发生的、冲击正常教育教学秩序，可能给小学生身心健康、学校甚至社会稳定发展造成影响的紧急事件。

由于班级突发事件的不良后果，因此要求班主任对此做出迅速反应，控制场面，避免危害的继续扩大。处理班级突发事件是班主任工作的一项重要内容，体现班主任的管理能力，彰显班主任的教育智慧。

二、小学班级突发事件的特点

小学班级突发事件具有突发性、破坏性、紧迫性和教育性的特点。

1. 突发性

突发事件都是突然发生的，无法事先预料在什么时间、什么场合、什么人会发生什么事情。一方面，突发事件是无法避免的。它的起因可能是无法控制的自然因素，也可能是长期潜伏的人为因素，始终存在，只需要一个导火索即可爆发。班主任要做好随时应对突发事件的心理准备。另一方面，突发事件发生的频率低。它是非常态性的，不属于班主任日常工作内容的范畴。班主任无须整日提心吊胆，只要在关键时刻处理即可。

2. 破坏性

一般情况下，班主任会按照预先制订的计划开展教育教学活动。但是突发事件会打乱秩序，使正常活动难以顺利开展；轻则耽误教育教学的进度，影响班集体建设；重则危害学生思想品德、身心健康，甚至影响整个学校。加之信息化时代，网络舆情发酵迅速，突发事件一旦处理不当，在网络上引起广泛关注，甚至会出现相关事件的谣言或不实报道，给学校、家庭、社会造成巨大的负面影响。比如，2016 年 6 月，北京市某小学多位家长反映，在操场进行队列彩排后，孩子出现了头晕、恶心、流鼻血等症状，怀疑是由学校修缮操场引起的。一些家长在学校门口聚集，发出了“铲除毒操场，救救孩子们”的呼声。事件通过媒体迅速发酵，由此引发了全社会对该小学的关注，特别是部分别有用心的人在网上发布不实言论，更加引起了家长的不安，大大降低了学校的公信力[①]。

3. 紧迫性

突发事件突如其来且具有较大的破坏性，需要班主任在最短的时间内做出正确的反应，抑制事态的不良发展，防止危害蔓延泛化。若不及时处理，不仅会错过最佳的解决时机，还会使“战火”越烧越旺，问题越来越多，后果也越来越严重。

4. 教育性

突发事件在给各方带来不利影响的同时，也可能成为难得的教育契机。若运用得当，会产生积极的效应，收获意料之外的结果。班主任在处理突发事件时应实事求是地分析问题，找出问题的症结所在，并对原因进行全面分析和判断，公平公正地处理问题，从而达到教育全体学生的目的。班主任结合实际对学生进行思想政治教育，比单纯说理更加令人感同身受、印象深刻，自然也能取得更好的教育效果。比如，两个学生之间打架受伤了，班主任在处理好该突发事件后，借机及时开展主题班会，让同学们讨论打架的危害，以此强化学生的是非观念，避免此类事件的再度发生。

第二节　小学班级常见突发事件的类型及成因

发生突发事件的原因多种多样，因而种类也纷繁复杂。了解小学班级常见突发事件的类型及成因，有助于班主任对症下药，因人施教，更妥善地处理突发事件。

一、小学班级常见突发事件的类型

小学班级常见突发事件的种类纷繁复杂，根据主体的不同，可以分为以下几种：

（一）生生型

1. 吵架打架

在小学校园中，这是最常见的一种突发事件。这种冲突常发生在同班同学之间，也可能发生在班级与班级之间，往往由同学们在日常交往中发

① 钟亚利：《家校钟声》，北京：中国社会出版社，2020，第 174 页。

生的摩擦、矛盾而引发。这类事件虽较少带来灾难性的后果，但破坏了学校秩序，影响班级的和谐氛围，需要引起班主任的关注。

2. 财物盗窃

小学生的心智尚未成熟，自控能力弱，导致偷窃事件偶有发生。虽然这只是个别学生所为，但害人害己，若处理不当，会在很大程度上损害学生的心理健康。比如，一个二年级学生，偶有偷窃同学文具等行为。班主任了解后，将他“请”到讲台，让同学向他索赔丢失的东西。此后，同学们都追着他喊“小偷”，被伤到自尊心的他只好逃学。可见，班主任须对此类事件提高警惕，及时调查，妥善应对。

（二）师生型

1. 言语顶撞教师

学生言语顶撞教师的事件多发生在课堂上。比如，教师批评学生上课不认真、训斥学生不写作业而引发学生不满，导致学生故意在言语上挑衅教师。这类事件不利于良好师生关系的建立，应及时控制。

2. 故意捉弄教师

小学生淘气顽皮，希望博得关注，会做出一些戏弄教师的举动。比如，他们画教师的漫画、模仿教师的行为、问刁钻问题为难教师等。这类恶作剧主要影响课堂秩序，并故意让教师难堪。

（三）亲子型

1. 家庭变故

家庭变故指的是家庭成员意外伤亡，以及父母离异、犯罪入狱等非正常的、学生主观意愿难以左右的家庭结构变化。这类巨大的生活冲击会加重学生的思想与学习负担，对学生的身心健康形成重大威胁。

2. 家庭矛盾

由于自身的成长经历不同，不同家庭成员教育子女的观点和立场也不一致，而这种分歧往往累及子女。更普遍的一种情况是家长望子成龙、望女成凤，不断地给子女施压，挤占其成长空间，造成子女的心理压力，影响其健康成长。

（四）其他型

1. 外来干扰

班级及其活动不可能完全与外界隔绝，有时会受到一些干扰。比如工地施工，出现日全食等天文奇观。这些情况的发生会分散学生的注意力，干扰正常的教育教学秩序。

2. 突发疾病

部分学生患有严重疾病，在学校里突然发作，出现哮喘、癫痫、昏厥等现象。另外有些学生在日常活动时，不慎扭伤、跌倒，造成意外伤害。遇到这些情况，班主任应保持沉着冷静，及时救助学生。

3. 灾难事件

有时校园会遇到灾难事件，如突发地震、山体滑坡等自然灾害，以及恐怖分子持械入校进行无差别袭击等刑事犯罪活动。如果遇到这些情况，班主任应以学生生命安全为重，保护好学生，及时做好学生的安全转移和疏散工作。

二、小学班级常见突发事件的成因

小学班级常见的突发事件是多方面因素综合作用的结果，归纳起来，主要有学生、教师和环境等三方面的因素。

（一）学生因素

1. 渴望关注

获得爱是人的归属需求，小学生也不例外，会追求他人的关心和关注。一部分同学凭借优异的成绩很容易就获得教师的青睐和同学的喜爱，但还有一部分同学无法在学习上获得别人的注意，就通过学习之外的方式吸引众人的目光。比如，他们在上课时故意捣乱，干扰教师和同学，显示自己的存在。但是学生的这些行为往往会受到教师严厉的制止，可能使其产生报复心理，故意和教师对抗。

2. 心理失衡

心理失衡指的是个体的愿望、需求得不到满足或者遭受挫折、经历失败时表现出来的种种非正常或不平衡的心理趋向，主要包括无端猜忌、焦虑、虚荣、嫉妒、自卑等。当代小学生在家庭受尽宠爱，容易以自我为中心，养成自私、狭隘、偏执的个性，一旦遇到不顺心的事情，就会产生心理上的失衡。比如，有的学生不能正确看待其他同学的优秀之处，故意捏造事实、传播谣言去诋毁他人，造成同学之间的矛盾。在心理失衡的状态下，小学生为满足自己的意愿，可能引发伤害他人、攻击他人的行为，更有甚者产生厌世轻生的念头。

3. 从众行为

从众行为指的是个人在群体压力下，改变自己的态度和判断，表现出和大多数人一致的行为。小学生由于年龄限制，思维发展不成熟，依赖性强，很难保持独立意见，经常产生随大流的行为。比如在校园篮球赛中因为失球，双方队伍发生争斗。

4. 难辨是非

小学生的社会经验少，看问题比较片面，而且逆反心理强，自控能力弱，做事不顾后果。因此，他们不能准确判断危险、是非和威胁，难以认清一些行为的后果，可能因为一时冲动而做出让自己后悔的举动。比如部分学生讲所谓的江湖义气，为同伴“出头”而打群架。

（二）教师因素

1. 观念错位

受应试教育的影响，部分教师倾向于以学习成绩的优劣来评价学生的好坏。“重学习”的观念加重了学生的学业负担，“轻道德”的风气忽略了学生的人格发展，导致一些学生内心不够阳光健康，为班级突发事件埋下了心理隐患。

此外，个别教师秉持错误的学生观，区别对待家庭困难、学习暂时落后的学生。小学生尤其是低年级学生的自我评价，主要依附于教师评价。当感受到教师的消极态度，他们则会出现过低的自我评价，形成自卑、退缩、不合群的个性特点，容易引发班级突发事件。

2. 管理不当

教师是教育者，也是班级的管理者，但是个别教师管理观念落后，形成专制型或放任型的管理风格。专制型教师独断专行，强调服从、纪律和权威，用自己的优势地位来压制学生，容易导致师生间产生激烈的矛盾冲突。放任型教师对学生缺少关爱，放任自流，容易培养出冷漠、散漫、集体意识淡薄、缺乏责任心的学生群体，形成了班级突发事件的潜在诱因。

对点案例

教师的偏见[①]

古风小学二年级（3）班的学生正在上数学课，张佳同学举手向老师

① 魏晓红主编《中小学班级管理典型案例》，天津：天津大学出版社，2016，第 204 页。

汇报："王老师，王超用粉笔砸我！"坐在张佳身后的王超是一个小调皮，学习成绩一般，就是比较争强好胜，好狡辩，喜欢在课堂上做一些小动作。听到张佳的汇报，王老师还没有说话，王超就大声辩解起来："我没有砸！是刘一博干的。"王老师认为刘一博是一个平常表现较好的男同学，于是说道："你做了错事还不承认，还像不像一个男子汉呀！"这句话引来了其他同学的讥笑。王超非常气愤，他气呼呼地看看刘一博，又愤愤不平地看看老师，说了句："有些人才不像男子汉呢！"课后王老师很快了解到，今天确实不是王超惹事去砸人家的，扔粉笔的人是刘一博。由于前面说的一番话，王老师陷入了尴尬的境地，也使她和王超之间产生了隔阂。

（三）环境因素

1. 家庭因素

家庭是教育的第一环境，为孩子的性格养成、价值观念塑造、行为模式形成等奠定基础。尤其是小学生，他们仍然在很大程度上依附于家庭。因此，一旦家庭教育出现问题，可能会导致小学班级突发事件的发生。

如果家庭成员的教育理念相左，还存在很多观念误区，就会对孩子成长形成负面影响。许多家庭属于隔代抚养，老人往往对孙辈姑息纵容、万般溺爱，在这样的家庭中成长的孩子往往自私任性，缺乏责任意识和团队合作意识，更容易走向极端，也较难和他人良好沟通、友好相处。

另外，留守家庭、离异家庭、单亲家庭等一些特殊家庭的教育环境不佳。即使部分家庭结构健全，也存在亲子关系紧张、家庭氛围不正常、父母教养角色缺位等问题，这同样会对孩子产生很大的影响。

2. 社会因素

在信息社会中，大众传媒是个体获取信息的重要渠道。然而，大众传播内容良莠不齐，而小学生的分辨能力又弱，容易在不自觉中就接触了暴力价值观的内容。久而久之，有的小学生开始模仿各种暴力行径，并热衷于用这种简单粗暴的方式解决问题，这也成为小学班级突发事件发生的重要影响因素。

3. 不确定因素

不确定因素指的是那些不可预料的、难以控制的因素，包括自然灾害、意外伤害、不速之客等。比如，地震造成学校建筑坍塌，师生伤亡；学生走出教室时，被其他嬉笑打闹的同学撞伤；上课时间，一只小鸟飞进教室，吸引了学生的注意力等。以上这些都属于不确定因素造成的班级突发事件。

第三节　小学班级常见突发事件的处理

只要在班级中，突发事件都不同程度、不可避免地存在着，关系到班级的健康发展。处理突发事件，一靠能力，二靠经验。经过长期的探索，小学班级常见突发事件的应对已经形成了一系列切实可行的策略。班主任只有正确认识处理突发事件的意义，理解自身所扮演的角色，并掌握相应策略，才能在处理突发事件时灵活应对，有效化解危机。

一、正确处理小学班级突发事件的意义

突发事件是对教师的特殊考验，它可以全面测试教师的思想修养、情感意志、思维品质、组织能力等。教师如果能根据学生的意外情况，迅速而准确地做出判断，随机应变及时采取有效的措施解决问题，那么就能大大提高自己在学生心中的威信和地位，有助于班级的管理。在处理突发事件的过程中，教师也能练就一套摆脱困境、从容应变的本领。

苏霍姆林斯基说过："教育的技巧并不在于预见到课堂的所有细节，而在于根据当时的具体情况，巧妙地在学生不知不觉中做出相应的变化。"突发事件虽然常带来负面影响，但往往也是难得的教育契机。心理学研究表明，学生平时的心理处于相对平衡状态，突发事件使这种心理平衡被打破。这时，他们对周围信息特别敏感，思想矛盾特别尖锐，是学生最容易接受教育的时机。班主任如果抓住这些最佳时机，常会收到意想不到的教育效果，这是空洞的说教所无法企及的。正确处理突发事件，不仅能有效防止事态的进一步发展，还能促进学生心灵的成长。班集体也可以在不断经历风雨中日益成熟，向着健康的方向发展。

二、班主任在处理突发事件时的角色

大多数突发事件会带来消极的影响，班主任作为班集体的"大家长"

和学生的关怀者，必须及时妥善地处理好突发事件，尽快清除隐患或不稳定因素，防止不良影响的蔓延。一般而言，班主任在处理班级突发事件时要扮演好以下三种角色。

1. 事件决策者

对于处在发展阶段的小学生来说，由于生活阅历和知识经验的欠缺，他们在处理班级事务、人际关系等方面的问题时，还不能做到十分妥当合理。为此，班主任应对班级突发事件果断做出决策和处理，对班内矛盾和纠纷中的是非曲直做出合理的判断和公正的裁决。从教育影响来考虑，班主任的决策既是为了班级的健康发展，也是为了教会学生决策。因此，班主任在决策时，不仅要让学生知道决策结果，更要让学生明白决策过程，掌握决策方法。作为决策者，班主任在处理突发事件的同时，自身的决策能力和事件处理能力也得到了提升。

2. 信息沟通者

小学班级突发事件在不少情况下是由于信息沟通不畅产生误会而造成的，这时候就需要班主任作为信息沟通者在各方之间进行协调。一方面，班主任可以充当和事佬，在拒绝沟通或不擅长表达的当事人之间传递信息、增进理解、调和矛盾；另一方面，班主任可以告知学校突发事件的来龙去脉、学生的思想动态、心理诉求等，通过寻求学校支持和资源帮助以更好地处理突发事件、教育引导学生。当然，班主任还要与科任教师、社区相关人员、学生家长等沟通信息，在构建学校、社会和家庭三位一体的教育网络中发挥桥梁和纽带作用。

3. 责任承担者

作为班集体直接的、具体的管理者、领导者，班主任的身份意味着某些权利、义务和责任，而且权利和义务对等，权利和责任并存。因此，一旦班级出现突发事件，虽然未必是班主任的过错，但往往却由班主任来承担相应的责任。这不仅涉及工作责任，当班主任在突发事件中因应急不力造成严重后果时，可能还要承担相应的法律责任。如《学生伤害事故处理办法》中规定，“学校教师或者其他工作人员在负有组织、管理未成年学生的职责期间，发现学生行为具有危险性，但未进行必要的管理、告诫或者制止的”，学校应依法承担相应的责任，班主任更是难辞其咎。

三、小学班级常见突发事件的处理策略

班级突发事件的处理既要遵循一定的原则，又要符合常规流程，还要灵活运用具体方法。这些策略为班主任正确处理班级常见突发事件提供了指导性建议。

（一）小学班级常见突发事件的处理原则

处理班级突发事件应遵循一定的原则，所谓原则指的是长期班级实践工作经验的总结，反映了处理班级突发事件的基本规律。

1. 沉着冷静原则

沉着冷静是班主任处理突发事件的先决条件。突发事件发生后，当事人的情绪容易失控，难以冷静客观地思考和行动，整体氛围也较为紧张。此时，班主任应沉着镇定，这样不仅能保持理智做出最佳选择，也能给学生一个良好示范，起到安抚情绪的效果。

此外，沉着冷静还具有“冷处理”的含义。虽然处理突发事件应迅速果断，但不能在未摸清事实的情况下急于表态和下结论，否则有盲目和草率之嫌。因此，班主任在处理突发事件时，首先应弄清事情的来龙去脉，认真分析，再采取必要的措施。

2. 因势利导原则

处理突发事件时要根据事情所表现出来的趋向，顺势将学生引向积极的那方，以达到教育目的。如前所述，班级突发事件具有教育性，若运用得当，可以化不利为有利。班主任管理班级的根本目的是育人，所以在处理突发事件时应本着教育从严、处理从宽、化解矛盾、启发全班的精神，使突发事件成为宝贵的教育资源。

值得注意的是，突发事件多属于孤立事件，一般也只发生在少数几个同学身上，但这不意味着突发事件的处理只和涉事学生有关。为了提高教育效能，班主任不仅要解决某个具体的矛盾，教育某个具体的同学，还要通过突发事件使大多数同学总结教训、提高认识、受到教育。

3. 公平公正原则

班主任应公平公正地处理突发事件，避免因个人主观的局限性导致处理结果的不公。要遵循公平公正原则，应从两方面着手。第一，充分调查。没有调查就没有发言权，只有在了解事实的基础上才可能做出公平裁决。班主任要全面搜集信息，认真分析，挖掘事情真相。第二，客观处

理。班级中的学生性格各异，好坏不一，这些好恶会在班主任心中形成一种定式。那么在处理问题时，班主任容易结合学生的平时表现来分析，从而造成错误判断。甚至于明知道自己偏心了，却仍然坚持感情用事，不分是非。因此班主任要摘下“有色眼镜”，公平对待每一个学生。

4. 因材施教原则

班主任在处理突发事件时，不仅要考虑事件性质的不同，对具体问题具体分析，也要考虑到不同学生的性格特点和年龄特点，有针对性地采取不同的处理方式。因材施教是我国教育的基本要求，要用不同的方法解决不同的问题，切忌“一刀切”“眉毛胡子一把抓”。比如打架斗殴事件，针对恃强凌弱的学生，应严肃批评教育；针对保护弱小出手相助的学生，应肯定他对的方面，同时教育他不能违反纪律，引导他用更恰当的方式主持公道；针对被打而反抗的学生，应根据其个性特点和具体情节进行适当教育。

5. 协调一致原则

班主任在处理突发事件时，一定要顾及学校、家庭、社会等多方面的因素。苏霍姆林斯基说过：“教育的效果取决于学校和家庭教育的一致性，如果没有这种一致性，那么学校的教学和教育过程就会像纸做的房子一样倒塌。”只有各种因素的力量步调一致，相互配合，连续不断地对学生进行一致性教育，才能取得良好的效果。因此，教师处理突发事件，必要时要与家长沟通，取得家长的信任、理解和支持，协调一致。

6. 重在预防原则

突发事件的应对应遵循预防原则，将所有的突发事件都看作偶然的、意料之外的，其实并不完全确切，“偶然”之中往往隐含着“必然”的因素。一方面，班级工作组织不严密，安全措施不到位等，都容易导致突发事件的发生。如校园开水器温度过高，往往是学生高温烫伤的罪魁祸首；体育器材年久失修，往往是造成学生身体受伤的原因。另一方面，突发事件发生前通常都有一些征兆。班主任要有一双善于发现问题的敏锐的眼睛，察觉可能酿成矛盾冲突之事，及时对学生进行劝阻，指出事情的危害性及可能造成的伤害，预防不良后果的发生。

（二）小学班级常见突发事件的处理流程

处理突发事件的一般流程是调查研究，掌握全过程——分析原因，弄清实质——慎重处理，以理服人。可以结合具体案例来理解。

对点案例

捣蛋的“小老虎”①

一天，我给学生们上“华南虎”一课，正当大家沉浸在对老虎深深的敬意中时，忽然从教室的某个角落传来一阵尽量压低的笑声。循声望去，只见教室后面的一个角落，有一位学生正笑眯眯地向课桌底下看，而他的同桌——同学们公认的“捣蛋大王”却不知去向，在讲台上只能看到空空的座位。

“一定是钻到桌子底下去了。”我停止讲课，朝角落处看去。其他同学从我的举动中很快明白是有人在做与听课无关的事，于是都跟着我的目光寻找“肇事者”。可能是班级顿时的安静惊醒了那位“看客”，只见他迅速地转过目光，一本正经地看着我。与此同时，桌底下的“捣蛋大王”也得到了信号，露出了他那颇具特色的大脑袋。为了不影响其他同学，我压住火气，说了一句“你们自己看着办吧”，便继续上课，但是我的眼睛总时不时地盯一盯那两个“肇事者”。两位在接下来的时间里异乎寻常地认真，回答问题的积极性也大大高于平时，也许是要以此将功补过吧！为了搞清楚事情的原委，下课后，我将两位“肇事者”请进了办公室。

经过询问得知，那个“捣蛋大王”被文中的老虎吸引，竟不自觉地钻到桌子底下扮演起了老虎，这当然会引起同桌浓厚的兴趣，于是便发生了课上的那一幕。听完他们的叙述，我很惊讶于“捣蛋大王”的“创举”，但又为他的不合时宜而生气。“该怎么办呢?”突然一种想法闪现，“如果你是老师，你会怎样处理这件事?”我盯着平时很有些点子的那位“看客”问道。他的反应倒是挺快：“就让他在全班同学面前再演一次。”边说边手指“捣蛋大王”。“捣蛋大王”没说话，只是看着我，似乎在等我做决定。“这主意很好。那你干吗呢?”我夸了“看客”后又追问了一句。“那我——也表演吧!”“看客”有点无奈。“捣蛋大王”竟然很灿烂地笑了，也许这正是他所期待的吧。“你们打算怎样表演?”这句话引起了他们的兴趣，开始你一言我一语地讨论起来，聊得不亦乐乎。没过几天，同学们便欣赏了一出精彩的“笼中虎”表演。

① 魏晓红主编《中小学班级管理典型案例》，天津：天津大学出版社，2016，第224页。

1. 调查研究，掌握全过程

调查研究是解决一切问题的开端。突发事件由于事发突然，其发生和发展过程往往不为班主任所了解。因此，认真进行调查研究，弄清事情真相，解开问题的症结所在，对班主任解决和处理好突发事件至关重要。

（1）必须对突发事件有一个基本的分析。班主任要对已掌握的一些基本事实和有关情况，进行初步的分析研究，大致弄清突发事件属于什么类型，掌握问题的要害所在，把握问题的性质。如对学生中的打架现象，要分清是属于一般性的打闹纠纷，还是校园欺凌；对学生破坏公物的行为，弄清是出于学生爱动、调皮的天性不小心而为之，还是属于恶意心理的攻击行动等。班主任应根据初步了解到的情况，并结合学生平时的表现，进行一番分析研究，以期对事件及问题有一个清醒的思路和判断。

（2）调查研究必须深入细致。对突发事件的调查研究，不能走马观花、浮于表面，必须深入下去，从各个方面，通过多种途径全面地、细致地进行调查研究。既要认真了解事件的一般发展过程，又必须十分认真细致地调查突发事件发生发展过程中的细枝末节和学生思想的微妙变化。只有这样，才能把事件及问题搞清楚。

2. 分析原因，弄清实质

分析原因，把握问题的实质，这是处理突发事件的重要步骤。分析原因就是要分析突发事件的起因，分析当事人、肇事者出现突发行为的缘由。事件虽然是偶然发生的，但其中蕴含着必然性。因此，班主任一定要深入问题的本质，不要被偶然的、表面的现象所迷惑，不应被某些局部的因素所左右，而应从事件的整体上、本质上分析事件的内在原因和深层原因。只有这样，才能抓住肇事者的思想症结所在，对症下药，解决问题。如学生在手工课上使用美工刀，没有掌握好分寸和力道，划伤了同桌，表面上看这是一场意外事故，但结合两个同学日常的相处表现后发现，这其实是一次蓄意的“报复”。

分析原因除了要坚持实事求是的原则之外，还要特别注意从孩子的心理、逻辑、思维特点出发进行科学分析，而不能采用成人的想当然的思想去对待孩子的想法。小学生思考问题和言论行为往往带有明显的天真、幼稚和不成熟的特征，脱不了“孩子气”。如学生性格具有一定的冲动性，又缺乏明辨是非的能力，这往往使他们处理问题凭感情用事，而不顾及后果，因此他们往往做错了事，自己却糊里糊涂。对此，班主任在分析突发事件时要充分地理解他们，这样才能入情入理，得出正确的结论。

3. 慎重处理，以理服人

突发事件因事先难以预料，因此班主任不可能有处理它的充分思想准备。况且事后当事人或相关人员的矛盾和情绪往往处于负面或对立状态，如果草率从事，不仅收不到良好的教育效果，还会带来严重的消极影响。因此，处理突发事件时，既要从教育者教书育人的根本职责出发，以高度负责的精神，深入做好学生的思想工作，又要根据事件的性质、当事人的个性、年龄特征等，采取不同的妥善的处理方法。

（三）小学班级突发事件的处理方法

小学班级突发事件五花八门，处理方法灵活多样，因时因势而变。虽然处理突发事件没有统一的可机械照搬的模式，但有一些技巧和方法可循。

1. 降温冷却法

突发事件发生时，学生往往比较激动，若马上将学生推到对立面，犹如火上浇油，使矛盾更加激化。这时候可以采取等一等、看一看的处理方式，让学生发热的头脑冷却，同时给足自我反思的时间。等气氛缓和后，班主任再寻找合适的时机介入，可以起到事半功倍的效果。在处理师生冲突时，尤其要注意降温处理，因为这时候班主任不仅是协调者，更是当事人，容易被怒气冲昏头脑，以至于利用自己的权威伤害学生的自尊心，进而激起学生的逆反心理，使场面难以收拾。

2. 当机立断法

班主任在处理突发事件时，不要犹犹豫豫，应立刻做出决断。这与降温法并不矛盾。当机立断法主要适用于危急情况，比如突发地震、学生身体不适等。遇到这类情况，班主任要果断决策，采取有效的紧急措施，控制事态发展，否则会错过救助的最佳时机。

一般而言，校园安全事故均采用当机立断法。校园安全事故是一个非常严肃的话题，属于性质最严重的突发事件类型。这类突发事件的处理对班主任提出了更高的要求，不仅需要班主任具有临危不惧的心理素质，还需要掌握一定的医疗急救处理方法，甚至是事故责任认定的相关法律法规知识。这里对校园安全事故的预防和处理提出一些参考意见。

在校园安全事故的预防中，班主任要做到细心、耐心，始终抱有一颗防患之心。首先，要在班会中时常开展安全教育，告诫学生：坚决不乘坐有安全隐患的车辆、不到陌生水域游泳、不使用明火、不到流动摊点购买食品、体育活动时注意自身安全、下楼梯时不要拥挤等，让学生远离危险因素。其次，班主任要在全校会议上，为校车安全、食品安全和校园建筑安全等问题出谋划策。再次，班主任要时刻注意班级和校园内及校园周边的安全隐患，一旦发现，及时处理或汇报学校相关部门及时解决。对于自然灾害类突发事件，班主任应该联合学校或相关单位，组织学生进行火灾、地震等突发事件的逃生演习。

发生校园安全事故后，班主任定要沉着应对，按照以下事故处理程序采取相应措施：

（1）救助义务：发生学生伤害事故，学校应及时救助受伤害学生；校医第一时间赶到现场救治并拨打120急救电话；

（2）及时通知学生家长，共同应对突发事件；

（3）报告主管部门，班主任报告给学校，学校报告给上级教育行政机构；

（4）按照法律法规进行责任认定，依法妥善处理事故；

（5）向上级报告处理结果。

3. 移花接木法

移花接木法即转移法，指的是班主任根据学生注意力容易转移的特点，巧妙地利用某一事实使学生的注意力从矛盾事件转移到非矛盾事件上。比如，课间两个学生发生口角不愿进教室，班主任劝说也无果。这时班主任对其中一个同学说："你能帮我去办公室拿一下麦克风吗?"这位同学向来乐于助人，就照做了。班主任马上对大家说："刚才两位同学吵架了，但是有的同学顾全大局，为了让大家上好课还帮老师把麦克风拿进来。我相信他一定能好好上课，有问题课后解决。"

4. 幽默化解法

幽默是生活中的调味剂，也是班级突发事件处理中的缓和剂。班主任可以用幽默的方式来化解尴尬、缓解冲突、调节情绪。有些突发事件原本不必争个曲直长短、是非对错，但因双方不依不饶却形成了对峙局面。若班主任坚持追究下去，其结果只能是越来越糟。这时聪明的办法便是用幽默来解围。以下便是采用幽默化解法处理班级突发事件的典型案例。

对点案例

教师的幽默调解艺术①

一周结束了，小组同学正常要移动桌椅，交换位置。班会结束后，肖老师正在和班长交代事情，学生小A和小B却为了争课桌之间的空隙宽窄而打起架来了。这时，肖老师将双手举起，佯装喊道："别打了，我投降！"学生们见状，都大笑起来，就连打架的小A和小B也停手笑了起来。接着，肖老师为大家讲了一个故事：从前，两家人为了一堵墙的占地问题发生了纠纷，双方争执不休。其中一家人写信给远方做官的儿子，让其动用关系干涉一下。结果儿子回信时写了一首诗："千里修书只为墙，让他三尺又何妨。万里长城今犹在，不见当年秦始皇。"故事讲完了，同学们都沉默了，小A和小B也不好意思地低下了头。从此之后，班里争东西的现象就再也没发生过。

小学生打架，不知道轻重，容易伤人伤己。班主任必须及时制止，但如何制止则体现管理的艺术。肖老师采用了幽默化解的方式，先缓和矛盾，避免事态升级；再巧借故事引导打架的同学认识到自己的错误，并教育全班同学懂得谦让，相互友爱。

有些突发事件如果采用强制的方法直接处理，往往会起到相反的效果，甚至会激化矛盾。班主任理智地分析形势，恰当地使用幽默化解法，寓教于笑，就能有效地缓和气氛，避免冲突，使问题迎刃而解。

5. 巧妙暗示法

暗示是通过手势、语言等含蓄的方式，使他人的态度、情感、信念、行为发生转变的过程。这种方法一方面适用于无伤大雅的突发事件，比如学生上课走神。当个别学生上课走神没有影响到其他同学时，教师不必为此中断教学活动，当然也不能置之不理。这时候教师可以采用暗示法——走到学生身边拍拍他的肩膀或者让他回答问题，这样既不影响课堂进度，又以隐蔽的方式纠正了他的行为。另一方面，巧妙暗示法还适用于涉及学生自尊的敏感事件，比如财物丢失。下面是一个相关的案例。

① 张运贲主编《班主任的教育艺术》，天津：天津教育出版社，2019，第140页。

对点案例

一笔消失的“巨款”①

占老师接到一位家长来电，说是她女儿小何将一大笔压岁钱带到学校，今天发现不见了。占老师在问清楚数额等一些细节后，答应帮家长查明这笔消失“巨款”的下落。占老师在班会课上讲了“小时偷针，大时偷金”“人非圣贤，孰能无过”“知错能改，善莫大焉”等典故。一番铺垫后，才进入主题：班中一女生“巨款”消失，希望一时糊涂的同学勇敢认错。为了打消对方的顾虑，占老师特别强调，绝不曝光，而且会与犯错同学的家长好好沟通，保证家长不对其进行太过严厉的惩罚；同时，为了摒除对方的侥幸心理，又以非常熟悉的一个案例点明了现在刑侦手段的厉害。而后，占老师让大家分别在发到的纸片上写自己的名字，认错的同学把自己的名字倒着写，其他同学顺着写。果然，在收回的纸片上，小陈的名字是倒着写的。查明真相后，占老师致电小陈的家长，家长感谢了老师，并向小何偿还了钱款，又表示绝不会对小陈大动干戈，会跟小陈好好沟通。令人欣慰的是，小陈明显对老师在此事的处理办法上心生感激，而后他便把这份感激转化为自己的学习动力，成绩日趋向好。

小学生在面对利益诱惑的时候抵抗力是十分微弱的，见到钱财很可能想要据为己有。占老师抓住偷窃学生担心害怕的心理，告知其行为后果的严重性，同时宽容对待学生的行为，表明“知错能改，善莫大焉”的态度，既提点暗示学生主动认错，又没有曝光他的身份，很好地教育并保护了犯错的孩子。

6. 变退为进法

小学生思维活跃，好奇心旺盛，常会提出各种问题。很多问题常常使一些班主任，特别是年轻班主任，感到十分烦恼。因为这些问题，他们事前没有思索过，由于知识经验不足，当场往往不知所措，难以应对。其实，当遇到尖锐而后果又不十分严重的问题，一时间找不到正确答案或不

---

① 占洪良：《始也悄然，终也悄然》，中小学班主任微信公众号，访问日期：2022 年 7 月 16 日，https://mp.weixin.qq.com/s/238_RJfF4uCistdLCx0ZhQ。

知道该怎么回答更合适时，教师可以不必急于解答，而应做到以下几点：①实事求是，不弄虚作假，不能不懂装懂，更不能胡乱回答欺骗学生，可以巧妙地反过来把问题抛给学生思考，让大家一起开动脑筋，然后再综合大家的意见得出结论；②注意保护学生的好奇心，鼓励学生提出问题；③兑现许诺，如课上承诺了课后解决某问题，那就一定要认真、及时地兑现。以下案例中教师的做法就值得借鉴。

对点案例

课堂意外提问的智慧回应①

一位教师在讲小学语文课《蜘蛛》一文，当讲到蜘蛛的捕食方式是用所结网上的黏液粘住虫子时，一位学生突然发问："老师，蜘蛛用网上的黏液捕虫，它自己为什么能在网上自如地爬行呢?"这是始料未及的问题，老师也不知道为什么。对此，这位教师说："这位同学的问题提得很好。大家想想看，蜘蛛为什么能自如地在网上爬行呢?"在学生议论了一段时间后，这位教师说："对于这一问题，请大家下课后再好好地想一想，弄清到底是为什么。我们下节课再解答。"课后，该教师迅速查找资料。在下一节课上，他先让学生发表自己的看法，然后总结。

人无完人，教师也会犯错，也会有知识盲区。偶尔的失误不意味着教师的水平低，只是提醒教师要时刻警醒，不断学习，永远保持谦逊的态度。因此，作为教师，首先要勇于承认问题所在，为学生做出道德表率；其次可以引导学生从问题入手进行思考和分析，加深学生对知识的理解，发散学生的思维。

7. 总结引导法

借助处理一桩突发事件的机会了解班级情况、教育引导学生，善于从不良事件中找出学生的闪光点，帮助学生分析问题，寻找解决问题的办法，维护学生的自尊心。比如下面案例中的沈老师。

---

① 徐晋华、晏富宗、戴芳菁主编《小学班主任工作技能》，长沙：湖南师范大学出版社，2021，第 215 页。

对点案例

从嘲弄到致敬[①]

沈老师走进教室，发现黑板上有一幅嘲弄他的漫画，学生们嬉笑不已，沈老师看后笑着说："头像画得很逼真，这位画画的同学很有天赋，我为班上有这样的人而感到高兴，建议他多向美术老师请教，充分发挥特长，说不定将来会成为美术家呢。"沈老师停顿一下，接着说："可是这节课不是美术课，而是作文讲评课，现在我把它擦掉好吗？"沈老师正要去擦，只见一位学生疾步走上讲台，向沈老师深深地鞠了一个躬，然后抢过黑板擦，擦掉了他的"得意之作"。多年以后，一幅赞美老师，反映自己思想转变的美术作品《悟》被选为全国美术展的参展作品，作者正是当年在黑板上画漫画的那位学生。

沈老师面对学生的调侃捉弄，没有动怒痛斥学生，反而是温和地劝导学生，甚至发现并赞美学生的优势，鼓励学生发挥特长。发生突发事件不一定就是班级不光彩的一笔，班主任不要压制学生、怪罪学生，而是要本着解决问题为表，促进班级工作和学生身心健康发展为本的思想，去引导学生分析问题，寻找解决问题、教育学生的契机。

本章任务

阅读下面的案例，回答问题。

情书风波[②]

昨天上活动课的时候，我和同学们都在班里看书，突然有几个同学笑了起来。我觉得奇怪，问其中的一个男同学你们笑什么。那个男生说某某女生给另外一个男生写情书。我心里直犯嘀咕：四年级的学生成熟了吗？

---

① 苏琬婷、陈甦甦、路丹主编《小学班级管理工作实务》，上海：上海交通大学出版社，2021，第75页。

② 熊华生主编《小学班主任常见问题与解决策略》，北京：世界图书出版公司北京公司，2008，第93页。

怎么会懂得写情书呢？我正想着怎么说呢，收到情书的那个同学把那个女生写的情书拿给我看，上面说："我喜欢你很久了，可你知道吗？我知道咱班有很多女生追你，我一直不敢追你，那你喜欢我吗？"等我看完抬头的时候，那位写情书的女生正趴在桌子上哭。然而有的同学还在笑，问写的什么。

请结合突发事件的处理原则、方法等确定一个应对方案，要求方法得当，富有教育意义。

主要参考书目

[1] 邓艳红主编《小学班级管理》（第 2 版），上海：华东师范大学出版社，2016。

[2] 凯洛夫：《教育学》，沈颖、南致善等译，北京：人民教育出版社，1953。

[3] 夸美纽斯：《大教学论·教学法解析》，任钟印译，北京：人民教育出版社，2006。

[4] 李学农主编《班级管理》（第 3 版），北京：高等教育出版社，2018。

[5] 李颖主编《小学班主任工作专题》，北京：教育科学出版社，2013。

[6] 梁钊华主编《班级管理与班主任工作的理论与实践》，成都：西南交通大学出版社，2015。

[7] 刘居富主编《小学班主任工作理论与实践》，长春：东北师范大学出版社，2000。

[8] 刘岩、王萍主编《班主任与班级管理》，北京：北京师范大学出版社，2013。

[9] 齐学红主编《班级管理》，北京：北京师范大学出版社，2015。

[10] 沈嘉祺主编《小学班队管理》（第 2 版），北京：高等教育出版社，2021。

[11] 苏琬婷、陈甦甦、路丹主编《小学班级管理工作实务》，上海：上海交通大学出版社，2021。

[12] 徐长江、刘迎春主编《班级管理实务》（第 2 版），北京：高等教育出版社，2021。

[13] 于显洋主编《组织社会学》，北京：中国人民大学出版社，2001。

[14] 张典兵主编《班主任与班级管理》，徐州：中国矿业大学出版社，2018。

[15] 赵海霞主编《中学班主任工作20个难点及其对策》，长春：东北师范大学出版社，2010。
[16] 中华人民共和国教育部主编《中小学教师培训课程指导标准 班级管理》，北京：高等教育出版社，2020。

后 记

《小学班级管理实用教程》基于新一轮义务教育课程改革背景，以落实立德树人为根本任务，结合实际，从小学班主任工作的性质出发，探讨班主任在进行班级管理工作中的一般内容与实践方法。本书编写组对班级管理的研究长达二十余载，有着丰富的经验，本书的编写缘于课题组教学研讨，随后“高职院校的小学班级管理校本教材研究”课题立项，编写团队申报职业教育省级在线精品课程项目“班级管理”获批，教材核心部分已在师范生中试用两轮。

班主任工作纷繁复杂，具有很强的情境性与实操性，本书的编写力求结合班主任工作的多样性，包括班主任的常规工作和班主任作为中队辅导员的少先队管理工作。本书从小学实际出发，以班主任的一般工作为线索，以案例导入，注重学习者能力的培养。本书的编写意图在于：促进学习者形成对班集体、班级管理的概念，理解班级管理的方式，选择的学习素材与学习者未来工作实际紧密结合，加深学习者对班级管理的认识与反思。本书在编写过程中，借鉴、参考和引用了国内外较多文献资料，我们也做了相应的注释；但限于篇幅，我们仅在文后列出主要参考书目，谨此表示深切的谢意和歉意。

本书是课题组集体合作的结晶，由陈强拟定大纲并组织编写。各章的分工与撰写者为：第一章，陈强、郑涵悦；第二章，邵伊雯；第三章，邵茜、郑涵悦；第四章，王芳；第五章，邵伊雯；第六章，郑涵悦、邵茜；第七章，邵伊雯；第八章，邵伊雯；第九章，张一鸣；第十章，邵伊雯。在初稿完成后，闽江师范高等专科学校附属实验小学大队辅导员李敏老师从小学少先队活动的实际需求的角度，对相关章节的适切性进行了审核，并修改调整了部分内容。主编最终定稿。

在本书编写的过程中，福建人民出版社给予了大力支持与协助，在此我们表示诚挚的谢意。没有他们的帮助，本书就不可能这么快与读者见面。

由于时间较为仓促，编写中的疏漏在所难免，诚恳地欢迎同行专家和广大读者提出宝贵的批评和意见，以便在将来修改时进一步改进、完善。

编者

2023 年 2 月